Das verborgene Netzwerk der Macht

Klaus-Peter Horn / Regine Brick

Das verborgene Netzwerk der Macht

Systemische Aufstellung in Unternehmen und Organisationen

GABAL
management

Die Deutsche Bibliothek - CIP-Einheitsaufnahme

Ein Titelsatz für diese Publikation ist bei
Der Deutschen Bibliothek erhältlich.

ISBN 3-89749-122-2

Lektorat: Dr. Sonja Klug, Bad Honnef
Umschlaggestaltung: + Malsy Kommunikation und Gestaltung, Bremen
Umschlagmotiv: ZEFA Visual Media, Hamburg
Satz und Layout: Das Herstellungsbüro, Hamburg
Druck und Bindung: GGP Media, Pössneck

www.gabal-verlag.de - More success for you!

Inhalt

Vorwort
von Otto Wassermann

In unserem Unternehmen wenden wir die in diesem Buch beschriebene Aufstellungsmethode seit Jahren mit Erfolg an.

Als Spezialisten für prozessorientierte Organisation gestalten wir seit mehr als 15 Jahren Abläufe in Industrieunternehmen und *Supply Chains* mit unserer selbst entwickelten simulationsgestützten Software. Mit WAY simulieren wir die künftigen Auftrags- und Materialdurchläufe: Wir *tun so*, als würde konstruiert, beschafft und produziert.

Durch Simulation Engpässe erkennen

Die Simulation identifiziert dabei die drohenden Engpässe, so dass wir sie beseitigen können, bevor sie zu Rückständen führen, Termine töten und Erträge fressen. Engpassfrei laufen dann Aufträge und Materialien wie auf der grünen Welle durch Unternehmen und *Supply Chains*.

Eine geniale Lösungsidee – aber so einfach und neu, dass sie häufig auf große Skepsis oder gar Ablehnung stößt! *»Simulation ist doch nicht Realität!« »Sie wollen im Ernst unsere komplexen Steuerungsprozesse mit Software abbilden?!« »Das kann doch unmöglich funktionieren!«*

Kommunikationsrückstände abbauen

Mit diesen und anderen Reaktionen des Kopfschüttelns werden wir von unseren Neukunden immer wieder konfrontiert. Dr. Horn und sein Team helfen uns seit Jahren in systemisch orientierten Trainings, damit richtig umzugehen. Statt abwehrend *»Ja,* *aber«* zu sagen und dagegenzuhalten, befähigt uns die Trainingsarbeit, das Interessensignal in dieser Reaktion zu erkennen. Das Eis ist dann bald gebrochen, und unsere Kunden verstehen nach einiger Zeit selbst nicht mehr, warum sie sich vorher nicht vorstellen konnten, dass es so einfach und gut geht! Auch sie lernen in diesem Prozess, Barrieren und Ängste abzubauen und team- und zielorientiert zusammenzuarbeiten. »Kommunikationsrückstände abbauen« nennen unsere Trainer das.

Trotzdem ging es mir anfangs ähnlich wie unseren Kunden, als Dr. Horn mir eines Tages sagte, er könne mit einer Art Simulation auch das menschliche Unternehmenssystem so einfach abbilden und harmonisieren, wie wir dies mit dem technischen Unternehmenssystem tun. *»Das kann nicht sein!«*, antwortete ich ihm. *»Es geht um Menschen mit ihrer ganzen Vielschichtigkeit!«* Natürlich wertete er das als Interessensignal, und so saßen wir wenig später im Führungskreis zusammen, um diese neue Simulation kennen zu lernen.

Wir konfrontierten Dr. Horn mit einer aus unserer Sicht emotional völlig verfahrenen Kundensituation, die uns schon viele schlaflose Nächte bereitet hatte, und forderten ihn auf: *»Nun zeigen Sie mal, ob Sie das auf die Reihe bringen!«*

Undurchsichtige Situationen durchschauen

Wir stellten die Situation mit Hilfe von Stellvertretern systemisch auf und waren verblüfft. Glasklar erkannte jeder, was da ablief. Diese völlig undurchsichtige Situation lag plötzlich vor uns wie ein offenes Buch! Jedem Einzelnen in unserem Führungskreis fiel es wie Schuppen von den Augen: Wir sahen, worin das Problem bestand und was die Lösung war. Aber die eigentliche Überraschung wartete noch auf uns: Es dauerte keine drei Monate, bis sich exakt diejenige Lösung, die sich in der Aufstellung gezeigt hatte, tatsächlich realisierte!

Warum Aufstellungen funktionieren, verstehen wir immer noch nicht genau. Auch den systemischen Experten geht es damit nicht anders. Aber *dass* sie funktionieren und zu Lösungen führen, konnten wir überprüfen.

Heute arbeiten wir mit Dr. Horn und seinen Partnern erfolgreich für unsere Kunden zusammen – als Spezialisten für Unternehmenssysteme, wir auf technischer und sie auf zwischenmenschlicher Ebene.

Damit Sie den größtmöglichen Nutzen aus diesem Buch ziehen, betrachten auch Sie Ihre eigenen Einwände einfach als Interessensignal! Sie werden durch viele wertvolle Anregungen, die Ihnen gelegentlich wie Zauberei erscheinen mögen, reich belohnt.

Otto Wassermann
Vorstandsvorsitzender der Wassermann AG

Einführung

Kennen Sie die Bedeutung der richtigen Mannschaftsaufstellung im Fußball? Wissen Sie, wie wichtig Netzwerkbeziehungen für den Markterfolg eines Unternehmens sein können? Wenn ja, sind Ihnen bereits einige wichtige Grundprinzipien, um die es in diesem Buch geht, geläufig.

Gut aufgestellt

»Gut aufgestellt« nennt man heute Unternehmen mit starker Marktposition ebenso wie Führungskräfte, die *gekonntes Beziehungsmanagement* betreiben. Hinter dieser Redensart verbirgt sich mehr als eine Modeerscheinung. Sie spiegelt ein Wissen um die Bedeutung von Netzwerkkonstellationen für den Erfolg oder Misserfolg unseres Handelns wider. Weil dieses Wissen unbewusst ist, wird es bislang allerdings noch wenig genutzt. Damit fehlt ein wichtiges Navigationsinstrument, denn die Konstellationen, in die wir im Wirtschaftsleben eingebunden sind, sind keineswegs zufällig. Vielmehr unterliegen diese zwischenmenschlichen Systeme, die wir als *Teams, Abteilungen, Unternehmen* und *Märkte* kennen, bestimmten Gesetzen, von deren Beachtung oder Missachtung ihr Erfolg maßgeblich abhängt.

Mit der systemischen Aufstellungsmethode steht uns jetzt ein Werkzeug zur Verfügung, das komplexe Zusammenhänge und Wechselwirkungen auf einfache Weise abbilden kann. In weit verzweigten Netzwerken ebenso wie in überschaubaren Teams hilft sie darüber hinaus, Verwicklungen zu entwirren und Ressourcen in Hindernissen zu erkennen.

Mehr innere Demokratie

Aber wie jede neue Entwicklung ist auch diese mit einer Zumutung verbunden. Worin besteht sie? Sie verlangt von Ihnen, mehr »innere Demokratie« zu wagen! Um von dieser Methode zu profitieren, müssen Sie Ihren logischen, rationalen Verstand als Alleinherrscher über Erkenntniswege, Problemlösungen und Innovation entthronen. Im Wirtschaftsleben macht der Verzicht auf überlebte Monopole für den Transport von Information und Energie vieles farbiger und attraktiver. Ebenso eröffnet auch der Verzicht auf das Monopol linear-analytischer Methoden in der Unternehmensführung und -beratung neue Wege. Er ergänzt das Potenzial logischen Denkens und digitaler Analyse um das verborgene Wissen und die versteckte Information, die im ganzen Organisationssystem bereits vorhanden sind.

Ähnlich wie das Internet eine Flut von Informationen zu konkreten Fragen enthält, gibt es auch in zwischenmenschlichen Systemen eine Art *unsichtbares Informationsfeld*. Und ähnlich wie wir die im World Wide Web kursierenden Informationen nur nutzen können, wenn wir uns einwählen, wird auch das Wissen eines Organisationssystems erst durch ein bestimmtes Prozedere zugänglich. Für die »Einwahl« ins zwischenmenschliche System kommt allerdings, hier einmal ganz gegen den Zeittrend, ein analoges Verfahren zum Einsatz: die Sprache symbolischer Bilder.

Um sie zu lesen, benötigen wir einen Hochleistungsprozessor der besonderen Art: die emotionale Intelligenz der rechten Gehirnhälfte. Denn die konzentrierte Information über Unternehmenssysteme ist in unbewussten Bildern gespeichert, die mit einem genial einfachen Verfahren – der Aufstellungsmethode – sichtbar werden. Diese Bilder haben den großen Vorteil, dass jeder sie sofort versteht. Komplexe Situationen und Probleme, die logisch-analytisch außerordentlich schwierig und langwierig nachvollziehbar wären, sind quasi im Mausklicktempo klar.

Unternehmenskultur

Das Gut, um das es geht, ist weder zählbar noch beliebig vermehrbar. Aber es entscheidet über Erfolg und Zukunftsfähigkeit von Unternehmen. Einige seiner aktuellen Bezeichnungen lauten »Humankapital« und »Unternehmenskultur«. Was macht Unternehmenskultur zu einem solchen Kernthema? Sie ist der Klebstoff, der das ganze komplexe Gefüge zusammenhält. Zugehörigkeitsgefühl und Loyalität der Mitarbeiter sind wichtige Komponenten dieses Klebstoffs. Unter Belastung zeigt sich, ob er bindet oder ob tragende Pfeiler der Struktur wegbrechen.

Wenn eine Unternehmenskultur bindet und trägt, wird das nirgends deutlicher sichtbar als an der Schnittstelle zwischen Organisation und Individuum. Sie ist die Weiche, an der sich entscheidet, ob der Zug weiter zu seinem Ziel durchfahren kann oder ins Abstellgleis umgeleitet wird. Die »weichen Faktoren« werden in ihrer enormen Bedeutung erst in unserem Informationszeitalter erkannt.

So erklärte beispielsweise der Lufthansa Bereichsvorstand Thomas Sattelberger kürzlich *»Humankapital«* zum *»eigentlichen betriebswirtschaftlichen Engpass«* (in: *Managementberater* 1/2000, S. 27ff).

Die Zukunft gehört den Netzwerken, global ebenso wie regional.

> **Der Erfolg eines Unternehmens hängt davon ab, wie harmonisch sein Organisationssystem arbeitet und welchen Platz es in den komplexen Netzwerken des Marktes findet – und davon, ob die Unternehmensführer die Gesetze menschlicher Systeme verstehen und respektieren.**

Denn nicht nur die richtigen Mitarbeiter sind »Humankapital«, sondern auch die richtigen Chefs! Entscheider müssen auf systemischen Ausgleich achten, wenn sie ein stabiles Gleichgewicht erreichen möchten. Das gilt für mittelständische Familienunternehmen ebenso wie für multinationale Konzerne.

Systemisches Aufstellen und Coachen: die neue Problemlösung …

Die hier vorgestellten Verfahren eröffnen einen Zugang zum Netzwerkwissen eines Unternehmens. Deshalb könnten Systemaufstellung und systemisches Coaching sich zu *den* Problemlösungsmethoden der Zukunft entwickeln. Ausnahmsweise sind sie nicht, wie die meisten Managementmodelle und Trainingsansätze, ein Exportschlager Amerikas. Vielmehr handelt es sich um ein Novum, dessen Wellen sich von Deutschland in die Welt ausbreiten. Erste wissenschaftliche Forschungen bestätigen die positiven Erfahrungen, die verschiedene renommierte Unternehmen bereits mit der Aufstellungsmethode sammeln konnten.*

... für Organisationssysteme in der Wirtschaft

Obwohl die Aufstellungsmethode zunehmend in den Blickpunkt öffentlichen Interesses rückt, mangelt es bisher an Beschreibungen für Anwender im Wirtschaftsleben. Wir möchten mit diesem Buch dazu beitragen, den Nutzen dieses neuen Ansatzes für Unternehmen transparenter zu machen; das Buch ist für die Praxis geschrieben. Sie können von den hier dargestellten Fallbeispielen profitieren, gleich ob es beispielsweise um strategische Unternehmensentscheidungen, Teamentwicklung oder persönliche Ziele geht.

An welcher Stelle im Unternehmen Sie auch stehen – die Anwendung systemischer Prinzipien kann Ihnen zu mehr Einsicht in Probleme oder Entscheidungsfragen verhelfen und neue Perspektiven in der Organisationsentwicklung eröffnen.

Als Trainer und Berater haben wir in den vergangenen 18 Jahren mit unseren Kunden, Unternehmen aller Größen und Branchen sowie mit Einzelpersonen an ihren Fragen, Problemen, Zielen und Visionen gearbeitet. Die innovative Methode der systemischen Aufstellung, um die es in diesem Buch geht, integrieren wir heute als ein wichtiges Werkzeug ins Spektrum unserer Kompetenzen. Mit ihrer Hilfe konnten wir schon vielen Kunden helfen, verzwickte Situationen zu lösen, Ziele zu klären, Perspektiven zu entwickeln und auch dort Lösungen zu finden, wo wir mit den klassischen Werkzeugen von Training und Coaching allein nicht hätten weiterkommen können. Nichts ist so erfolgreich wie eine Methode, deren Zeit gekommen ist! Trotzdem bedarf sie manchmal der Ergänzung durch andere Verfahren, besonders wenn es um die Implementierung von Lösungen im Alltag geht. Auch für diesen erfolgsentscheidenden Transfer vom Makrosystem ins Mikrosystem stellen wir Ihnen in diesem Buch einen wirkungsvollen Ansatz vor. Was erwartet Sie nun in den einzelnen Kapiteln?

Im ersten Kapitel erfahren Sie, welche verborgenen Mechanismen ein Unternehmen steuern. Wie sich die Methode der Sys-

* So die empirische Studie einer Münchener Fachhochschule mit 156 Führungskräften in 16 Industrieunternehmen. Siehe: Franz Ruppert: »Aufstellen von Arbeitsbeziehungen in Wirtschaftsunternehmen. Erfahrungen und Ergebnisse empirischer Untersuchungen.« In: Weber (Hg.), 2000.

Übersicht über den Inhalt des Buches

temaufstellung entwickelt hat und wie sie konkret funktioniert, lesen Sie im Kapitel 2. Beispiele von Aufstellungen, die wir mit unseren Kunden durchgeführt haben, erlauben Ihnen, in die Praxis hineinzuschnuppern. Sie sind im dritten Kapitel dokumentiert. In unseren Seminaren und Vorträgen werden wir immer wieder mit interessanten Fragen zur systemischen Arbeit konfrontiert. Vielleicht haben Sie sich einige dieser Fragen auch schon gestellt. Eine Auswahl häufiger Fragen samt unseren Antworten können Sie im Kapitel 4 nachlesen. Weil Lösungen nur von einzelnen Menschen praktisch umgesetzt werden können, ist die Schnittstelle zwischen Makrosystem (Unternehmen) und Mikrosystem (Persönlichkeit) von großer Bedeutung. Unseren Ansatz zum systemischen Makro-Mikro-Coaching finden Sie im fünften Kapitel. Den Abschluss bildet in Kapitel 6 eine Checkliste, mit der Sie sofort beginnen können, systemische Prinzipien auf Ihr Unternehmen anzuwenden.

1. Das Unternehmenssystem – Ihr wichtigstes Betriebskapital

1.1 Das verborgene Führungssystem Ihres Unternehmens

Das Ganze ist mehr als die Summe seiner Teile

Es ist ein großer Irrtum zu glauben, Sie als Unternehmer führten Ihr Unternehmen allein. Auch wenn Sie als Manager oder Mitarbeiter der Meinung sind, Ihr Chef oder der Vorstand gäbe die Richtung vor, übersehen Sie etwas Entscheidendes. Denn tatsächlich führen *alle gemeinsam* das Unternehmen – allerdings weder nach dem beliebten Unternehmer-Motto »Alle in einem Boot« noch im Sinne eines »volkseigenen Betriebs« der Sowjet-Ära.

> **Am Erfolg oder Misserfolg sind nicht nur Unternehmensangehörige beteiligt. Es gehören noch andere dazu – beispielsweise die Kunden, die Aktionäre, die Konsumenten, die Mitbewerber, eventuell ausländische Tochtergesellschaften. Sie bilden *netzwerkartig* ein mächtiges Ganzes, das mehr ist als die Summe seiner Teile.**

Das Ganze funktioniert als ein *lebendiges System,* dessen eigene Dynamik konsequent und oft entgegen den Entscheidungen der Unternehmensführer Ergebnisse bewirkt – zum Guten wie zum Schlechten.

Wie kann das sein? Was den einzelnen Menschen angeht, ist uns klar, dass jeder seine blinden Flecken hat, also bisweilen unbewusst agiert und reagiert. Spätestens seit Sigmund Freud ist es eine allgemein akzeptierte Tatsache, dass das Unbewusste unser Handeln, Denken und Fühlen stark mitbestimmt. Manche vergleichen sogar unser bewusstes Handeln und Denken mit einer Nussschale, das Unbewusste aber mit dem Meer. Solange das Meer still ist, glaubt der Nussschalenkapitän, er habe alles unter Kontrolle.

Auch Unternehmen haben ein Unbewusstes

Aber nicht nur einzelne Menschen, sondern auch menschliche Systeme – wie Familien, Organisationen und Unternehmen – sind maßgeblich durch das Unbewusste gesteuert. Diese Erkenntnis veranlasste Martin Buber zu seinem berühmten Ausspruch, das Unbewusste sei nicht *in*, sondern *zwischen* den Menschen. Mit diesem zwischenmenschlichen Unbewussten sind nicht nur die massenpsychologischen Phänomene gemeint, die wir immer wieder in Fußballstadien, bei Popkonzerten und auf Wahlkampfveranstaltungen beobachten können. Vielmehr bildet das Unbewusste in unseren Unternehmen, Abteilungen und Teams eine unsichtbare und sehr machtvolle Struktur, die nach eigenen Gesetzmäßigkeiten und Prinzipien funktioniert. Daher spricht man von einem »System« und seinen »systemischen« Gesetzen.

In einem System sind alle miteinander verbunden

Was ist ein System?

Was ist nun ein »System«? Einfach gesagt, ist ein System eine Anzahl von Elementen, die miteinander in ständiger Wechselbeziehung stehen. Jede Veränderung an einem Element bewirkt gleichzeitig Veränderungen an allen übrigen Elementen. Das gilt zwar nicht für alle technischen Systeme, aber für lebendige Systeme, also auch für Menschen, ihre Organisationen und Unternehmen.

Wenn also in einem Unternehmenssystem alles mit allem in ständiger Wechselbeziehung steht, müssen wir uns von einer lieb gewordenen Gewohnheit lösen: dem Ursache-Wirkung-Denken.

In den Netzwerken lebendiger Systeme erfolgt nicht immer zuerst die Ursache und dann die Wirkung. Es kann auch eine Wirkung eintreten, deren Ursache wir nicht finden.

Denn diese Wirkung kann aus einer Ursache resultieren, die gleichzeitig, aber für uns unsichtbar, an anderer Stelle auftritt und selbst Wirkung einer dritten Ursache ist. Von der guten alten Kausalkette kommen wir also zu einem zirkulären Bild, in dem Ereignisse synchron an verschiedenen Orten auftreten und zu Ergebnissen führen.

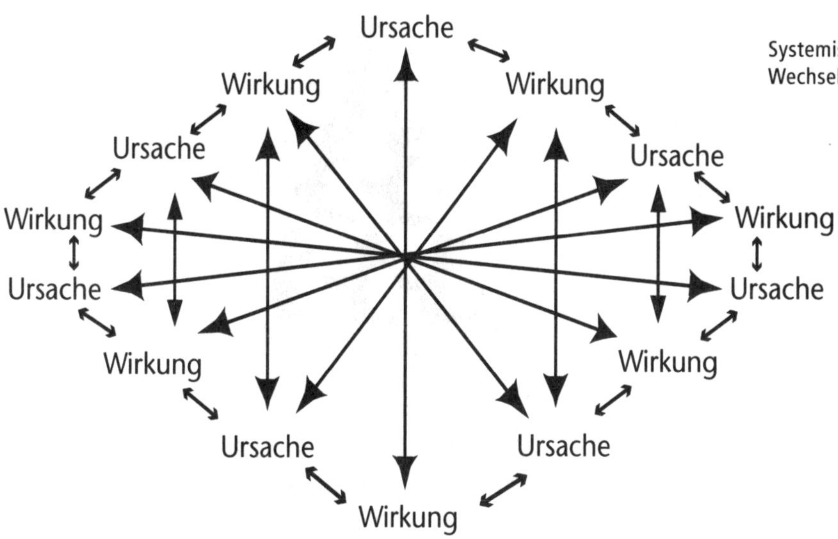

Systemische Wechselwirkung

Die Suche nach dem Schuldigen bringt nichts

Die vielerorts immer noch beliebte Suche nach Verantwortlichen oder Schuldigen an einer Misere greift einfach deshalb zu kurz, weil sie das Problem nicht löst. Denn in systemischer Betrachtungsweise muss der »Schuldige« eben durchaus nicht der Verursacher sein, sondern könnte ebenso gut als ein Symptomträger des Systems fungieren. In dem Fall wäre sein »schuldhaftes« Verhalten eine Auswirkung verborgener systemischer Zusammenhänge. Den »Schuldigen« zu feuern wäre also eine »Lösung«, die nach dem Muster funktioniert: *»Wenn die rote Öl-Warnlampe während der Fahrt aufleuchtet, bitte die Glühbirne entfernen und weiterfahren!«*

Wie systemische Wechselwirkungen funktionieren, veranschaulicht der Organisationsberater Grochowiak am Beispiel eines Froschteichs:

> *»Denken wir etwa an einen Teich und betrachten die Populationsdichte der dort ansässigen Frösche. Sie wird genau in dem Maße wachsen, in dem für die Frösche ausreichend Nahrung vorhanden ist. Nimmt die Zahl der Frösche nun in Folge des reichen Nahrungsangebotes zu, so verringert sich die zur Verfügung stehende Menge an Nahrung, was in der Folge eine Verringerung der Froschpopulation nach sich zieht. Ist nun die Zahl der Frösche auf ein niedrigeres Niveau gesunken, wird sich das Nahrungsangebot wieder vergrößern, so dass die Zahl der Frösche wieder wachsen kann – und der Kreislauf kann von neuem einsetzen«* (Grochowiak / Castella / Klein S. 13).

Das Offensichtliche ist am schwersten zu sehen

Es bliebe noch anzumerken, dass Frösche mitunter ein Problem haben, unter dem auch wir Menschen leiden können: Sie erkennen ihre Nahrung nicht immer! So kann ein Frosch eine Fliege nur erkennen und fangen, wenn sie fliegt. Sitzt sie aber still neben ihm, bleibt sie unbehelligt. Daher könnte ein Frosch, umgeben von den schönsten Fliegen, verhungern, wenn diese nur bewegungsfaul genug sind. Wir tun also gut daran, am Beispiel der Frösche zu lernen, die Lösung nicht zu übersehen, die unmittelbar vor unserer Nase sitzt. Genau dies aber fällt bekanntlich besonders schwer: das Offensichtliche zu erkennen!

Für die Lösung komplexer systemischer Probleme müssen Unternehmensführer und Berater ihre Wahrnehmungsgewohnheiten ändern und sich von linearen, kausalen Beschreibungen und Erklärungen lösen. Hier hilft die Aufstellungsmethode, klassische Beratungsansätze zu ergänzen, indem sie ein Unternehmen nicht analytisch beschreibt, sondern systemisch abbildet.

Systemische Abbildung statt analytischer Beschreibung …

Mit ihrer Hilfe können Sie auf einfache Weise einen Überblick über eine Ist-Situation erhalten. Erfolgsblockierende Spannungen, die etwa zwischen Produktion und Vertrieb oder Geschäftsleitung und einer Auslandstochter entstehen, werden sofort sichtbar. Sie erkennen, ob die Positionierung einer Abteilung oder Person im Gesamtunternehmen richtig ist bzw. in welche Richtung sie verändert werden müsste, damit das Ganze besser funktioniert.

… lässt Problemlösungen offensichtlich werden

»So einfach kann es doch nicht sein!«, entgegnen uns manche Kunden, wenn ihnen systemische Zusammenhänge klar werden. *»Dann hätten wir ja jahrelang viel Geld und Zeit investiert, ohne das Problem wirklich zu lösen!«* Solch eine Erkenntnis ist schmerzhaft und auch in anderen Bereichen bekannt. So sind heute beispielsweise in der Logistiksteuerung einfache, preiswerte Softwarelösungen möglich, wo früher hoher Aufwand mit oft unbefriedigendem Erfolg betrieben wurde. Aber die »Macht der Gewohnheit« bewirkt, dass Unternehmen manchmal jahrelang zögern, eine solche Lösung zu akzeptieren. Oft tun sie das nicht aufgrund wirtschaftlicher oder technischer Bedenken. Vielmehr scheinen auch innovative Manager bisweilen durch eine merkwürdige Scheu vor dem Neuen befangen zu sein.

Warum werden Menschen, die ihre Risikofreude und ihren unternehmerischen Geist vielfach unter Beweis gestellt haben, plötzlich zu Bedenkenträgern? Sie folgen einem Instinkt, einem »Bauchgefühl«, das sich auf die Auswirkungen einer Umstrukturierung im systemischen Ganzen des Unternehmens bezieht. Denn so sehr innovative Software auch technische Abläufe erleichtern mag, so fatal kann die Auswirkung ihrer Einführung auf der zwischenmenschlichen, systemischen Ebene sein. Um solche Turbulenzen zu vermeiden, sollte eine wichtige Restrukturierungsmaßnahme deshalb immer von einem systemischen Check begleitet werden. Befürworter einer neuen Technologie oder verkürzter Entscheidungswege verzweifeln manchmal an der Halbherzigkeit, mit der eine Neuerung eingeführt wird. Weil sie die Situation nur linear und analytisch betrachten, übersehen sie aber die erfolgsentscheidende systemische Ebene.

Die systemische Ebene ist erfolgsentscheidend

Es ist natürlich wichtig, ein Unternehmen *technologisch* zu optimieren. Die »Musik« aber spielt woanders. Denn auch im IT-Zeitalter sind Unternehmen *menschliche* Gebilde und funktionieren, wie alle zwischenmenschlichen Systeme, einfach, folgerichtig und konsequent – ähnlich wie ein biologischer Organismus. Auch unsere Körper sind komplexe organische Systeme, die unter anderem bestimmte Arten von Nahrung, ein bestimmtes Maß an Bewegung und eine bestimmte Menge an Flüssigkeit benötigen und auf Zivilisationsgifte, besonders in Verbindung mit Stress, gereizt antworten. Wer die systemischen Gesetze seines Körpers kennt und berücksichtigt, hat es, wie wir alle wissen, bedeutend leichter als jemand, der sich über sie hinwegsetzt. Ähnlich verhält es sich mit unseren zwischenmenschlichen Systemen. Auch hier haben wir eine Wahl: Wir können uns bemühen, ihre Gesetzmäßigkeiten zu verstehen und zu befolgen – oder sie um kurzfristiger Vorteile willen missachten –, und die Folgen später ausbaden.

Menschliche Systeme arbeiten nach machtvollen unbewussten Gesetzen

Auch im »Organismus Unternehmen«, im Unternehmenssystem also, gibt es ein verborgenes Wissen darüber, was nützt und was schadet. Dieses Wissen gehört nicht einem Einzelnen und beruht nicht auf Expertenanalyse. Vielmehr ist es in einer Art *Informationsfeld* vorhanden. Was dieses Informationsfeld genau ist und wie es funktioniert, ist noch nicht vollständig erforscht. Trotzdem können wir bereits von seinen Wirkungen profitieren. Es ist ähnlich wie beim Internet: Auch wenn Sie nicht wissen, was genau das Internet ist und wie es funktioniert, können Sie es bereits nutzen, wenn Ihnen jemand erklärt, was Sie tun müssen, um sich einzuwählen. Sie können dann eine Flut von Informationen jederzeit, von jedem Ort aus, abrufen.

Mit systemischer Aufstellung zapfen Sie das Informationsfeld Ihres Unternehmenssystems an. Sie wählen sich in das Netzwerk ein, in dem alle relevanten Informationen über das Beziehungsgefüge im Unternehmen fließen.

Wie wirkt nun so ein Informationsfeld praktisch? Es wirkt *unbewusst*. Weil das Systemwissen inaktiv bleibt, also von den beteiligten Personen nicht bewusst genutzt wird, nehmen sie es meist als »Ahnungen« oder »Bauchgefühle« wahr. So weiß etwa in einem Unternehmen z. B. der Produktionschef nicht, was gerade zwischen dem Vertrieb und einem Kunden abläuft, obwohl es ihn unmittelbar betrifft.

Nehmen wir an, der Vertrieb habe einem wichtigen Kunden soeben eine größere Lieferung innerhalb von vier Wochen zugesagt, obwohl die Produktion nach ihrer Planung dafür zwei Monate benötigte. Zwar ist das Geschäft ohne Wissen und außerhalb der Sichtweite des Produktionsleiters abgeschlossen worden, aber er »weiß« trotzdem davon. Ihn beschleicht ein ungutes Gefühl, wenn er in seinen Produktionsplan schaut, und er nimmt sich vor, noch heute mit dem Vertriebsleiter die Planung für das Quartal durchzusprechen. Das ist zwischen den beiden ein heikles Thema, da sich der Produktionschef von seinem Vertriebskollegen ständig übergangen fühlt und deshalb dagegen wehrt, die Folgen seiner Schnellschüsse ausbaden zu müssen.

Bei inaktivem Systemwissen bleiben nur vage Ahnungen

Auch in dieser Situation hat seine »Ahnung« den Produktionsleiter nicht getrogen. Er erlebt zum wiederholten Male, wie der Vertrieb sich einfach über seine Vorgaben hinwegsetzt. Der Vertriebsmann dagegen ist empört, dass er für diesen Spitzenauftrag keine Anerkennung, sondern nur »Nörgelei« erntet. Es kracht wieder einmal zwischen den beiden. Der Konflikt verschärft sich zu einer Dauerspannung, die klare Kommunikation und gute Lösungen erschwert. Mit moderierten Klärungsgesprächen kamen Produktionschef und Vertriebschef bislang nicht weiter. Hier könnte die Aufstellungsmethode helfen, die systemische Dynamik ans Licht zu bringen, den Konflikt zu lösen und das Spannungsfeld für die Zukunft zu harmonisieren. In einer Aufstellung wird das Systemwissen bewusst aktiviert. Im zweiten Kapitel erfahren Sie, wie diese Methode funktioniert.

Was nützt es Ihnen nun konkret, das Informationsfeld in Ihrem Unternehmen bewusst zu machen?

> **Ebenso wie der Einblick ins eigene Unbewusste Menschen von manchem Ungemach befreien kann, fördert auch die Erkenntnis systemischer Barrieren in einem Unternehmen die Entwicklung neuer Lösungen. Verschüttete Ressourcen werden freigesetzt und die tägliche Zusammenarbeit wird erleichtert.**

Wenn die systemischen Prinzipien nicht befolgt werden, die Unternehmen reibungslos funktionieren lassen, können Probleme entstehen. Würde man einen Formel 1-Rennwagen mit Diesel betanken, wären selbst für den besten Fahrer aus der Poleposition die Siegeschancen gleich null. Er scheiterte nicht an seinem Können, sondern an den notwendigen Folgen einer Übertretung technischer Gesetze.

Systemgesetze sind einfach und sinnvoll

Bei Naturgesetzen und Systemgesetzen gilt, wie in manchen Strafgesetzbüchern auch, dass Unwissenheit nicht vor Strafe schützt. Nun wissen wir zwar alle über den richtigen Kraftstoff für unser Fahrzeug Bescheid, betanken aber die eigene biologische Hochleistungsmaschine, unseren Körper, oft nicht mit Super, sondern mit Diesel. Natürlich wissen wir, wenn wir unsere kleinen Ernährungssünden begehen, um die kombinierte Wirkung von Cholesterin, Stress und Bewegungsmangel. Wissen allein genügt aber offensichtlich nicht, um zielführend zu handeln. Wir lernen folglich entweder durch Einsicht oder durch Leiden. Wenn die Einsicht nicht zu Konsequenzen führt, lässt uns spätestens die Konfrontation mit akuten Folgen anhalten und nach Lösungen suchen.

1.2 Das Gewissen als systemischer Kompass

Beim einzelnen Menschen wie in Organisationen führt eine besondere Kraft zum Ziel oder auf Abwege: das *Gewissen*. So, wie wir es hier verstehen, hat es mit moralischen Prinzipien oder hehren Idealen wenig zu tun. Vielmehr handelt es sich um eine

Art Kompass, der uns sagt, ob wir uns auf dem richtigen Kurs befinden. Mit unserem systemischen Gewissen verfügen wir über eine Art sozialen Orientierungssinn, der uns nicht über »gut« und »böse« im moralischen Sinne informiert, sondern darüber, ob wir uns in unserem Umfeld auf dem richtigen Kurs befinden.*

Das Gewissen zeigt uns, wo es langgeht – völlig moralinfrei

Dieser innere Kompass zeigt ganz sachlich und amoralisch stets genau nach Norden. Was aber »Norden« ist, wo es also entlanggeht in einem Unternehmenssystem, kann sich von anderen, ähnlichen Systemen radikal unterscheiden. In einem traditionsreichen, mittelständischen deutschen Familienunternehmen können z. B. Pünktlichkeit, Genauigkeit und engagierte Leistungsbereitschaft im »Norden« liegen, also die gemeinsame Orientierung für alle Systemmitglieder darstellen. Werte wie Pünktlichkeit und Genauigkeit, dazu Normen wie freiwillige, unbezahlte Mehrarbeit geben in diesem System das »Was« und das »Wie« an. Also: *»Was wollen wir erreichen? Exakt gefertigte Produkte pünktlich an den Kunden ausliefern. Wie wollen wir es erreichen? Mit hohem individuellen Einsatz.«*

Ob nun extrem hoher Einsatz auch effektiv ist und wirtschaftlichen Erfolg bringt, ist zumindestens fraglich. Aber darum geht es nicht. Denn »Effektivität« liegt nicht im »Norden« dieses Unternehmens. Keine Frage also, dass alle Unternehmensangehörigen, vom jüngsten Azubi bis zum Chef, auf systemeigene Weise »eingenordet« sind. Jedes Mitglied dieses Systems hat ein gutes Gewissen, wenn es voll engagiert in den Abend und ins Wochenende hinein arbeitet, und ein schlechtes, wenn es sich einmal eine längere Pause gönnt. So weit durchaus nichts Ungewöhnliches, denn die beschriebene Orientierung ist bei uns gesellschaftlich, also in einem größeren systemischen Zusammenhang, akzeptiert und sehr verbreitet.

Die amoralische (nicht *un*moralische) Qualität des systemischen Gewissens wird deutlich, wenn wir uns jetzt im Kontrast zu obigem Beispiel einer Mafiaorganisation zuwenden. Dieses Gewissen arbeitet keinen Deut anders. Ein Angehöriger dieser kriminellen Vereinigung hat ein völlig reines Gewissen, wenn er beispielsweise von den Restaurantbesitzern seines Reviers ein hohes

* Siehe zu dieser wichtigen Entdeckung über die Funktionsweise des systemischen Gewissens auch die Veröffentlichungen Bert Hellingers. Nähere Angaben im Literaturverzeichnis.

Schutzgeld erpresst. Sowohl das »Was« als auch das »Wie« liegen exakt im »Norden« seines Systems. Er wird von seinen Kollegen und Vorgesetzten neben seinem Anteil ein anerkennendes Schulterklopfen ernten, das ihm sagt: *»Du machst es richtig. Du gehörst zu uns!«*

Dazugehören – koste es, was es wolle

Zugehörigkeit zum eigenen System bedeutet Überleben. Dieses Erbe bringen wir aus dem Tierreich mit, dessen verschiedene Evolutionsstadien in unseren Verhaltensprogrammen gespeichert sind. Für unsere nächsten Verwandten, die Säugetiere, ist die Zugehörigkeit zum Rudel oder zur Herde lebensentscheidend. Das verirrte Schaf ist ebenso verloren wie der ausgestoßene Junglöwe.

Da wir die denkbar stärkste Motivation besitzen, zu unserem jeweiligen sozialen System zu gehören, ist es enorm schwierig, kontraproduktives Verhalten, das im gesamten Unternehmen auftritt, zu verändern!

Wenn z. B. hochwertige, präzise mechanische Fertigung im Gegensatz zur gefragten Schnelligkeit und Kostengünstigkeit steht, gibt es Probleme. Was nützen perfekte, hochwertige Produkte, wenn niemand sie kauft, weil der Kunde mit schnell lieferbarer und zudem billigerer Elektronik sein Ziel auch erreicht? Es wäre höchste Zeit zur Umorientierung! Dazu müssten die Unternehmensführer und Mitarbeiter jedoch gegen ihr systemisches Gewissen verstoßen.

Beispiel Maschinenbau

Die Krise des deutschen Maschinenbaus hat in den vergangenen Jahrzehnten gezeigt, dass sie genau das nicht tun, selbst wenn der Untergang die unausweichliche Folge ist. Lieber zahlen Mitglieder eines zwischenmenschlichen Systems diesen Preis, als gegen ihr systemisches Gewissen zu verstoßen. Verstärkt wurde diese Haltung im deutschen Maschinenbau mit einer in den Jahren des Erfolgs aufgebauten überheblichen Überzeugung, dass gute deutsche Wertarbeit durch Elektronik nicht zu ersetzen sei – schon gar nicht durch asiatische. Wäre zu Beginn der Maschinenbaukrise eine systemische Simulation mittels Aufstellung erfolgt, hätte man sehen können, welche Wirkung die Einstellung der deutschen Industrie zu elektronischen Neuerungen und zur asiatischen Konkurrenz auslösen musste. Ein klarer Blick auf zukünftige Folgen hätte rechtzeitiges Gegensteuern ermöglicht.

1.3 Die verborgenen Führungsleitlinien

Systemgesetze wirken im Verborgenen

Wer oder was bestimmt eigentlich Ihre Unternehmensstrategien? Betriebswirtschaftliche Berechnungen allein sind es wohl kaum. Im letzten Jahrzehnt haben wir einen Boom von »weichen« Faktoren erlebt. Corporate Identity, Unternehmensphilosophie und Visionsentwicklung sind in aller Munde. Aus den USA importieren wir jetzt den Trend, im »Humankapital« den eigentlichen betriebswirtschaftlichen Engpass zu erkennen. Wie auch immer Sie Ihre Ziele definieren und Ihre Strategien ableiten: Ihr Unternehmen arbeitet nicht nur nach selbst gestellten Aufgaben und Zielen. Es ist auch von *unsichtbaren Gesetzen* bestimmt, die im Verborgenen äußerst kraftvoll wirken – zum Guten wie zum Schlechten.

Weil sie im Verborgenen wirken, sind diese Gesetze den Menschen in Unternehmen meist nicht bewusst. Wie spüren Sie dann ihre Wirkung? Nun, woran merken Sie, dass Sie, beispielsweise auf einer Silvesterfeier, bestimmte biologische Gesetze Ihres eigenen Körpers übertreten haben? An einer Kater-Rückmeldung am Neujahrsmorgen! Wenn Sie die biologischen Grenzen und Gesetze respektieren, fühlen Sie sich wohl in Ihrer Haut. Ebenso fühlen Sie sich als Mitglied eines zwischenmenschlichen Systems unterstützt und gestärkt, wenn Sie dessen Gesetze einhalten, aber persönlich geschwächt, wenn Sie sie missachten.

Im Unternehmen sind typische Symptome für die Missachtung von Systemgesetzen plötzlich kündigende Mitarbeiter und Kunden, interne Machtkämpfe, Sabotage, massive Umsatzeinbrüche oder lähmende Stagnation.

Ohne systemische Einbindung steht Sanierung auf schwachen Füßen

Diese Alarmzeichen werden bisher meist missdeutet. Was tun Unternehmensführer, wenn es hakt und bremst, wenn Motivation, Marktanteile und Umsätze sinken und die Fluktuation steigt? Sie rufen nach Sanierern und Kostendrückern! Doch deren Erfolg ist fraglich – wie manche »Star«-Sanierer öffentlich bewiesen haben. Denn erstens sind nicht alle Probleme durch Controlling in den Griff zu bekommen. Und zweitens verschlimmern viele Sanierer trotz bester Absichten in Unkenntnis ihrer systemischen Wirkung die Situation. Das System reagiert wie auf Eindringlinge und verbraucht so kontraproduktiv seine letzten Kräfte. Ähnlich einem menschlichen Immunsystem wehrt es sich mit Warnsymptomen gegen den Angriff.

Menschliche Systeme – Familien ebenso wie Unternehmen und Organisationen – wollen überleben und schützen deshalb sich und ihre Mitglieder gegen Angriffe von außen. Wird eines ihrer systemerhaltenden Prinzipien massiv verletzt, folgen daher unbewusste Ausgleichsbewegungen mit unkontrollierbaren Wirkungen. Woran liegt das?

Ein Unternehmen funktioniert wie ein Netzwerk aus Menschen, Informationen und Technologien und ist mit anderen Netzwerken (Kunden, Markt) eng verbunden. Jede Handlung hat eine Auswirkung auf alle Beteiligten. Deshalb gibt es im Netzwerk ein unausgesprochenes Wissen darüber, was gut ist, was stört und was das Ganze schwächt oder stärkt. Wenn Teile des Netzwerks gegeneinander arbeiten oder sich aus dem Ganzen lösen, funktioniert das System schlecht. Ein Problem bildet sich dann häufig wie ein Warnsymptom und weist auf ein »überzogenes Konto« hin.

In der praktischen Arbeit mit Unternehmen, Abteilungen, Teams und anderen Organisationen haben sich immer wieder bestimmte Ordnungsprinzipien oder »Gesetze« gezeigt, nach denen diese systemisch funktionieren. Unabhängig von Art oder Größe der Organisation beobachten Forscher und Berater, wie Menschen in solchen Systemen mit schon fast schlafwandlerischer Sicherheit auf das Respektieren oder Missachten dieser Prinzipien reagieren. Sie erleben ihre Arbeitsumgebung als harmonisch, wenn sie beachtet werden, und reagieren irritiert, wenn sie verletzt werden. Im Folgenden finden Sie wichtige Systemgesetze oder systemerhaltende Prinzipien in einer Übersicht mit beispielhafter Erklärung ihrer Grundlagen.*

* Siehe dazu auch: Hellinger, »Organisationsberatung und Organisationsaufstellungen.« In: Weber (Hg.), 2000.

Systemerhaltende Prinzipien

Was ist, muss sein dürfen: das Prinzip der Würdigung

Anerkennen der Wirklichkeit eröffnet Lösungsperspektiven

Was bedeutet »Was ist, muss sein dürfen«? Zunächst einmal ist damit gemeint:

> **Die Wirklichkeit darf nicht geleugnet werden! Um handlungsfähig zu sein, müssen die Systemmitglieder anerkennen und würdigen, was ist.**

So einfach, wie das klingt, ist es in der Praxis leider nicht. Zu oft werden kritische Entwicklungen in Unternehmen schöngeredet. Immer wieder kommt es vor, dass Führungskräfte sich selbst einen Abwärtstrend nicht eingestehen. Folgerichtig verschweigen sie auch ihren Kollegen und Mitarbeitern den wahren Ist-Zustand. Alle spüren aber ganz genau, dass etwas nicht stimmt. In manchen Fällen ist das Ausmaß einer Krise im ganzen Unternehmen genauestens bekannt, aber niemand spricht es aus.

Zuweilen gipfelt diese Verleugnung sogar in einem kollektiven Wahn: *»Bald werden wir einen Riesenauftrag bekommen, der die Firma wieder ganz nach vorn bringt.«* In Familien gibt es eine ähnliche

Verleugnungspraxis, wenn z. B. alle wissen, dass der Vater unheilbar krank ist, diese Tatsache aber voreinander verheimlichen. Gelingt es, die Verleugnung fallen zu lassen und der Wirklichkeit ins Auge zu schauen, hat dieses gemeinsame Würdigen der realen Gegebenheiten etwas Befreiendes und öffnet das System für Lösungen. Denn nun schauen die Beteiligten der Wirklichkeit in ihrer ganzen, oft schmerzhaften Wucht unverstellt und mutig ins Auge. Erst jetzt sind sie handlungsbereit und entscheidungsfähig.

Auch eine andere Form der Würdigung ist Ihnen vielleicht aus Ihrem beruflichen Alltag bekannt: *aktives Anerkennen des Gegebenen*. In Situationen von Unsicherheit oder Zweifel über die jeweilige Erwartung oder Aufgabe kann es klärend wirken, wenn die zugrunde liegende systemische Realität bekräftigt wird. Rein rational betrachtet macht es wenig Sinn, etwas auszusprechen, das der andere schon weiß. Trotzdem hat es eine stärkende Wirkung, wenn sinngemäß gesagt wird: *»Sie sind der Chef in dieser Abteilung, und ich bin Ihr Mitarbeiter.« »Sie sind mein Kunde, und Ihre Zufriedenheit ist für mich ausschlaggebend.« »Sie sind schon seit 12 Jahren in der Firma, und ich bin jetzt neu dazugekommen.«* Auf diese Weise kommuniziert der Sprecher, dass er den eigenen Platz im System und den des Gesprächspartners kennt, anerkennt und bestätigt.

Der Ausgleich von Geben und Nehmen

»Schonzeit« für neue Mitarbeiter

Kennen Sie auch eines dieser Teams, in denen der Löwenanteil der Arbeit von einigen Mitgliedern erledigt wird? Das Ungleichgewicht eines solchen Arrangements ist für Außenstehende offensichtlich – für die Teammitglieder selbst bezeichnenderweise selten. Manchmal sind die Mitgetragenen neue, unerfahrene Kollegen, die sich erst noch einarbeiten müssen. Ein Ausgleich ist leicht möglich und geschieht oft auch ganz natürlich, indem die Neuen spontan würdigen, was sie bekommen. Sie können das zum Ausdruck bringen, indem sie helfen, wo sie können, selbst wenn manche Arbeiten nicht ihrer Qualifikation entsprechen. Wenn aber langjährige Teamkollegen sich bequem zurücklehnen, während andere die Arbeit erledigen, sind sie wohl eher vom »Stamme Nimm«.

Teamerfolg kann sich erst einstellen, wenn solche Schieflagen korrigiert sind. Ist mehr Gleichgewicht erreicht, stellt sich eine neue Herausforderung: Sind die bisherigen Leistungsträger bereit, die Arbeitslast gerechter aufzuteilen? Auch das ist keinesfalls selbstverständlich! Denn dazu brauchen sie die Bereitschaft, sich selbst zurückzunehmen und Hilfe von anderen anzunehmen. Das verlangt aber ein gewisses Maß an Vertrauen, das gerade handlungsstarken Menschen schwerer fallen kann, als alles selbst zu tun.

Geben ist nicht immer seliger als Nehmen

Vielleicht kennen Sie Situationen, in denen gefährliche Schieflagen deshalb entstanden, weil eine Führungskraft sich weigerte, Unterstützung und Mitarbeit anzunehmen und damit auch anderen Entwicklungschancen zu geben. Stattdessen ist solch ein Chef immer für seine Mitarbeiter da, hilft ihnen fraglos, nimmt ihnen schwierige Aufgaben ab und löst sogar Probleme für sie. Die Kehrseite solcher Hilfsbereitschaft ist, dass wirkliche Zusammenarbeit nicht entstehen kann. Die Kluft zwischen seiner Kompetenz und der Abhängigkeit der Mitarbeiter ist schwer überbrückbar. Da die Mitarbeiter auf diese Weise keine Chance bekommen, selbst etwas zu leisten, fühlen sie sich bald nutzlos, verlassen das Unternehmen oder kündigen innerlich. Das Motto »Geben ist seliger als Nehmen« mag im religiösen Kontext ebenso Sinn machen wie im Boxring – systemisch führt es auf Abwege.

Bei Fusionen ist das Gleichgewicht erfolgsentscheidend

Wie verhält es sich aber mit dem Ausgleich zwischen Geben und Nehmen auf höheren und größeren Ebenen? Hat er auch in multinationalen Konzernen eine Bedeutung? Betrachten Sie einmal den aktuellen Trend zu Megafusionen mit Blick auf die Aktionäre. Schaut eine Unternehmensleitung einseitig auf den Shareholder-Value, ignoriert sie möglicherweise den Einsatz der Mitarbeiter, dem sie ihren Erfolg mitverdankt. Sie nimmt deren Leistung, ohne sie zu würdigen und angemessen zurückzugeben. Solche Schieflagen bergen heute eines der größten Gefahrenpotenziale, wenn im Zuge von Fusionierung und Globalisierung kleinere Firmen oder arme Länder das Nachsehen haben. Natürlich sinken große Schiffe bei solcher Schlagseite nicht sofort. Sie scheinen zunächst ungestört weiter auf Erfolgskurs zu dampfen – bis plötzlich die Krise sichtbar ausbricht.

Das Recht auf Zugehörigkeit

Sie gehören zu verschiedenen sozialen Systemen: zu Ihrer Herkunftsfamilie (Ihren Eltern und Geschwistern), Ihrer Gegenwartsfamilie (Ihrem Mann / Ihrer Frau und Ihren Kindern) und zu einem oder vielleicht mehreren Arbeitssystemen. Haben Sie sich schon einmal gefragt, wie es wäre, wenn man Ihnen plötzlich die Zugehörigkeit zu Ihrer eigenen Familie oder Ihrem eigenen Unternehmen streitig machte? Leider geschieht so etwas immer häufiger. In Restrukturierungen und Fusionen wird das Recht auf Zugehörigkeit chronisch missachtet. So weiß nach Umbenennung und Umfirmierung im neuen Unternehmensgebilde manchmal niemand mehr, von wem die Ursprungsfirma vor 40 oder 70 Jahren gegründet wurde, oder der Gründer wird sogar bewusst nicht mehr erwähnt.

Zugehörigkeit verjährt nicht

Zugehörigkeit aber verjährt nicht. Der Gründergroßvater gehört auch heute noch genauso dazu wie der junge Geschäftsführer. Gleiches gilt auch für Mitarbeiter, die in Rente gegangen sind oder die in mageren Zeiten die Firma verlassen mussten. Es stärkt das Unternehmen, wenn man sich an sie erinnert und ihnen Gutes wünscht. Denn genau wie der Gründer waren sie einmal die Firma und bilden heute deren Wurzel. In der Praxis hat es sich bewährt, durch Fotos der Gründer an geeigneter Stelle im Unternehmen an deren Zugehörigkeit zu erinnern. Kennen Sie solche Räume oder Foyers, in denen man Büsten der Gründer, historische Szenen aus der Gründerzeit, alte Produkte oder Maschinen bewundern kann? Die positive Wirkung so einer bewussten Erinnerung wird auch daran deutlich, dass sich Mitarbeiter und Kunden gern dort aufhalten. Man spürt, dass hier die Wurzeln heutigen Erfolgs gesehen und gewürdigt werden.

Probleme bei Ungerechtigkeiten

Alle, die zu einem System gehören, müssen dazugehören dürfen – auch gekündigte Mitarbeiter.

Wenn schwere Ungerechtigkeiten im Spiel sind, können die Auswirkungen besonders massiv sein. So kam ein bekanntes Unternehmen mit einer seiner Tochterfirmen auf keinen grünen Zweig. Es stellte sich heraus, dass diese Firma im Dritten Reich von ihren jüdischen Inhabern für einen Spottpreis zwangsverkauft wurde (siehe auch Kap. 3.4). Aus systemischer Sicht ist es also kein Wunder, dass sich kein Erfolg einstellte, bis die Gründer und Eigentümer gewürdigt waren.

Es gibt auch Fälle, in denen jemand nicht mehr zu seinem Unternehmenssystem gehören kann, wenn er z. B. aufgrund schwerer Vergehen ausgeschlossen werden musste. Wenn etwa ein Prokurist versucht hat, den Chef durch Verleumdung zu entmachten, hat das nicht nur juristische, sondern auch systemische Folgen für ihn.

Vorrang des Früheren vor dem Späteren

Im Zuge einer Reorganisation nimmt ein neuer Produktionsleiter die Fertigung in die Hand. Er erkennt Fehler und Einsparpotenziale und beginnt nun aufzuräumen. Einen »Schlampladen« nennt er die Werkshallen und »Schläfer« die Ingenieure und Meister, die dafür verantwortlich seien. Beinahe, so seine Botschaft, hätten sie das Unternehmen an die Wand gefahren. Aber nun, mit ihm, beginne ein anderer Wind zu wehen. Eine Reihe von sinnvollen Maßnahmen wird eingeleitet, aber sie greifen nicht dauerhaft. Auch kann er die Mitarbeiter nicht für sich gewinnen. Je mehr er sie anfeuert, umso lethargischer und lustloser verrichten sie ihre Handgriffe am Band. Was ist passiert?

Der neue Chef muss vom letzten Platz aus führen

Der neue Produktionschef hat in guter Absicht, aber mit systemischer Ignoranz einen schweren Fehler begangen. Als Neuer steht er in der Ordnung des Systems auf dem *letzten* Platz, verhält sich aber, als stehe er auf dem *ersten!* Das gesamte soziale System reagiert allergisch auf solch eine Anmaßung. Andererseits ist er der neue Chef. Kompetent und engagiert will er wirklich etwas für das Unternehmen erreichen. Dazu muss er allerdings lernen, vom letzten Platz aus zu führen. Das gelingt ihm, indem er sich vor Augen führt, dass viele seiner Mitarbeiter schon in diesem Unternehmen dessen Produkte hergestellt und vertrieben haben, als er noch die Schulbank drückte. Mit diesem Perspektivenwechsel ändert sich seine Einstellung und mit ihr seine Ausdrucksweise und sein Tonfall. Er beginnt, ihre Leistung zu würdigen – auch wenn sie mit veralteter Technik und Struktur erbracht wurde.

Wenn er jetzt seine innovativen Konzepte einbringt, schaut er dabei die Meister und Gruppenleiter, mit denen er spricht, anders an. Er fragt nach ihren Erfahrungen und Gewohnheiten, bittet um ihre Meinungen und Vorstellungen, bevor er seine Entscheidung als neuer Chef trifft. Indem er so vom letzten Platz aus führt, gewinnt er das Vertrauen und die Unterstützung seiner Mitarbeiter und kann seine Führungsposition voll einnehmen.

Vorrang des höheren Einsatzes für das Ganze

Auch in Teams sind nicht alle gleich

Teams und flache Hierarchien sind *in*. Neue Wege zu mehr Effektivität sind sinnvoll und nützlich, aber sie bergen auch bestimmte Gefahren. Vielleicht haben Sie schon Start-up-Teams kennen gelernt, die in ihrer mitreißenden Euphorie die Gleichwertigkeit der Zugehörigkeit mit völliger Gleichberechtigung verwechseln. So schön ein Wir-Gefühl auch ist – oft schütten die Teammitglieder in ihrem Bemühen um flache Hierarchien das Kind mit dem Bade aus und werfen systemerhaltende Prinzipien wie Kompetenzvorrang und Verantwortungsvorrang achtlos über Bord. In solchem Klima gedeihen pseudo-egalitäre Ideologien, wie: *»Wir arbeiten alle gleichberechtigt. Wir sind alle gleich wichtig. Jeder darf mitreden und mitentscheiden.«* In Extremfällen wird der Vorschlag einer Aushilfskraft oder eines Praktikanten genauso gewichtet wie der erfahrener Kompetenzträger.

Der Chef muss Chef sein und verantwortlich führen

Auch wenn in solchen Teamsitzungen alle beifällig nicken und sich damit zu ihrer fortschrittlichen Haltung gratulieren, wird doch ein gewisses Unbehagen spürbar. Denn den wirklich Verantwortlichen bleiben nur Pflichten, keine Rechte. Wer mehr Einsatz für das Ganze bringt, hat aber in zwischenmenschlichen Systemen mehr Gewicht. Sein Wort zählt mehr. Wie kommt man aus so einer Teamfalle wieder heraus? Eine einfache Frage führt hier zu mehr Klarheit: *»Wer fühlt sich für das ganze Team verantwortlich und handelt auch so?«* Diejenigen, die so handeln und dazu stehen, können als Teamleiter untereinander Führungsstrukturen entwickeln. Die übrigen sind ihre Mitarbeiter.

Anders gesagt: Ein Chef muss Chef sein und sein dürfen. Nimmt er die Rolle nicht an, indem er nicht nur Aufgaben, sondern auch

Chefentscheidungen wegdelegiert, hat er den Stuhl, auf dem er sitzt, schon verloren. Seine Mitarbeiter werden ihn nicht mehr ernst nehmen. Erkennt andererseits ein Mitarbeiter seinen Chef nicht als Chef an, weil er sich selbst für fähiger hält, befindet er sich im systemischen Abseits und muss »zurückgepfiffen« werden. Auch ihm hilft es, die Wirklichkeit anzuerkennen und seinem Chef beispielsweise zu sagen: *»Sie sind hier der Chef. Auch wenn ich nicht immer Ihrer Meinung bin, erkenne ich das an!«*

Kompetenzvorrang

Kompetenz am richtigen Platz wird anerkannt

Kennen Sie auch hoch begabte und fähige Leute, die in ihrer Firma kaum Anerkennung ernten? Dieses Dilemma kann systemische Ursachen haben. Der Produktionsleiter im obigen Beispiel »Vorrang des Früheren vor dem Späteren« saß in dieser Falle fest. Seine neuen Mitarbeiter erkannten seine hohe Kompetenz nicht an. Erst als ihm klar wurde, wie sehr er ihre Rechte als langjährige Mitarbeiter ignoriert hatte und seine Einstellung änderte, begannen sie, ihn zu akzeptieren. Das Beispiel zeigt, wie in Arbeitssystemen verschiedene Dimensionen von Vorrang koexistieren und einander bedingen.

Entscheidend für die Systemharmonie ist das Prinzip der Würdigung, das sich durch alle systemerhaltenden Prinzipien wie ein roter Faden hindurchzieht. Wenn der Spätere die Früheren als Frühere würdigt, anerkennen diese bereitwillig seine Fachkompetenz. Vorrang hat auch, wer hohe Kompetenz in ein Arbeitssystem einbringt.

Hierzu zählen besondere Fähigkeiten und Leistungen ebenso wie sichtbare Ergebnisse oder eine außergewöhnliche berufliche Erfahrung. Anerkennung und Würdigung sind also Grundprinzipien systemischen Ausgleichs und zugleich ein Mittel für diesen Ausgleich.

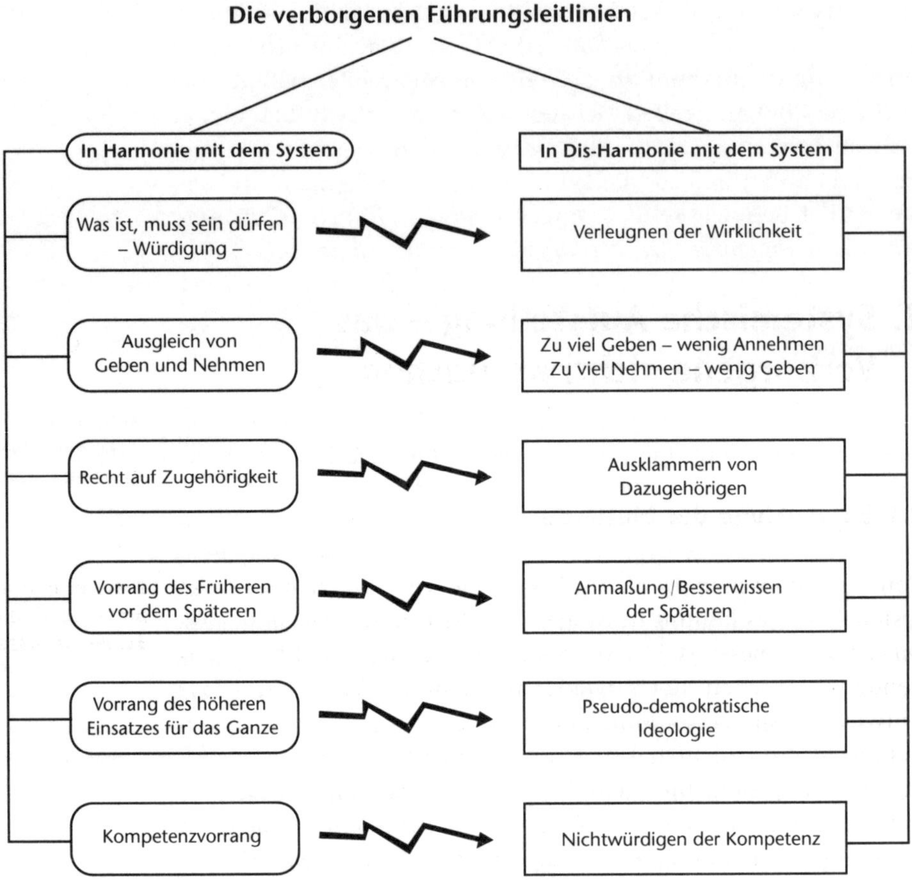
Die verborgenen Führungsleitlinien
In Harmonie mit dem System
In Dis-Harmonie mit dem System
Was ist, muss sein dürfen – Würdigung –
Verleugnen der Wirklichkeit
Ausgleich von Geben und Nehmen
Zu viel Geben – wenig Annehmen
Zu viel Nehmen – wenig Geben
Recht auf Zugehörigkeit
Ausklammern von Dazugehörigen
Vorrang des Früheren vor dem Späteren
Anmaßung/Besserwissen der Späteren
Vorrang des höheren Einsatzes für das Ganze
Pseudo-demokratische Ideologie
Kompetenzvorrang
Nichtwürdigen der Kompetenz

2. Systemische Aufstellung – das Verborgene sichtbar machen

2.1 Entwicklung der Methode

Entwicklungsprozesse sind keine Schnellschüsse

Vom »systemischen Denken« hören Sie vermutlich nicht zum ersten Mal – es kommt in Mode, vor allem in der *Organisationsentwicklung*. Diese ist bislang allerdings bei wirtschaftlich denkenden Menschen noch wenig anerkannt. Woran liegt das? Entwicklungsprozesse brauchen ihre Zeit – die viele Unternehmensführer nicht haben bzw. sich nicht nehmen. Wer sich im Zugzwang sieht und glaubt, jetzt sofort handeln zu müssen, hat verständlicherweise wenig Geduld. Oft greifen Manager in solch einer Situation zu einem der auf dem Beratungsmarkt angebotenen Schnellverfahren. Diese befriedigen zwar den Handlungsdruck ihrer Anwender, lösen aber oft das Problem nicht. Denn Pragmatismus und Tempo einer Maßnahme entscheiden nicht über ihren Erfolg. Wem ein Setzling zu langsam wächst, der kann natürlich entschlossen daran ziehen, damit es schneller geht. Allerdings verkürzt er damit die Pflanze und verlängert so den Wachstumsprozess aufs Neue.

Auch der Schwenk zum systemischen Denken hat den Trend zu ähnlichen Vorgehensweisen in unserem Wirtschaftsleben noch nicht umkehren können. Die Betonung liegt dabei allerdings weniger auf »systemisch« als auf »Denken«. Denn neues Denken allein ändert praktisch nicht viel.

In unseren komplexen Unternehmensstrukturen, die sich heute in einem atemberaubenden Tempo ständig wandeln, kann Klarheit nicht »herbeigedacht« werden. Neue Lösungen erfordern nicht nur Umdenken, sondern konkrete Einsicht in die Wirkungsmechanismen des Systems sowie konsequentes Handeln. Genau dabei leistet die Methode der systemischen Aufstellung wertvolle Hilfe.

Denn die systemische Aufstellung beschränkt sich nicht aufs Denken, sondern sie *bewegt,* und zwar in einem Tempo, das mit den schnellen Informationstechnologien der »Generation-@« locker mithalten kann. So bringt sie Gegensätze zusammen, die zuvor völlig unvereinbar schienen: Sie ist lösungs- *und* prozessorientiert, sie ist schnell *und* ganzheitlich, sie ist präzise *und* symbolisch. Weil sie genaues Denken, differenziertes Fühlen und konsequentes Handeln erfordert und fördert, sind mit ihr gefundene Lösungen keine Schnellschüsse, sondern Auslöser lang anhaltender, gewollter Entwicklung.

Wie ist diese Methode entstanden? Wie andere Managementansätze und -modelle hat auch sie ihre Wurzeln in der modernen Psychologie und ihrer Anwendung auf aktuelle menschliche Probleme. In einem kurzen Ausflug zu diesen Ursprüngen möchten wir Ihnen diese Zusammenhänge verdeutlichen.

Historische Entwicklung der systemischen Aufstellung

Die 60er- und 70er-Jahre des vergangenen Jahrhunderts waren reich an Veränderungen. Sie bescherten uns nicht nur die Mondlandung, die legendären »68er«, die Beatles und Flower-Power. Auch im Wissen um den Menschen und seine Welt erlebten wir bahnbrechende Veränderungen. Um zu verstehen, wie grundlegend sich wirtschaftliche Betrachtungsweisen gewandelt haben, müssen wir einen Blick auf ihre psychologischen Wurzeln werfen.

In Psychologie und Sozialwissenschaften wendete sich die Forschergemeinde vom rein quantitativen, analytischen Sezieren ab und sah plötzlich die Welt durch eine neue Brille: *Das Ganze* rückte in den Blick und veränderte radikal die Perspektive. Zusammenhänge, Wechselwirkungen und Verbindungen zwischen den Menschen und ihrer Umwelt wurden erkannt. Die Forscher schauten von ihren Mikroskopen auf und blinzelten erstaunt auf dieses neue Ganze, das mehr zu sein schien als die Summe seiner Teile. Zwar hatten schon antike Kulturen Tausende von Jahren zuvor dieselbe Einsicht gewonnen, aber wir Menschen scheinen unser Wissen ab und an zu vergessen. Deshalb ist die Feststellung nicht falsch, dass die systemische Sichtweise in der letzten Hälfte des 20. Jahrhunderts ihren Anfang nahm. In den verschiedenen Wissenschaftsdisziplinen entwickelte sie sich rasant weiter. Besonders bekannt wurde der Soziologe Niklas Luhmann mit seiner Systemtheorie.

Herkunft aus der Familientherapie

Die psychologischen Forscher Gregory Bateson, Paul Watzlawick, Ronald Laing und ihre Kollegen standen für eine umfassendere Sicht menschlicher Seelenlandschaften und inspirierten Therapeuten wie I. Boszormenyi-Nagy, H. Stierlin und andere, ihren psychologischen Blick vom Einzelnen auf sein unmittelbares Bezugssystem, die Familie, zu erweitern. Schnell kam es in der Familientherapie, wie so oft bei neuen Entwicklungen, zu Schulbildungen. Binnen kurzer Zeit entstanden die Mailänder Schule, die Heidelberger Schule und verschiedene amerikanische Ansätze. Bei aller kontroverser Diskussion stimmten die Familientherapeuten aber hierin überein:

- Die Probleme Einzelner müssen im Wirkungszusammenhang des Familien-Systems betrachtet werden.
- Jedes Verhalten, sei es auch noch so verrückt, ist in seinem Systemkontext sinnvoll.
- Der Blick des Therapeuten richtet sich nicht mehr auf das Problem, sondern auf die Lösung.
- Lösungen sind auch in Kurzzeit-Therapien erreichbar.

Diese revolutionären Neuerungen krempelten die bis dahin überwiegend psychoanalytisch orientierte Therapiewelt, in der man auf jahrelange individuelle Prozesse der Ursachenerforschung eingestellt war, gründlich um.

Um einen besseren Überblick über Familiensysteme zu erhalten, begannen die Familientherapeuten, das System abzubilden. Sie benutzten zunächst Grafiken und Figuren, um die Beziehung der Systemmitglieder zueinander anschaulich zu machen. Im nächsten Schritt lag es nahe, diese Figuren zum Sprechen zu bringen. Also wurden die Familienmitglieder gebeten, sich zueinander in Beziehung zu stellen und sich zu äußern, um Klärung zu schaffen. Als sich das als zu schwierig herausstellte, begann man, sie durch Stellvertreter zu ersetzen. Man experimentierte mit verschiedenen Ansätzen. So tat sich z. B. die amerikanische Therapeutin Virginia Satir durch ihre so genannten »Skulpturen« hervor, in denen sie Rollenspieler wie lebendige Statuen in Pose setzte und pantomimisch Beziehungen und Gefühle ausdrücken ließ. Das erwies sich zwar als recht dramatisch, erschwerte aber den Blick auf das Wesentliche.

Aufstellungen beschränken sich auf das Wesentliche

In Systemaufstellungen von Familien und Organisationen beschränkt man sich heute auf das Minimum.

> **Wer eine Lösung sucht oder ein Ziel klären möchte, stellt neutrale Repräsentanten für Organisationsteile bzw. Familienmitglieder so zueinander in Beziehung, wie es der eigenen Wahrnehmung entspricht. Damit wird die Realität des zwischenmenschlichen Systems nicht fotografisch, sondern symbolisch verdichtet abgebildet.**

Ein Aufstellungsbild ist insofern einem Kunstwerk vergleichbar, das mit einfachen Mitteln sehr komplexe Inhalte verdeutlichen kann. Dieses unspektakuläre und verblüffend effektive Vorgehen verdanken wir der Pionierarbeit Bert Hellingers (siehe Literaturverzeichnis).

Familien und Organisationen unterscheiden und ähneln sich

Sie fragen sich an dieser Stelle vielleicht, wie eine familientherapeutische Methode zu Unternehmen und ihren wirtschaftlichen Fragestellungen passt. Schließlich sind Unternehmen keine Familien, selbst dann nicht, wenn es sich um traditionelle Familienunternehmen handelt. Es gibt in der Tat tief greifende Unterschiede zwischen Familien und Unternehmen, aber auch eine Reihe tragender Gemeinsamkeiten, die es ermöglichen, die systemische Aufstellungsmethode für Unternehmen und Organisationen zu adaptieren.

Der wichtigste Unterschied besteht darin, dass Sie die Zugehörigkeit zu Ihrer Firma kündigen können, die zu Ihrer Familie dagegen nicht. Familien sind Schicksalsgemeinschaften, Unternehmen aber aufgabenorientierte Systeme. Wie Familien sind allerdings auch Unternehmen menschliche Systeme und funktionieren deshalb nach ihren eigenen systemerhaltenden Regeln und Prinzipien, die Sie im ersten Kapitel kennen gelernt haben. Natürlich ist die Arbeit an Unternehmensthemen meist nicht mit der emotionalen Intensität familiärer Verwicklungen vergleichbar. Das praktische Vorgehen aber unterscheidet sich bei der Aufstellung von Familien und Unternehmen wenig.

Aufstellungen geben Einblick in die Ist-Situation

In beiden Fällen ist systemische Aufstellung zunächst eine Möglichkeit, in kurzer Zeit einen Überblick über eine Ist-Situation zu erhalten. Wer in einer Unternehmens-Aufstellung stellvertretend für die Produktion, den Vertrieb, die Geschäftsleitung oder eine Auslandstochter steht, spürt unmittelbar, ob die Stellung im Gesamten richtig ist oder in welche Richtung sie verändert werden müsste, damit das Ganze gut funktioniert. Schwierige Ist-Situationen werden als Spannung erlebt – Lösungen als Entspannung. Diese Wahrnehmung ist jedem Menschen in einer Stellvertreterrolle möglich und fällt den meisten überraschend leicht. Sie ist nicht das Resultat besonderer Ausbildung oder Qualifikation, sondern so einfach wie Sehen oder Hören. Im Abschnitt 2.3 dieses Kapitels erfahren Sie mehr darüber.

2.2 Zwei Wege, ein Ziel: die Lösung

Die Lösung im Fokus

Nun ist es zwar bereits von beträchtlichem Nutzen, innerhalb einer Stunde Einblick in eine Ist-Situation zu erhalten. Das ist konkurrenzlos schnell! Welche konventionelle Methode der Unternehmensanalyse könnte da mithalten? Aber das ist nicht alles. Nicht Analyse und Ursachenforschung sind Ziel einer systemischen Aufstellung, sondern die *Lösung* ist es! Daher fragen systemische Berater nicht: *»Warum hat die Geschäftsleitung so spät auf die Veränderungen im Markt reagiert?«* Oder: *»Warum ist die Zusammenarbeit von Entwicklung und Vertrieb so unkoordiniert?«* Sie fragen vielmehr: *»Wie können wir die gegenwärtige Krise überwinden und uns* *strategisch am besten auf dem Markt positionieren?«* Oder: *»Wie müssen wir aufgestellt sein, damit wir schneller auf Veränderung reagieren können?«*

Aufstellungen sind anwendungsbezogen

Sie merken es bereits an der Fragestellung: Es geht nicht darum, den Schuldigen an einer Misere zu finden – was oft mit einer »Warum-Frage« ausgelöst wird. Stattdessen ist die »Wie-Frage« hier hilfreich: *»Wie können wir es besser machen?«*

> **Was Sie brauchen, ist die richtige Lösung, die optimale Aufstellung Ihrer Mannschaft! Denn es ist ein wenig wie beim Fußball: Auch die besten Spieler können nicht gewinnen, wenn Störungen im Mannschaftssystem ihre Leistung zunichte machen.**

Plötzlich laufen lang geübte Pässe ins Leere und die Torjäger müssen, statt dem Gegner gefährlich zu werden, gemeinsam mit der Abwehr das Schlimmste im eigenen Strafraum verhindern helfen. Aber wie erreicht ein Fußballcoach die optimale Aufstellung? Ob sich ein Startrainer darüber nun in geheimnisvolles Schweigen hüllt oder ein verbales Feuerwerk abbrennt, ist eine Frage seiner verkäuferischen Präsentation. Das Zauberwort dahinter heißt immer *Lösungsorientierung*. Der Blick richtet sich also nicht auf das Problem, sondern auf das Ziel bzw. die Lösung.

Auch zu Beginn einer systemischen Aufstellung lautet deshalb die Frage: *»Was möchten Sie erreichen?«* und *»Woran werden Sie konkret merken, dass sich die Situation verbessert hat?«* Mit dieser konkreten, anwendungsbezogenen Ausrichtung kann sich in der letzten Phase einer systemischen Aufstellung, dem »Lösungsbild«, der Stress einer Problemsituation in Energie zum Handeln umwandeln.

Erfinden wir die Wirklichkeit?

In der systemischen Arbeit haben sich zwei unterschiedliche Ansätze entwickelt, die beide lösungsorientiert vorgehen. Der eine firmiert unter dem Titel »konstruktivistisch«, der andere ist als »phänomenologisch« bekannt. Konstruktivisten vertreten die Meinung, Realität werde von den Menschen sozusagen erfunden und konstruiert. Die Phänomenologen verneinen dies nicht, erweitern aber ihr Realitätsverständnis um ein größeres Ganzes, das wir nicht »erfinden«, sondern »vorfinden«. Deshalb betrachten sie ein System ohne Konzept oder Änderungsabsicht – eben wie ein unbekanntes »Phänomen«.

Bevor wir einer Lösung zustimmen können, sagen die Phänomenologen, muss die Wirklichkeit wahrgenommen und als gegeben anerkannt werden. Systemdynamiken sind den physikalischen Naturgesetzen vergleichbar, die sich bekanntlich ebenso wenig beliebig verändern lassen, wie wir sie konstruiert haben. Ziel ist deshalb die Lösung im Einklang mit den grundlegenden Ordnungsprinzipien des ganzen Systems. Auf den Punkt gebracht, steht für Phänomenologen die Wahrnehmung dessen, »was ist«, im Zentrum ihrer Aufmerksamkeit, für Konstruktivisten die Vorstellung, »was sein könnte«.

Die konstruktivistische Sichtweise

Wenn es also einem Unternehmen schlecht geht, ist das nach konstruktivistischer Auffassung das Ergebnis bestimmter, z. B. sorgenvoller Vorstellungen, die sich die Systemmitglieder mitteilen und so lange gegenseitig verstärken, bis ein äußeres Ergebnis (z. B. Umsatzrückgang) erreicht ist. Das ist dann natürlich der Beweis für die Richtigkeit ebendieser besorgten Vorstellungen. Die Lösung liegt in konstruktivistischer Sicht nun darin, dass die Beteiligten lernen, sich eine »bessere«, also erfolgreichere Realität zu erwählen, um diese dann nach gleicher Vorgehensweise zu erschaffen. Konstruktivisten gehen davon aus, dass sämtliche Ressourcen für die Lösung innerhalb des Systems vorhanden sind – sie lagern nur vergessen in irgendeinem Nebenraum und können mit Hilfe eines systemischen Beraters gefunden werden. Seine Aufgabe ist es, Auskünfte und Anstöße für die gemeinsame kreative Neugestaltung der Unternehmensrealität zu geben.

Die phänomenologische Sichtweise

Ihre phänomenologisch arbeitenden Kollegen untersuchen hingegen zuerst, wo systemische Grundordnungen verletzt wurden, um diese wieder in Ordnung zu bringen.

Tatsachen zu verleugnen schwächt – Realität anzuerkennen stärkt.

Deshalb ermutigen Phänomenologen die Beteiligten, diese erst einmal als Realität anzuerkennen.

Ein Konflikt zwischen zwei Abteilungen wird aus phänomenologischer Sicht nicht dadurch gelöst, dass sich beide Abteilungsleiter zusammensetzen und gemeinsam Strategien für eine harmonische zukünftige Zusammenarbeit ausarbeiten. Nein, erst muss sich zeigen, worin der Konflikt besteht. Die Beschreibung der Beteiligten kann das eigentliche Thema auch verdecken, statt es auf den Punkt zu bringen. Das ist ein Grund, weshalb man in Aufstellungen nicht mit den betroffenen Personen, sondern mit Stellvertretern arbeitet.

Konflikt zwischen Vertrieb und Produktion

Angenommen, es handelt sich um eine ähnliche Auseinandersetzung wie die zwischen Vertriebschef und Produktionsleiter. Letzterer fühlt sich von seinem Vertriebskollegen bei der Planung übergangen, während dieser die Anerkennung seiner Leistung für das Unternehmen vermisst. In einer Aufstellung schlägt der Coach kurze Dialoge vor, die helfen sollen, Realitäten anzuerkennen.

VL zu PL: Sie sind hier der Produktionsleiter und für den ganzen Produktionsbetrieb verantwortlich.
Ohne Ihre Leistung können wir nichts verkaufen!

PL zu VL: Von Ihrem Verkaufserfolg als Vertriebschef hängen auch unsere Arbeitsplätze ab. Das erkenne ich an!

Wenn die Beteiligten so ihre jeweiligen Positionen und Aufgaben im Unternehmen anerkennen, können die beiden die Spielregeln ihrer künftigen Zusammenarbeit im Einzelnen aushandeln.

Wer hat also Recht: Konstruktivisten oder Phänomenologen? *Beide* haben Recht. Die Konstruktivisten zeigen mit ihrer »verhandelten Neuordnung« den Weg zur Machbarkeit von Lösungen. Die Phänomenologen ergänzen diese Methode, indem sie mit ihrer »Grundordnung« auf die realistischen Grenzen dieser Machbarkeit hinweisen. Fazit: Lösungen sind möglich und neue Ziele erreichbar – aber nicht beliebig, sondern nur im Einklang mit den systemerhaltenden Prinzipien.

2.3 Wie funktioniert die systemische Aufstellung?

Wenden wir uns der Praxis zu. Wie funktioniert die Methode? Was läuft eigentlich genau bei einer Aufstellung ab?

Ein klares Anliegen ist Grundvoraussetzung

Als Erstes brauchen Sie, um mit dieser Methode zu arbeiten, ein klar umrissenes Anliegen. Sie sollten also zumindest merken, wo Sie der Schuh drückt, und sich klar darüber sein, dass Sie diesen Zustand so ändern möchten, dass Ihre Zehen nicht mehr schmerzen. Oder aber Sie haben kein Problem, aber ein Ziel, das Sie erreichen wollen, und möchten herausfinden, was Sie dazu benötigen. Auch vor schwierigen Entscheidungen können Sie mit einer speziellen Aufstellungsform mehr Klarheit gewinnen. Wenn Sie Ihr Anliegen formulieren, wird Ihr systemischer Coach Ihnen helfen, es zu präzisieren. Denn ohne ein solch klares Anliegen funktioniert die Methode nicht. Ihr fehlt dann die Energie und die Richtung (Lösung / Ziel). Das wäre ungefähr so, als würden Sie sich in ein Taxi setzen und dem Fahrer sagen: *»Fahren Sie bitte los!« »Wohin möchten Sie denn?«*, wird er zurückfragen. *»Egal«*, antworten Sie, *»ich werde überall gebraucht.«*

Ein qualifizierter Coach

Als Zweites brauchen Sie einen ortskundigen »Taxifahrer«, einen Aufstellungsleiter also, der für diese Aufgabe qualifiziert ist. Das ist deshalb besonders wichtig, weil der äußere Ablauf einer Aufstellung sehr einfach aussieht und rein technisch gesehen leicht wiederholt werden kann. Es geht hier aber um eine sehr komplexe Aufgabe, bei der verschiedene Wahrnehmungsebenen gleichzeitig zu beachten sind – und dazu braucht es fundiertes Training und Erfahrung. Was aus unserer Sicht zur Kompetenz eines Coach oder Trainers in der systemischen Aufstellungsarbeit gehört, erfahren Sie in Abschnitt 2.5.

Mit neutralen Stellvertretern geht es am einfachsten

Als Drittes benötigen Sie *Stellvertreter* für die Personen, Ziele, Themen oder Funktionen, um die es bei Ihrem Anliegen geht. Am einfachsten funktioniert eine Aufstellung mit unbeteiligten Dritten, die über keinerlei interne Kenntnisse Ihres Unternehmenssystems verfügen – also z. B. Teilnehmer eines offenen Seminars. Ist diese Situation nicht gegeben, können mit entsprechender Umsicht auch Personen aus dem eigenen Unternehmen als Stellvertreter fungieren; allerdings spielt niemand dabei die eigene Rolle, sondern immer die eines anderen oder einer anderen Funktion. Um Fehlinformationen z.B. aus persönlicher Rücksichtnahme oder Animosität auszuschließen, kann man verschiedene Personen nacheinander eine bestimmte Rolle einnehmen lassen. Haben Sie weder externe noch interne Stellvertreter zur Verfügung, oder ist Ihr Anliegen so geartet, dass Sie es nur unter vier Augen klären möchten, benutzt Ihr Coach im Einzelsetting Figuren, Karten auf einer Pinnwand oder markiert Plätze am Boden, um die Stellung der Personen zueinander deutlich zu machen.

Ermittlung der Fakten

Arbeitet man mit Stellvertretern, ist es wichtig, dass sie keine andere Information bekommen als nur die *unmittelbar notwendigen äußeren Fakten:*

- Welche Person / Position vertrete ich?
- Wer sind die anderen aufgestellten Personen / Positionen?

Der Coach benötigt darüber hinaus folgende Basisinformationen:

- Was genau macht das Unternehmen? (Was stellt es her, vertreibt oder entwickelt es?)
- Wie ist die hierarchische Ordnung im Unternehmen? (Diese Information wird, falls nötig, anhand des Organigramms verdeutlicht.)
- Welche entscheidenden Entwicklungen gab es (Gründung, Übernahme, Fusion, Sanierung, Restrukturierung, Entlassungswellen, Booms, Produktumstellungen)?

Wenn der Coach diese Informationen erfragt, achtet er darauf, dass keine Bewertungen oder Interpretationen von Personen oder Ereignissen hineinfließen, damit die Stellvertreter davon nicht beeinflusst werden.

Gehen wir einmal davon aus, dass Sie Stellvertreter zur Verfügung haben. Der Aufstellungsleiter stimmt zunächst mit Ihnen ab, mit welchen Systemmitgliedern (Personen) oder Systemteilen (Tochterunternehmen, Sparten, Abteilungen, Kunden,

Markt etc.) die Aufstellung beginnen soll. Er bittet Sie dann, Stellvertreter aus dem Kreis der Anwesenden auszuwählen: also z. B. jemanden für den Chef, eine Person für die Kunden, jemanden für das Vertriebsteam und einen Stellvertreter für Sie selbst. Sie brauchen sich keine Gedanken darüber zu machen, welche Person am besten für welche Rolle geeignet wäre. Sie müssen also nicht für die Rolle des Chefs jemanden finden, der wie ein Chef wirkt. Jede Person kann die Rolle des Chefs genauso gut wie jede andere wahrnehmen. Wenn möglich, wählen Sie Frauen für Frauenrollen und Männer für Männerrollen. Ihr Coach bittet Sie nun – ohne zu sprechen und innerlich gesammelt – die einzelnen Stellvertreter an der Schulter zu nehmen und im Raum so zueinander in Beziehung zu stellen, wie es Ihrem inneren Bild der Situation entspricht.

Sie zeichnen also gewissermaßen durch das Aufstellen der Stellvertreter ein plakatives Raumbild, das Ihr eigenes inneres Bild eines Beziehungsgefüges nach außen widerspiegelt.

»Gesammeltes« Aufstellen ist wichtig

Das ist im Grunde sehr einfach, braucht aber eine gewisse Vorbereitung, wenn Sie noch nie vorher aufgestellt haben. Was heißt »gesammelt« und was bedeutet »inneres Bild«? Gesammelt sind Sie, wenn Sie ihre fünf Sinne beisammen haben, Ihre Wahrnehmung also ruhig auf die einfachen Sinneswahrnehmungen im Augenblick richten. Sie spüren, wie Sie stehen und wie Ihr Atem fließt, hören zugleich die Geräusche in der Umgebung und sehen die Seminargruppe und den Raum. Am Anfang eines Aufstellungssettings üben wir diese Form bewusster Wahrnehmung. Gesammelt fällt es Ihnen leichter, Ihrem »inneren Bild« oder Ihrem Gefühl zu folgen, womit nichts anderes gemeint ist, als ganz intuitiv, ohne darüber nachzudenken, die einzelnen Stellvertreter aufzustellen.

Mit dem EQ ans Ziel

Die Aufstellung ist also *kein Schachspiel*, bei dem Sie logisch und planmäßig vorgehen, und auch *kein Mindmapping* Ihrer kreativen Ideen. Sie nutzen vielmehr Ihre *emotionale Intelligenz*, die es Ihnen erlaubt, Ihrer gegenwärtigen Wahrnehmung zu vertrauen und zu folgen. Die emotionale Intelligenz, Ihr »EQ«, gehört zum Potenzial der rechten Gehirnhälfte, die mehr und mehr auch in den Blick wirtschaftlichen Interesses rückt. Ihr verdanken Sie Ihre Fähigkeit zur ganzheitlichen Wahrnehmung. Mit ihr erreichen Sie nicht nach sorgfältiger Analyse in logischen Schritten geplante Ergebnisse, sondern gelangen sozusagen in einem Sprung ans Ziel. Ein Bild, eine Gestalt erschließt sich Ihnen, indem Sie gesammelt Ihrer intuitiven Einsicht folgen, die das unbekannte Dunkel schlagartig erhellt.

Die Intelligenz der rechten Gehirnhälfte

Viele große Entdeckungen – von der Glühbirne bis zur Relativitätstheorie – sind den Erfindern bekanntlich auf diese Weise »zugeflogen«. Diese intuitive Intelligenz ist nicht auf Genies beschränkt. Wir alle besitzen eine rechte Gehirnhälfte und können deren schöpferisches Potenzial mit dem genial einfachen Instrument der systemischen Aufstellung für die Lösung komplexer Probleme nutzen. Das hat einen enormen Vorteil: Wir umgehen die Sprache!

In Worten können wir eine Situation nur zergliedert und in zeitlicher Abfolge ausdrücken. Ein Bild aber enthält das Ganze. Sie müssten sehr lange fragen, prüfen, analysieren und hinterfragen, um auch nur annähernd die Informationen zu erhalten, die ein Aufstellungsbild liefert.

Falls Ihnen kritische Gedanken im Wege sind, seien Sie skeptisch! »Skepsis« heißt übersetzt »genau hinschauen«. Es geht nicht um Glauben – es geht um Ihre vorurteilslose, konkrete Wahrnehmung, Ihre *Skepsis* eben.

Sie beobachten sich selbst in Ihrem Arbeitssystem

Nachdem Sie alle Stellvertreter gesammelt aufgestellt haben, bittet Ihr Coach Sie, wieder Platz zu nehmen und den weiteren Prozess als Beobachter von außen zu verfolgen. Warum tut er das? Grochowiak und seine Mitautoren erklären es folgendermaßen:

> *»Indem der Klient seine innere Wahrnehmung nach außen projiziert und sich dann auf die Rolle des Zuschauers zurückzieht, werden die Stellvertreter ... zum Spiegel der Beziehungs-, Bedürfnis- und Emotionsmuster, die das Klientensystem kennzeichnen«* (Grochowiak / Castella / Klein, S. 19).

Sie haben also die Möglichkeit, von außen die eigene Rolle in Ihrem Arbeitssystem zu erleben. Die Stellvertreter bilden die verschiedenen Rollen ab, ohne die persönlichen »Brillen« der Beteiligten zu tragen. Denn sie haben nur die minimale Tatsacheninformation erhalten, die sie benötigen, um die Rolle zu übernehmen.

Systemdynamiken werden sichtbar

Im ersten Schritt lässt der Coach das gestellte Bild auf sich wirken und achtet auf die nonverbalen Reaktionen der Stellvertreter. Manchmal ermutigt er sie, eigenen Bewegungsimpulsen zu folgen und somit das Anfangsbild zu verändern. Anschließend befragt er sie über ihre aktuelle Befindlichkeit und ihr Erleben der Situation. Aus ihren Rückmeldungen und ihrer Konstellation im Raum wird die Dynamik des aufgestellten Systems deutlich. Blickrichtungen, Positionen und die Nähe- und Distanzverhältnisse machen nach außen hin sichtbar, worum es geht. Beispielsweise schaut der Stellvertreter für die neue Geschäftsleitung geringschätzig auf die Mitarbeiter, die ihn ihrerseits aus Loyalität zum alten Chef, der nach einer Fusion gehen musste, völlig ignorieren. In dieser Dynamik haben beide den Kunden, der irritiert davor steht, völlig aus dem Blick verloren.

G. Weber sieht den Nutzen der Aufstellungsmethode auch darin, dass sie gerade solche Alltagsdynamiken bewusst macht:

> *»Solche Prozesse laufen im Alltag fortwährend ab, werden dort aber nicht wahrgenommen und beachtet oder es wird ihnen keine Bedeutung geschenkt ... In der fokussierten Aufstellungsarbeit wird ihnen Raum gegeben. Sie treten in Erscheinung, können sich entfalten und ihnen wird eine hervorgehobene Bedeutung beigemessen«* (G. Weber: »Die Praxis der Organisationsaufstellungen.« In: Weber [Hg.], 2000, S. 42).

Bevor wir den Aufstellungsablauf weiter beschreiben, möchten wir an dieser Stelle kurz einige häufig vorkommende Systemdynamiken in Beispielen für Sie skizzieren. Im Kapitel 3 können Sie solche Dynamiken in praktischen Fallstudien erleben.

Loyalität

Der alte Chef musste die Unternehmensführung in einer kritischen Phase an externe Manager übergeben. Seine Mitarbeiter sind aber weiterhin bewusst oder unbewusst nur zu ihm loyal. Sie lehnen den neuen Chef innerlich ab und tun, ohne es zu merken, alles, damit er scheitert. Ähnlich kann es zugehen, wenn Kollegen zu Unrecht gekündigt oder aus dem Unternehmen gedrängt wurden. Die Verbleibenden sind ihnen loyal und torpedieren »für sie« die Projekte der »Schuldigen«.

Übernahme

Lieber ich als du

Die Übernahmedynamik wird im Familienkontext besser verständlich. Ein Kind spürt die Not, in der z.B. der kranke Vater ist, und will sie für ihn übernehmen. Es sagt sich innerlich: *»Lieber ich als du.« »Lieber bin ich krank, lieber soll es mir schlecht gehen als dir«* (siehe dazu Schneider / Gross, 2000).

In seinem magischen Denken glaubt das kleine Kind, es könne stellvertretend für den Vater leiden und ihm so die Krankheit abnehmen, damit es ihm besser gehe. Auch der Erwachsene setzt das später unbewusst in anderen Zusammenhängen fort.

Das ist besonders in Familienunternehmen bedeutsam. Aber auch ohne familiäre Bindung kann es in Unternehmen zur Übernahmedynamik kommen. Der Geschäftsführer einer Firma glaubt z. B. unbewusst, er dürfe keinen Erfolg haben, solange die Schwesterfirmen rote Zahlen schreiben. Er überträgt also, ohne es zu bemerken, dieses kindliche Muster auf das Unternehmen – als wollte er mit seinem freiwilligen Opfer für Ausgleich sorgen.

Verwechseln

Es kann z. B. vorkommen, dass jemand den Chef mit dem eigenen Vater verwechselt. Gefühle, die eigentlich in die Vater-Kind-Beziehung gehören, werden dann auf die Arbeitsbeziehung projiziert. Das ist besonders problematisch, wenn der Verwechselnde in seinem Familiensystem etwas für den Vater übernehmen will. Er kann dieses Muster im Betrieb wiederholen und schafft auf diese Weise unbewusst Probleme für sich selbst oder die eigene Abteilung – so, als könnte er damit andere von ihren Problemen entlasten.

Anmaßung

Unangemessene Position

Aufgrund einer unbewussten Verwechslung begibt sich jemand in eine Position im System, die ihm nicht zusteht. Ein Abteilungsleiter regiert z. B. ständig in andere Abteilungen hinein. Er maßt sich damit Kompetenzen an, die er tatsächlich nicht besitzt. Diese Dynamik zeigt sich meist bei Menschen, die in ihrer Familie unangemessene Rollen eingenommen haben. Beispielsweise werden Kinder häufig zum Berater und Verbündeten eines Elternteils gegen den anderen.

Vertreten

Absichtsloses Scheitern

Wenn eine Gruppe von Inhabern oder Aktionären hohe Gewinne auf Kosten von anderen Unternehmensangehörigen macht, werden die leer Ausgegangenen manchmal von einem der Gewinner »vertreten«. Dieser sorgt unbewusst für einen Ausgleich, indem er sich selbst mit einem herben Verlust bestraft. Bisweilen sorgen solche »Vertreter« auch dafür, dass ein ganzer Unternehmenszweig scheitert. Sie repräsentieren auf diese Weise das Systemgewissen. Ähnliches gilt, wenn ein Chef seine Mitarbeiter unfair behandelt hat, bei Mitarbeitern, die einen Vorgesetzten absichtlich scheitern ließen, oder bei Kollegen, die ein Teammitglied »herausgemobbt« haben. Solche »systemische Schuld« verlangt nach einem Ausgleich und ist nicht mit moralischer Schuld zu verwechseln.

> *»Schuld wird hier aus der ethischen Deutung in eine ökonomische Deutung übersetzt; der Schuldige wird als Ausgleich verpflichtet, aber nicht als ›böse‹ gesehen. Systemische Schuld als Ausgleichsbedürftigkeit erlaubt Systemstabilisierungen, die durch den ethischen Schuldbegriff unmöglich gemacht werden … Die*

›ökonomische‹ Deutung von Schuld ... ist dem Begriff der Schulden näher als dem des Bösen ...« (Sparrer / Varga v. Kibéd, S. 164, 2000).

Körperempfindungen als Seismograph

Nachdem sich die Grunddynamiken des aufgestellten Systems gezeigt haben, beginnt der Coach, die Repräsentanten umzustellen, und orientiert sich dabei stets an ihren Rückmeldungen im Sinne eines »besseren« oder »schlechteren« Gefühls. Wenn es kein deutliches, klares Feedback gibt, testet der Aufstellungsleiter verschiedene Varianten aus, bis er eindeutige positive oder negative Signale bekommt.

Oft reagieren Stellvertreter erstaunlich erleichtert auf eine neue Position und berichten, ihnen sei plötzlich eine Last von der Schulter genommen, oder sie könnten auf einmal wieder frei durchatmen oder Kontakt zu einem anderen Beteiligten aufnehmen. Es ist für viele, die zum ersten Mal an einer Aufstellung teilnehmen, neu und überraschend, dass sie körperlich etwas spüren, das mit ihnen persönlich nichts zu tun hat. Die Körperempfindungen eines Stellvertreters werden so gewissermaßen zum Seismographen für förderliche oder hinderliche Konstellationen im Arbeitssystem.

Aufstellungsleiter können anhand solcher Rückmeldungen sozusagen das Schiff des Systems durch den Nebel der Probleme in den Hafen der Lösung navigieren.

Warum die Wahrnehmungskanäle fremder, unbeteiligter Personen so präzise Informationen zu vermitteln imstande sind, wissen wir nicht. Aber dass es so ist, hat sich vieltausendfach mit unzähligen Stellvertretern bestätigt – wohlgemerkt mit Befürwortern der Methode ebenso wie mit Skeptikern.

Wer sich mit der beginnenden wissenschaftlichen Diskussion zu diesem Phänomen befassen möchte, sei hier auf das Werk des englischen Biologen Rupert Sheldrake verwiesen (siehe Dürr / Gottwald [Hg.], 1997).

Anerkennen, was ist!

Manchmal erfordert eine Lösung auch, dass Stellvertreter, die in einer belasteten Position standen, bestimmte Systemrealitäten aussprechen und anerkennen: *»Sie waren schon lange vor mir in der Firma.«*, *»Sie gehören dazu.«* oder *»Ich erkenne Ihre Kompetenz an!«* Solche »lösenden« bzw. entlastenden Sätze formuliert der Coach aus seiner Wahrnehmung des Systems, und die Stellvertreter überprüfen, ob sie stimmig sind, bevor sie die Formulierung übernehmen. Das fällt auch Anfängern in Stellvertreterrollen leicht, denn sie spüren unmittelbar, ob ein Satz in ihrer Rolle entlastend wirkt oder nicht.

Durch Umstellen und Feedback die bessere Ordnung finden

Allmählich findet der Coach über das verbale und nonverbale Feedback der Stellvertreter die bestmögliche Aufstellung des Systems und bringt es so »in Ordnung«. Die richtige Ordnung eines Systems ist dann erreicht, wenn alle Beteiligten auf für sie angemessenen Plätzen stehen und diese als stimmig erleben. In Aufstellungen zeigt sich dabei häufig eine Rechts-Links-Ordnung systemischer Positionen. Je wichtiger und gewichtiger eine Person oder Position im System ist, umso weiter rechts steht sie in der Aufstellung. Der Gründer und Chef einer Firma steht also ganz rechts, links neben ihm setzt sich das System entweder nach Rangfolge (Bedeutung für das Überleben des Systems) oder Reihenfolge (Dauer der Zugehörigkeit zum System) fort. Das ist unabhängig davon, ob es sich um einen Halbkreis, eine Reihe, einen Kreis oder eine sonstige Anordnung handelt.

Die Lösungskonstellation wird gründlich geprüft

Der Aufstellungsleiter überprüft die einzelnen Schritte stets auch durch Rückfragen an den Aufstellenden, dessen Erfahrungen im Unternehmen sich oft auf bemerkenswert präzise Weise mit den Aussagen der Stellvertreter decken. Ist die Lösungskonstellation erreicht, sehen alle Beteiligten das ganz klar und spüren unmittelbar deren Wirkung als Erleichterung, Stärkung oder Aufbruchstimmung. Zum Abschluss nimmt Ihr Coach Sie selbst anstelle Ihres Stellvertreters in die Aufstellung hinein, so dass Sie die Lösungskonstellation persönlich erleben, auf Ihr Anliegen hin überprüfen und als inneres Bild mit auf den Weg nehmen können.

Sich auf das Notwendige beschränken

Damit Sie effektiv und Zeit sparend den Weg zu Ihrer Lösung gehen, stellen wir meist keine kompletten Systeme auf, sondern nur die für eine Lösung unmittelbar wichtigen Bestandteile, die dann nach Bedarf durch weitere Faktoren ergänzt werden. Durch den kreativen Elan von Insa Sparrer und Matthias Varga v. Kibéd verfügen wir über eine Vielfalt verschiedener Aufstellungsformen, die in Gruppen (mit Stellvertretern) oder im Zweiersetting durchführbar sind. Aus ihrem Buch über die *Grundformen Systemischer Strukturaufstellungen* (S. 193 ff.) übernehmen wir auch einige der Schritte in der folgenden Zusammenfassung.

Zusammenfassung der Schritte einer systemischen Aufstellung

- **Ein klar umrissenes Anliegen des Aufstellenden: Was genau möchte ich erreichen?**
- **Wahl der Systemebene (Unternehmen, Abteilung, Team) und des Aufstellungsverfahrens (Ziel-, Problem-, Unternehmenskulturaufstellung o. Ä.)**
- **Auswahl von Stellvertretern für Personen, Themen oder Funktionen**
- **Gesammeltes Aufstellen der Stellvertreter**
- **Überprüfen der gestellten Konstellation durch den Aufstellenden**
- **Eingehen auf nonverbales Feedback der Stellvertreter, ggf. Veränderung der Konstellation durch Bewegungsimpulse der Stellvertreter**
- **Befragen der Stellvertreter über ihre Wahrnehmung und ihre Befindlichkeit**
- **Überprüfen der Resonanz und Stimmigkeit des Feedbacks durch den Aufstellenden**
- **Umstellen der Konstellation durch den Coach**
- **Erneute kurze Befragung der Stellvertreter (»besser oder schlechter«)**
- **Ggf. erneutes Umstellen oder Prozessarbeit (Dialoge, »lösende Sätze«) bis zur Lösungskonstellation / zum Lösungsbild**
- **Erleben der Lösungskonstellation durch den Aufstellenden selbst (nimmt den Platz seines Stellvertreters ein)**
- **Überprüfen des Lösungsbildes anhand des Aufstellungsanliegens, ggf. Nachkorrektur**
- **Ankern des Lösungsbildes als Anfang eines Lösungsprozesses im Alltag**
- **Entlassen der Stellvertreter aus ihren Rollen, ergänzende Feedbacks**
- **Nachbesprechung**

2.4 Wann ist die systemische Aufstellung für Sie nützlich?

Vielleicht fragen Sie sich jetzt: Ist diese Methode für unsere Unternehmenssituation oder für mich persönlich und mein Thema geeignet? Für welche konkreten Fragestellungen können systemische Aufstellungen nutzbringend eingesetzt werden? Ein praktisches Beispiel:

Im Unternehmen läuft es nicht so gut. Kunden springen ab, der Umsatz geht zurück, die Stimmung sinkt. Was ist los? Nachdem alle gängigen Analysen gemacht sind, ist man nicht viel weiter. Angst macht sich breit und führt in der Reaktion zu Anspannung und Kontrolle. Ein hartes Sanierungskonzept soll helfen, die Kosten zu senken und sich durch Outsourcing auf die Kernkompetenzen zu konzentrieren. Bei solchen Konzepten wird selten berücksichtigt, wie das System, wie der Organismus Unternehmen auf diese Einschnitte reagiert. Im positiven Falle stehen Mitarbeiter wie Management hinter den Entscheidungen und unterstützen die Krisenbewältigungsstrategie. Die Sturmsegel werden gesetzt und das Unternehmensschiff geht wie der Fliegende Holländer durch die Wogen und entkommt den Klippen.

Hinweise auf die Chancen einer Sanierung

Woran aber liegt es, wenn das Unternehmen auf Sanierer reagiert wie das Immunsystem Ihres Körpers auf eine Infektion? Der Grund für solche Reaktionen ist selten auf der wirtschaftlichen Ebene zu finden. Häufig ist vielmehr die systemische Ordnung gestört. Die Unternehmensführung hat ihre Richtung geändert, ohne vorher auf den Kompass zu schauen! Sie hätte sich fragen müssen: *»Woran orientieren sich unsere Mitarbeiter? Welche Einstellung haben sie zum Unternehmen? Womit haben wir bisher ihre Unterstützung und ihr Engagement erreicht? Welche Werte haben wir bisher erfolgreich vertreten? Was brauchen sie, um unseren Sanierungsschritt zu verstehen und mitzugehen?«*

Systemische Aufstellung hilft hier herauszufinden, welche Maßnahmen in Harmonie mit dem Unternehmenssystem sind und welche nicht. Auch zur Positionierung zu Mitbewerbern, Akzeptanz bei den Kunden und Gefährdungen im Markt lassen sich wertvolle Hinweise gewinnen. So vermeiden Sie Fehlentscheidungen und setzen Ressourcen frei. Denn, wie G. Weber hervorhebt, Aufstellungen ermöglichen auch risikofreies Probehandeln und eignen sich hervorragend, alternative Lösungsmöglichkeiten nacheinander durchzuspielen.

In der folgenden Checkliste haben wir Beispiele für weitere nützliche Anwendungsbereiche in knappen Fragestellungen zusammengefasst. Für eine Aufstellung wird das mit der Frage verbundene Anliegen lösungsorientiert präzisiert.

Checkliste für Anwendungsbereiche

Mehr Information zu wichtigen personellen und wirtschaftlichen Entscheidungen

- Passt Bewerber A oder B besser zu uns?
- Wie kann eine Teamstruktur bei uns funktionieren? Wie muss sie gestaltet werden, damit Projekte erfolgreich ablaufen?
- Kommt eine Kooperation mit Firma XY infrage?
- Können wir uns bei einer Produktumstellung auf unsere Auslandstöchter verlassen?
- Sind die Kompetenzbereiche im Unternehmen klar genug definiert?
- Haben wir die richtige Anzahl von Mitarbeitern in Abteilung Y?

Die Dynamik einer Organisation (Koalitionen, Konkurrenz usw.) erkennen

- Was läuft zwischen Zulieferern und Einkauf schief?
- Woran liegt es, dass die Entwickler ein schlechtes Image im Unternehmen haben?
- Warum ist die Position des Vertriebschefs ein Schleudersitz?
- Woran liegt es, dass der Informationsfluss im Unternehmen stockt?
- Wieso kommt es immer wieder zu Kündigungen in Abteilung B?
- Warum schimpfen alle auf die Qualitätssicherung?

Die Führungsfunktionen im Unternehmen überprüfen und optimieren

- Welchen Platz nimmt der neue Geschäftsführer im System ein?
- Wie können die Spartenleiter besser kooperieren?
- Wie können wir Nachwuchsführungskräfte gut integrieren?
- Was brauchen wir, um mehr Klarheit in unsere Führungsstruktur zu bringen?
- Wie wirken sich die Shareholder-Interessen auf unsere Unternehmenskultur aus?

Erkennen, wo welche Ressourcen gebraucht werden

- Was hindert uns daran, in unserem Marktsegment Z erfolgreicher zu sein?
- Wie können wir unsere Kernkompetenz stärken?
- Wie können wir unsere internen Abläufe zwischen A und B verbessern?
- Was ist der Grund für den schleppenden Abverkauf des Produktes X?
- Was brauchen wir, um den Kontakt zu den Kunden zu verbessern?
- Wie können wir unser Ziel wieder mehr in den Blick rücken?

Unternehmenskultur entwickeln

- Welche Rolle spielen Werte / Ziele / Visionen im Unternehmen wirklich?
- Wie stehen die Mitarbeiter zu den Führungsleitlinien?
- Wer führt das Unternehmen formell, wer informell?
- Was brauchen wir, um unser Team zusammenzuschweißen?
- Was ist der Grund für Konflikte zwischen langjährigen und neuen Mitarbeitern?
- Wie steht es mit Vertrauen und Loyalität im Unternehmen?
- Wie attraktiv ist das Unternehmen für neue Mitarbeiter?

Supervision: den richtigen Platz als Externer finden

- Welchen Platz habe ich als Berater in diesem Unternehmen?
- Woran liegt es, dass ich in meiner Beratung nicht weiterkomme?
- Lasse ich mich zu sehr für das Unternehmen einspannen? Ist mein Auftrag klar definiert?
- Was brauche ich, um Akzeptanz bei meinen Kunden zu erreichen?
- Wie kann ich erfolgreich akquirieren?

Persönliche Ziele erreichen

- Was brauche ich, um mein Karriereziel zu erreichen?
- Bin ich in meinem Unternehmen am richtigen Platz?
- Soll ich mich für einen Unternehmenswechsel oder den Schritt in die Selbstständigkeit entscheiden?
- Was brauche ich, um persönliche und berufliche Ziele in Einklang zu bringen?
- Wie kann ich Konflikte fair und erfolgreich bewältigen?

2.5 Welche Kompetenzen braucht ein Aufstellungsleiter?

Aufstellungen haben mit Einstellungen zu tun

Auch wenn Bezeichnungen wie »Trainer« oder »Coach« zur Methode der systemischen Aufstellung nicht ganz genau passen, benutzen wir sie für Aufstellungsleiter, denn sie wird in den meisten Fällen von Trainern durchgeführt. Was sollte ein/e Trainer/in können? Welchen Hintergrund und welches Verständnis sollte er oder sie mitbringen?

Eine Aufstellung sieht ganz einfach aus. Darin liegt unter anderem ihr besonderer Reiz. Sie zeigt eine Realität in verdichteter, symbolischer Form, ähnlich wie ein Kunstwerk, bei dessen Betrachtung uns komplexe Zusammenhänge auf einen Blick klar werden. Ein Beobachter, der den Prozess rein analytisch-logisch verfolgt und mit seiner linken Gehirnhälfte verarbeitet, sieht zunächst nur einige Aufstell- und Umstellabläufe und hört bestimmte, standardisiert klingende Formulierungen. Er fragt sich vermutlich, was da eigentlich abläuft. Ein neues Rollenspiel? Eine Art Unternehmenstheater vielleicht? Er kann sich so lange keinen Reim darauf machen, wie er sich nicht auch intuitiv, also mit seiner emotionalen Intelligenz der rechten Gehirnhälfte darauf einlässt. Dann aber geht es ihm, als hätte er bisher in einem Wald nur Nutzholzkubikmeter erkennen können. Plötzlich geht ihm auf: Der Wald lebt! Er erkennt ein faszinierendes und äußerst komplexes biologisches System. Vielleicht empfindet er auch so etwas wie Achtung. Ähnlich verhält es sich mit menschlichen Systemen. Die Absichten ihrer Mitglieder, ihre Verbindungen, Verästelungen und deren subtile Wirkung erschließen sich uns in einer Aufstellung erst, wenn wir sie intuitiv, »rechtshirnhälftig« auf uns wirken lassen wie ein Gemälde oder eine Plastik.

Ein Aufstellungsleiter braucht innere und äußere Erfahrung

Was einfach aussieht, verlangt also in der Praxis eine Vielzahl fundierter Erfahrungen und Fähigkeiten. Es ist ähnlich wie in manchen Künsten oder Sportarten. Wenn Sie einem Meister seines Faches zuschauen, sind Sie vielleicht manchmal auf den ersten Blick versucht zu denken: *»Das könnte ich auch!«* – was sich allerdings häufig als Irrtum herausstellt, sobald Sie es ihm nachtun wollen. Ein berühmter Bildhauer wurde von einem Interviewer gefragt, wie er es fertig bringe, aus einem unförmigen Gesteinsbrocken diese wunderbar ausdrucksvollen Statuen zu erschaffen. *»Nun, das ist ganz einfach«*, antwortete der Künstler, *»ich schlage einfach alles von dem Stein weg, was nicht zur Statue gehört.«* Ganz einfach! Obwohl auch Werkzeuge zu beherrschen sind, geht es in der systemischen Aufstellungsarbeit weniger um handwerkliche Geschicklichkeit als um die Fähigkeit, eine bestimmte innere Haltung durchgängig zu bewahren. Eine alte chinesische Geschichte illustriert diesen Unterschied zwischen technischer Perfektion und innerer Haltung:

Der beste Bogenschütze des Landes, der von niemandem besiegt werden konnte, hört von einem alten Bogenmeister, der als Einsiedler hoch in den Bergen lebt. Begierig zu sehen, ob er auch ihn im Wettbewerb schlagen kann, macht er sich auf den Weg zu ihm. Der Alte begrüßt ihn freundlich, woraufhin der jüngere Bogenschütze sofort seine Kunst demonstriert. Er bringt ein handtellergroßes Ziel an einem 50 Meter entfernten Baum an, stellt eine mit Wasser randvoll gefüllte Tasse auf seinen ausgestreckten Arm und schießt drei Pfeile ab. Alle Pfeile sind im Ziel, kein Tropfen Wasser verschüttet. Der Alte lächelt: »Du schießt gut. Du hast eine ruhige Hand. Aber kannst du dich wirklich immer auf sie verlassen?« Er führt seinen Besucher auf eine Klippe, die schroff Hunderte von Metern über den Abgrund ragt, und stellt sich auf den äußersten Rand des Felsvorsprungs mit dem Rücken zum Abgrund. Nur seine Fußballen berühren noch festen Boden während er ruhig und gelassen über dem Abgrund zu schweben scheint: »Komm her«, fordert er seinen Herausforderer auf, »nimm deinen Bogen, stell dich genau neben mich und führe dein Kunststück noch einmal vor!« Der junge Bogenschütze kauert wie gelähmt vor ihm am Boden, zittert und schwitzt vor Angst und erkennt, dass seine technische Kompetenz noch keine wirklich sichere Hand bedeutet.

Technisches Können allein reicht nicht

Wenn Technik allein hier nicht genügt – was ist es dann?

Ähnlich, wenn auch nicht so extrem wie der Alte in der chinesischen Geschichte, braucht ein Aufstellungsleiter innere Ruhe, Sammlung und eine sichere Hand. Die entscheidenden Systemdynamiken wirken im Verborgenen und werden für ihn erst sichtbar, wenn er in der Lage ist, absichtslos eine Konstellation auf sich wirken zu lassen.

Mit »absichtslos« ist hier keine »Mir-ist-alles-egal-Haltung« gemeint. Aber *»Absicht ist kein Ersatz für Einsicht«*, erklärt Hellinger und meint, das Ergebnis muss gleich-gültig bleiben, in dem Sinne, das jede sich zeigende Dynamik gleichermaßen gültig ist.

> *»Dieser Erkenntnisweg erfordert also ein Leerwerden sowohl in Bezug auf bisherige Vorstellungen als auch in Bezug auf innere Bewegungen ... Die Aufmerksamkeit ist dabei zugleich gerichtet und ungerichtet, gesammelt und leer«* (Hellinger 1999, S. 255 f.).

Für die Praxis ist deshalb eine »allparteiliche« Haltung (Varga v. Kibéd / Sparrer) wichtig, in der ein Aufstellungsleiter nicht die eine oder andere Seite bevorzugt. Nach unserer Erfahrung kann es besonders dann leicht zu Fehldeutungen kommen, wenn ein Trainer oder Coach sich mit dem eigenen Persönlichkeits- und

Familiensystem noch wenig auseinander gesetzt hat. Wir halten es deshalb für eine unverzichtbare Voraussetzung, dass Aufstellungsleiter, die mit Unternehmen und anderen Organisationen arbeiten, auch über Selbsterfahrung und Kompetenz in der Aufstellung von Familien verfügen. Letzteres ist deshalb besonders wichtig, weil sich bestimmte Themen in Unternehmen und Familien überschneiden können. Wenn ein Geschäftsführer beispielsweise immer wieder gefährliche Risiken übersieht, ist es oft hilfreich, mit seinem Einverständnis in einem geeigneten Rahmen zu überprüfen, ob und wo es in seiner Familie dazu eine Parallele gibt. Wird ihm die problemauslösende Dynamik in seiner Familie bewusst, kann er auch im Unternehmen in Zukunft umsichtiger handeln. Ebenso wichtig allerdings wie Kompetenz und Erfahrung des Trainers ist die »Chemie« zwischen seinen Teilnehmern und ihm. Sie muss stimmen, damit die gemeinsame Arbeit gelingen kann.

3. Systemische Aufstellung in der Praxis – Fallbeispiele

In diesem Kapitel laden wir Sie ein, Organisationsaufstellungen in Praxisbeispielen mitzuerleben.

Nach jeder Aufstellung erfahren Sie, welche Systemdynamiken sich gezeigt haben, welche Verletzung systemischer Grundordnungen das Problem entstehen oder eskalieren ließ und wie das Lösungsbild in die Praxis umgesetzt werden kann.

Zum besseren Verständnis haben wir die einzelnen Schritte der Aufstellung im ersten Beispiel ausführlicher beschrieben. In den folgenden Fällen sind sie in Kurzform dargestellt.

Damit Sie sich ein umfassendes Bild machen können, haben wir in jedem Beispiel die ausführliche Vorgeschichte beschrieben. Diese umfangreiche Vorinformation ist für das praktische Arbeiten mit systemischen Aufstellungen nicht nötig. Das hat mehrere Vorteile: Sie können mit Hilfe der reinen Fakten auch eine systemische Lösung komplexer Problemsituationen erreichen. Den Stellvertretern fällt es leichter, sich in eine Rolle hineinzubegeben, deren Details sie nicht kennen, so dass die Privatsphäre des Aufstellenden gewahrt bleibt. Die Fallbeispiele stammen aus unseren Seminaren und Beratungsprojekten. Wir haben die Daten aber zum Schutze unserer Kunden so weit verändert, dass Übereinstimmungen mit bestimmten Personen oder Unternehmen rein zufällig wären.

3.1 *»Uns laufen die besten Leute davon!«* Der Vorstand eines mittelständischen Unternehmens kämpft mit Fluktuation und innerer Kündigung

Vorgeschichte

In einem Familienunternehmen mit ca. 3000 Mitarbeitern blickt man auf eine bewegte Geschichte zurück. Das Unternehmen war vom Vater des Chefs gegründet worden, und der Chef selbst war für seine Mitarbeiter das Vorbild, an dem sich alle orientierten. Die Produkte, die das Unternehmen herstellte, wurden so mit seiner Persönlichkeit in Verbindung gebracht, dass man sagen könnte: Der Chef verkörperte das Unternehmen. Kein Wunder also, dass die Identifikation der Mitarbeiter mit ihrem Chef hoch war. Gemeinsam hatte man fette und magere Jahre erlebt. So gab es in den 80er-Jahren Zeiten, in denen der Export-Boom der Firma zu einem nie da gewesenen Aufschwung verhalf. Die Anzahl der Mitarbeiter in Entwicklung und Produktion wurde zu dieser Zeit nahezu verdoppelt. Der Chef und seine Führungsmannschaft dankten den Mitarbeitern ihr Engagement und ihre Einsatzbereitschaft mit Spitzengehältern und Prämien.

Eine Krise im Unternehmen ...

Als der sinkende Dollarkurs dem Export-Boom ein jähes Ende setzte, brachen harte Zeiten an. Solange es irgendwie ging, hielt die Führungsmannschaft die Produktion mit allen Mitarbeitern aufrecht. Schon bald war allerdings der Punkt erreicht, an dem der Kostendruck das Management zwang, zahlreiche Mitarbeiter zu entlassen. Auch im Vorstand blieb diese Entwicklung nicht folgenlos. Der alte Chef zog sich aus der Unternehmensführung zurück und übergab den Vorstandsvorsitz einem externen Manager mit dem Ruf eines erfolgreichen Sanierers.

... führt zur Verschlankung

Dieser begann, das Unternehmen von Grund auf umzustrukturieren. Das kam auch in einer Umfirmierung zum Ausdruck, in der der Name des Gründers in den Hintergrund rückte. Sämtliche Vorstände ersetzte er durch Manager seiner Wahl. Mit Konsequenz ging er auch auf anderen Ebenen vor: Im Zuge der Verschlankung wurden ganze Hierarchieebenen eliminiert, Leistungsanforderungen erhöht, Prämien gestrichen und Anerkennung für Leistung verweigert. Das außergewöhnliche Engagement der Mitarbeiter für ihr Unternehmen wurde von nun an als selbstverständlich betrachtet.

Geschockt durch den massiven Einbruch, den das Unternehmen hatte hinnehmen müssen, und in Sorge um ihre Arbeitsplätze, arbeiteten alle weiter wie bisher, wenn auch verbissener. Noch waren sie getragen von der gemeinsamen Haltung der Solidarität, die sie in der Krisenzeit zusammengeschweißt hatte. Sie nahmen deshalb zunächst widerspruchslos die harte Führung an.

Folglich waren die Bemühungen des neuen Managements anfänglich von beträchtlichem Erfolg gekrönt. Die Kosten wurden drastisch reduziert, die Durchlaufzeiten verkürzt, die Lagerhaltung auf ein Minimum beschränkt, beim Material massiv gespart – kurz, es dauerte nicht lange, bis das Unternehmen mit reduzierter Mannschaft wieder rentabel arbeitete.

Eine Kündigungswelle rollt

Allerdings währte die Freude am Erfolg nicht lange. Neue Probleme tauchten auf. Die ehemals so begeisterten Kunden begannen sich von den Produkten des Unternehmens abzuwenden. Analysen führten das auf die durch Einsparungen schlechtere Materialqualität zurück. Nachdem aber eine Verbesserung des Materials keine nennenswerte Änderung brachte, kam die Unternehmensführung massiv ins Schleudern. Denn sie hatte mittlerweile mehrere Projekte gestartet und für eine neue Produktreihe die Entwicklung abgeschlossen sowie zwei Fabriken gebaut.

Obwohl die Prognosen der Marktforscher für die neuen Produkte mäßig ausfielen, machte der neue Chef auf gleichem Kurs weiter. Die Krise weitete sich aus. In den Schlüsselressorts Entwicklung und Produktion setzte eine massive Fluktuation qualifizierter Ingenieure ein. Um überhaupt Ersatz zu bekommen, lockte das Management Bewerber durch hohe Gehälter. Die Neuen verdienten nun erheblich mehr als ihre erfahreneren Kollegen. Die Kündigungswelle schwoll daraufhin noch einmal an, während die älteren Mitarbeiter in die innere Kündigung emigrierten.

Systemisch orientierte Intervention

Dem Entwicklungsvorstand Herrn P. brennt die Fluktuation unter den Nägeln. Zitat: *»Uns laufen die besten Leute davon, die wir dringend brauchen.«* In seinem Bereich (Software-Ingenieure) ist er besonders von der Fluktuation betroffen. Deshalb übernimmt er die Initiative, uns zu konsultieren, mit dem Anliegen, die Ursachen der Fluktuation zu finden und sie abzustellen.

Um ein umfassendes Bild der Ist-Situation zu bekommen und mögliche Lösungswege zu finden, schlagen wir als ersten Schritt eine Organisationsaufstellung vor. Herr P. stimmt unserem Vorschlag zu. Wir laden ihn ein, an einem unserer offenen Seminare für systemische Organisationsaufstellungen teilzunehmen. Das hat den Vorteil, die Situation mit neutralen Stellvertretern aufstellen zu können.

Der nächste Schritt: die Aufstellung

Mit Hilfe des Coaches definiert Herr P. sein Aufstellungsanliegen: *»Mein Ziel ist, die Fluktuation in den Griff zu bekommen und unsere Produkte für die Kunden wieder attraktiv zu machen.«*

Danach wählt er jeweils einen Stellvertreter für folgende Personen / Positionen aus dem Teilnehmerkreis aus:

Personen / Positionen	in der Aufstellung vertreten durch
Er selbst	einen Stellvertreter, kurz »Herr P.« genannt
Der neue Chef	einen Stellvertreter
Die Mitarbeiter	einen Stellvertreter für alle Mitarbeiter
Die Kunden	einen Stellvertreter für alle Kunden
Die Produkte	einen Stellvertreter für alle Produkte

Nachdem er alle Stellvertreter ausgesucht und »innerlich gesammelt« aufgestellt hat, nimmt er wieder Platz und beobachtet nun den weiteren Prozess von seinem Platz aus.

***Innerlich gesammelt* aufstellen bedeutet:**
Der Aufstellende führt nacheinander alle Stellvertreter – ohne mit ihnen zu sprechen oder sich vorher ein Konzept zu machen – auf einen Platz im Raum, der seinem inneren Bild von Nähe oder Distanz in Beziehung zu den anderen an der Aufstellung Beteiligten entspricht. Die Stellvertreter selbst lassen sich dabei nur führen.

Jetzt übernehmen der Coach und die Stellvertreter die Ruder.

In diesem Beispiel möchten wir Ihnen alle wichtigen Schritte einer Organisationsaufstellung vorstellen: das erste Bild, das die Ist-Situation zeigt, die Zwischenbilder, die die Prozessarbeit beinhalten, und das Lösungsbild.

1. Bild (Ist-Situation)

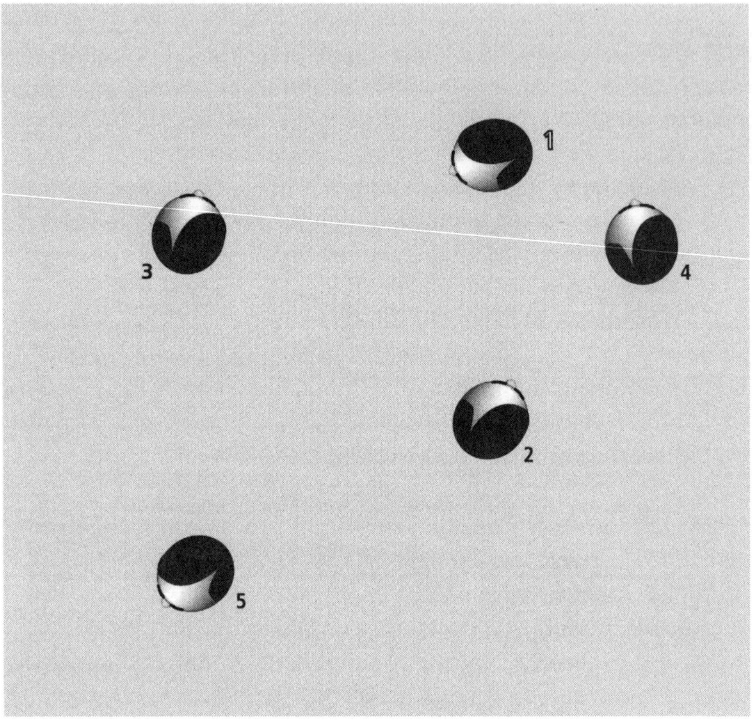

1 = Herr P.
2 = Der neue Chef
3 = Die Mitarbeiter
4 = Die Kunden
5 = Die Produkte

So hat er die Stellvertreter im Raum platziert:

- **Die Kunden** (Position Nr. 4): Der Stellvertreter der Kunden steht abgewandt und schaut auf einen Punkt außerhalb.
- **Die Mitarbeiter** (Position Nr. 3): Der Stellvertreter der Mitarbeiter ist seitlich gegenüber von Herrn P. aufgestellt und blickt in die gleiche Richtung.
- **Der neue Chef** (Position Nr. 2): Der Stellvertreter des neuen Chefs ist zentral platziert und schaut die Kunden an.

- **Herr P.** (Position Nr. 1): Sein Stellvertreter steht zwischen dem neuem Chef und dem Punkt, auf den Kunde und Mitarbeiter orientiert sind. Sein Blick geht zu den Mitarbeitern.
- **Die Produkte** (Position Nr. 5): Der Stellvertreter für die Produkte steht abseits mit dem Rücken zu allen anderen.

Wir lassen das gestellte Bild eine Weile auf uns wirken und geben den Stellvertretern Zeit, sich in die Rolle, die sie übernommen haben, einzufühlen.

Jeder kann ohne Vorübung oder spezielle Fähigkeiten eine Stellvertreterrolle in einer Aufstellung übernehmen. Aber wie bei vielen Dingen im Leben macht auch hier »Übung den Meister«. Das bedeutet: Mit jeder Stellvertreterrolle, die jemand übernimmt, fällt es ihm leichter, in eine fremde Rolle hineinzuschlüpfen. Die Übernahme der Rolle kann man häufig daran erkennen, dass sich Mimik und Haltung des Stellvertreters verändern oder Bewegungsimpulse sichtbar werden.

Wir sammeln erste Eindrücke der Stellvertreter, indem wir fragen: *»Wie geht es Ihnen hier an diesem Platz? Was und wen können Sie körperlich wahrnehmen? Haben Sie einen Bewegungsimpuls?«* Die Antworten helfen, die Dynamik der Ist-Situation transparent zu machen.

Wir beginnen mit dem Stellvertreter von Herrn P.

Herr P.

Coach: Wie geht es Ihnen an diesem Platz?
Herr P.: Mir geht es nicht gut! Ich fühle mich sehr angespannt. Das Einzige, was mich interessiert, sind die Mitarbeiter. Die schaue ich an. Mich irritiert, dass alle in eine andere Richtung blicken.

Die Mitarbeiter

Coach: Wie geht es dem Stellvertreter der Mitarbeiter?
Die Mitarbeiter: Mein Blick geht in die Ferne. Ansonsten nehme ich kaum etwas wahr. Zu ihm (zeigt auf den Stellvertreter von Herrn P.) kann ich eine

Verbindung spüren. Zum neuen Chef hin ist es eher kühl. Einen Bewegungsimpuls spüre ich ganz deutlich in die Richtung, in die ich schaue.

Der neue Chef

Coach: Was können Sie wahrnehmen?

Der neue Chef: Mich irritiert genauso wie Herrn P., dass alle in eine andere Richtung blicken.

Coach: Schauen Sie jemanden an?

Der neue Chef: Ja, mein Blick geht immer wieder zu den Kunden. Die sind für mich wichtig. Mehr kann ich im Moment nicht sagen.

Die Kunden

Coach: Wie geht es dem Stellvertreter der Kunden?

Die Kunden: Ich schaue auch in die Ferne. Es zieht mich etwas dorthin. (Er zeigt in die gleiche Richtung, in die der Stellvertreter der Mitarbeiter schaut.) Alles andere interessiert mich im Augenblick nicht.

Die Produkte

Coach: Wie geht es dem Stellvertreter für die Produkte?

Die Produkte: Ich fühle mich an diesem Platz völlig abgeschoben. Ich weiß nicht, was da hinter meinem Rücken vor sich geht. Mich macht das richtig wütend! Schließlich geht es nicht ohne mich in diesem Unternehmen! Ich würde gern noch weiter herausgehen.

Coach: Folgen Sie Ihrem Bewegungsimpuls! (Daraufhin entfernt sich der Stellvertreter der Produkte noch mehr. Er nickt: *»So ist es besser!«*)

An diesem Punkt fragen wir Herrn P., der den Prozess von außen beobachtet:

Coach: Was sagen Sie dazu? Können Sie mit dem, was sich hier zeigt, etwas anfangen?

Herr P: Ja. Das kommt mir bekannt vor! Genauso wie mein Stellvertreter spüre ich die Anspannung meinen Mitarbeitern gegenüber. Dass niemand den anderen wahrnimmt, ist ein erschreckendes Bild. So krass erlebe ich das im Unternehmen nicht. Was bedeutet dieser Blick in die Ferne der beiden Stellvertreter (Kunde und Mitarbeiter)? Das ist mir ein Rätsel!

Coach: Es wird jetzt unser nächster Schritt sein herauszufinden, auf wen oder was die Kunden und Mitarbeiter schauen. Wir haben eine Vermutung und werden sie gleich überprüfen.

Worauf Mitarbeiter und Kunden schauen

Wir bitten Herrn P., einen weiteren Stellvertreter aus dem Teilnehmerkreis auszuwählen und benennen ihn zunächst allgemein: *Worauf Mitarbeiter und Kunden schauen.* Herr P. stellt diesen neuen Stellvertreter an den Punkt, auf den die Stellvertreter von Kunden und Mitarbeiter blicken. So entsteht das 1. Zwischenbild.

Prozessarbeit in der Aufstellung – Die Zwischenbilder

Es folgt jetzt die geraffte Darstellung der Schritte, die zum Lösungsbild führen. Wir haben diese Form gewählt, um den Kern der Umstellungen und Dialoge, die in der Praxis bis zu einer Stunde dauern können, Zeit sparend zu präsentieren.

1. Zwischenbild

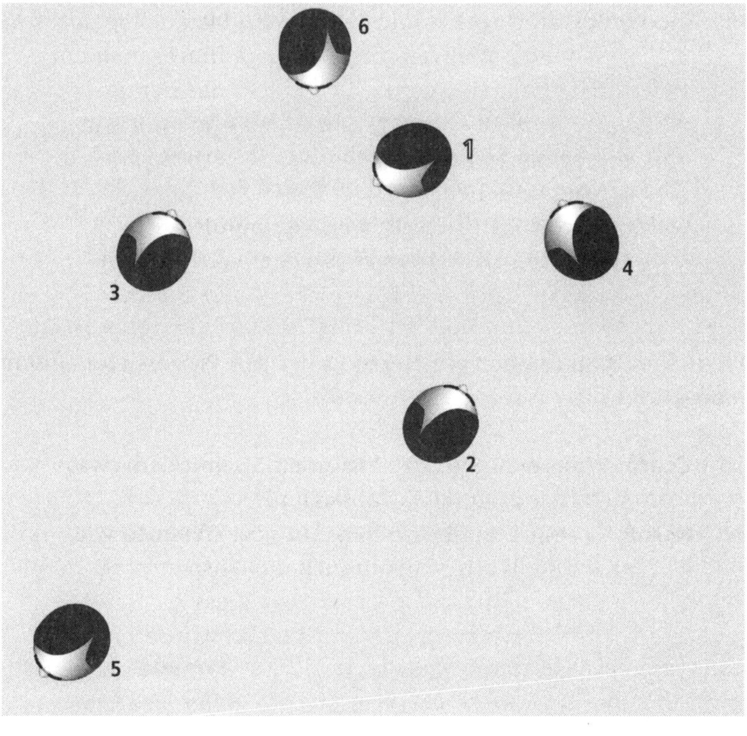

1 = Herr P.
2 = Der neue Chef
3 = Die Mitarbeiter
4 = Die Kunden
5 = Die Produkte
6 = Der alte Chef

Mitarbeiter, Kunde und der neue Stellvertreter **»Worauf Mitarbeiter und Kunden schauen«** (Position Nr. 6) stehen sich gegenüber und beginnen sich zuzulächeln. Auf die Frage des Coach an die Mitarbeiter und Kunden, was sich verändert hat, antworten sie: *»Es tut gut, ihn zu sehen, wen auch immer er darstellt.«*

Nun testen wir aus:

> **Coach** (zum Stellvertreter der Mitarbeiter): Sagen Sie bitte dem neuen Stellvertreter: »Für uns sind Sie immer noch das Herz und die Seele der Firma!«

Auf unsere Frage, ob dieser Satz für beide stimmig ist, nicken sie und atmen erleichtert aus. Wir werten es als ein Zeichen, dass die Richtung unserer Intervention stimmt. Damit wird deutlich, für wen dieser neue Stellvertreter steht: für den **alten Chef!**

Wir bitten den neuen Stellvertreter, den Mitarbeitern zu sagen: *»Es tut mir Leid, dass ich euch verlassen musste.«* Der Stellvertreter der Mitarbeiter nickt und macht nonverbal deutlich, wie gut dieser Satz bei ihm ankommt.

> **In der systemischen Prozessarbeit wird unter anderem mit »lösenden Sätzen« gearbeitet, die meist vom Coach vorgeschlagen werden. Durch Feedback der Stellvertreter überprüft er, ob ein bestimmter Satz eine lösende oder entlastende Wirkung zeigt oder nicht.**

Der Stellvertreter der Kunden bringt sein neues Interesse dem alten Chef gegenüber zum Ausdruck: *»Wenn Sie da sind, beginnen mich die Produkte wieder zu interessieren!«*

Durch das Hineinnehmen des alten Chefs in das Aufstellungsbild sowie das Formulieren und Aussprechen lösender Sätze zwischen **altem Chef, Kunden** und **Mitarbeitern** kann die Anfangsspannung, die im ersten Bild deutlich sichtbar war, sich jetzt teilweise auflösen.

Interessanterweise hat der Stellvertreter der **Produkte** bereits begonnen, unruhig von einem Bein auf das andere zu treten und äußert auf Befragen den Impuls sich umzudrehen und näher zu kommen. Auch die Mitarbeiter, die Kunden und der neue Chef möchten sich umdrehen, um das **Produkt** sehen zu können. Das 2. Zwischenbild entsteht.

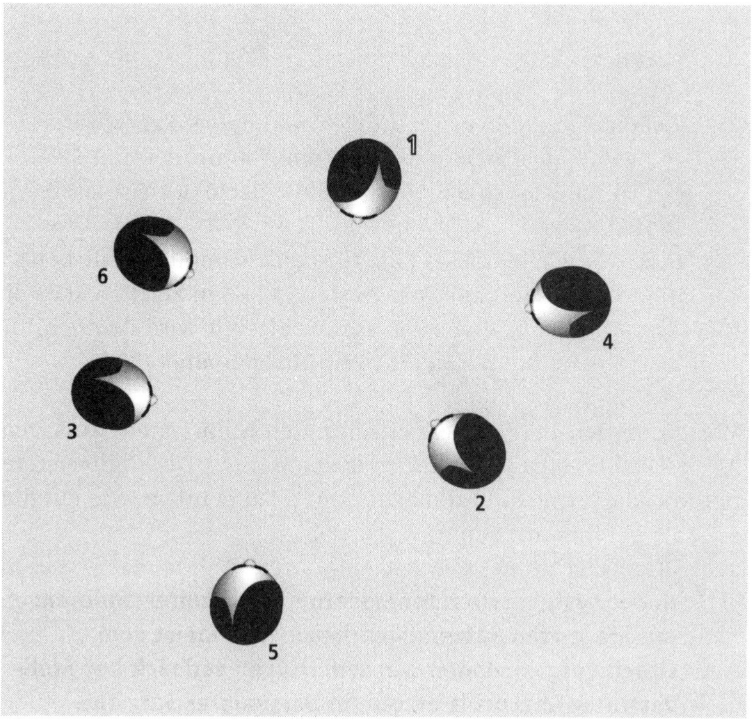

2. Zwischenbild

1 = Herr P.
2 = Der neue Chef
3 = Die Mitarbeiter
4 = Die Kunden
5 = Die Produkte
6 = Der alte Chef

Wir bitten die Mitarbeiter, den Kunden und den neuen Chef sich umzudrehen und stellen die Produkte so ins Bild, dass sie von allen gesehen werden können. Der Stellvertreter der Produkte fühlt sich dort beachtet und am richtigen Platz. Die Kunden und Mitarbeiter beginnen, ihn interessiert anzuschauen.

Dem alten Chef »fehlt etwas« an seiner linken Seite. Dort spürt er, wie er sagt, *»Leere«*. Wir wählen einen weiteren Stellvertreter aus und stellen ihn probehalber für die in der Krise **entlassenen Mitarbeiter** an seine linke Seite (Position Nr. 7). Das dritte Zwischenbild entsteht.

3. Zwischenbild

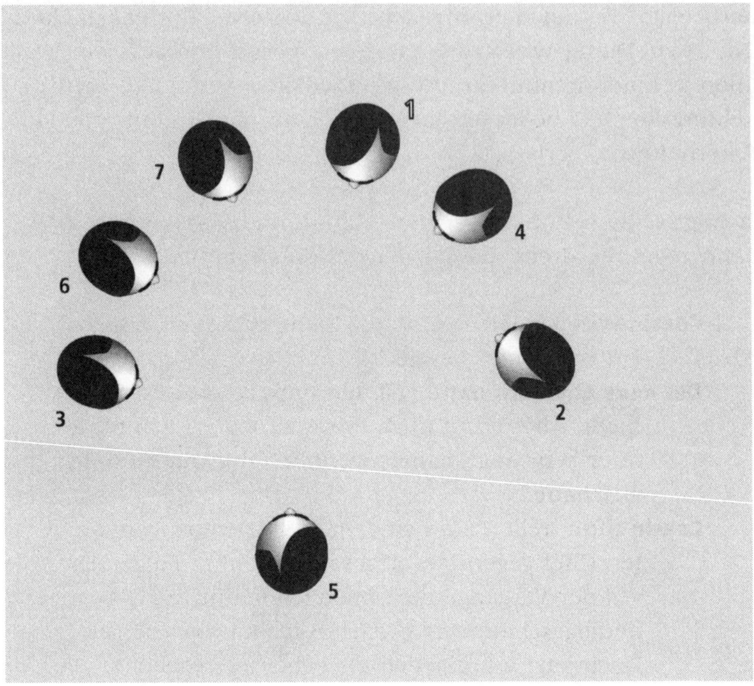

1 = Herr P.
2 = Der neue Chef
3 = Die Mitarbeiter
4 = Die Kunden
5 = Die Produkte
6 = Der alte Chef
7 = Entlassene Mitarbeiter

Dem alten Chef tut das gut. Die **entlassenen Mitarbeiter** (Position Nr. 7) schauen ihn mit Sympathie an. Mitarbeiter und alter Chef wenden sich gemeinsam den entlassenen Mitarbeitern zu und sagen ihnen: *»Ihr gehört dazu! Ohne euer Opfer hätten wir nicht überlebt!«* Das entlastet den Stellvertreter der entlassenen Mitarbeiter, der zuvor ein bedrücktes Gefühl beschrieb.

Wir halten Rücksprache mit Herrn P., der nachdenklich das Geschehen von seinem Platz aus verfolgt.

Coach: Haben Sie Fragen oder möchten Sie etwas ergänzen?

Herr P.: Was ich hier sehe, macht mich sehr nachdenklich. Wenn das so zutrifft, ist bei uns einiges schief gelaufen. Ob das aber solche Auswirkungen haben kann!?

Coach: Es sieht so aus, als zeigte sich hier die Dynamik für Fluktuation und das Kundendesinteresse an ihren Produkten.

Der Coach wendet sich nun dem Stellvertreter des **neuen Chefs** (Nr. 2) zu. Dieser wirkt zunehmend nervös. Er möchte seine Position verändern und den Aufstellungskreis verlassen. Im Aufstellungskontext bedeutet das: Er möchte das System, hier das Unternehmen, verlassen.

Der neue Chef

Er folgt seinem Impuls, wendet sich ab und verlässt den Kreis. Dann zögert er, dreht sich wieder um und kommt zurück.

Coach: Was passiert bei Ihnen? Zieht es Sie aus dem Unternehmen heraus?

Der neue Chef: Ich hatte erst den Impuls, aber es stimmt nicht. Aber da ist noch etwas zu klären. Ich fühle mich sehr angespannt, wenn ich den alten Chef anschaue.

Coach: Bitte stellen Sie sich dem Stellvertreter vom alten Chef gegenüber und sagen Sie ihm Folgendes: »In der Vergangenheit habe ich häufig auf Sie herabgeschaut und gedacht: ›Ich kann es besser.‹ Doch jetzt würdige ich Ihr Lebenswerk! Sie haben die Firma lange vor mir geleitet und mir Ihr Vertrauen geschenkt. Das erkenne ich jetzt an.« Achten Sie darauf, ob diese Sätze stimmen, wenn Sie sie sagen.

Nachdem er die von uns vorgeschlagenen Sätze nachspricht, wirkt er erleichtert.

Der neue Chef: Das war gut, das hatte gefehlt! Die Anspannung lässt nach.

Umgekehrt sagt der **alte Chef** (Nr. 6) dem neuen: *»Ich glaube weiter an Sie! Wenn Sie jetzt auch die Mitarbeiter mit einbeziehen, läuft es wieder rund!«* Danach schaut er ihn direkt an und bekräftigt: *»Ja, stimmt so!«* Dem neuen Chef tun diese Worte gut. Er fühlt sich vom alten Chef akzeptiert und steht jetzt sehr viel entspannter an seinem Platz.

Der alte Chef

Wir können beobachten, wie der Stellvertreter der **Mitarbeiter** (Nr. 3) schon seit einiger Zeit unruhig wirkt.

Die Mitarbeiter

Coach: Was ist bei den Mitarbeitern?

Der Stellvertreter der Mitarbeiter zeigt auf den neuen Chef und erklärt mit Nachdruck: *»Hier gibt es noch etwas zu klären! So einfach geht das nicht!«* Wir bitten den alten Chef, gemeinsam mit den Mitarbeitern dem neuen Chef gegenüberzutreten.

> **Coach** (wendet sich an den alten Chef und zeigt dabei auf den neuen): Sagen Sie ihm bitte und zeigen Sie dabei auf die Mitarbeiter: »Das sind meine Mitarbeiter gewesen. Sie sind mit mir durch dick und dünn gegangen. Bitte achten Sie ihren Einsatz!«

Der Stellvertreter vom alten Chef spricht diese Sätze nach.

> **Coach** (wendet sich an den neuen Chef): Sagen Sie Ihren Mitarbeitern: »Es tut mir Leid, ich habe Ihren Einsatz nicht genügend beachtet. Ich kann jetzt sehen, was Sie für das Unternehmen geleistet haben.«

Er wiederholt die vorgeschlagene Formulierung und nickt.

Auch beim Stellvertreter der Mitarbeiter stoßen diese Sätze auf Zustimmung. *»Das kommt an bei mir, die Anspannung lässt nach«*, erwidert daraufhin der Stellvertreter der Mitarbeiter. Jetzt erst ist es ihm möglich, sich ohne Groll neben den neuen Chef zu stellen.

Der letzte Schritt der Aufstellung: das Umstellen zum Lösungsbild

Der alte Chef (Nr. 6) steht ganz links im Lösungsbild, neben ihm die **entlassenen Mitarbeiter** (Nr. 7), die sich dort nach verschiedenen Versuchen, einen Platz zu finden, am wohlsten fühlen. In einigem Abstand platzieren wir den **neuen Chef** (Nr. 2), **Herrn P.** (Nr. 1) und **die Mitarbeiter** (Nr. 3). **Die Produkte** (Nr. 5) rücken wir für alle in den Blick und **die Kunden** (Nr. 4) gegenüber den Chefs und Mitarbeitern. Von diesem Platz kann auch der Kunde die Produkte gut sehen.

Lösungsbild

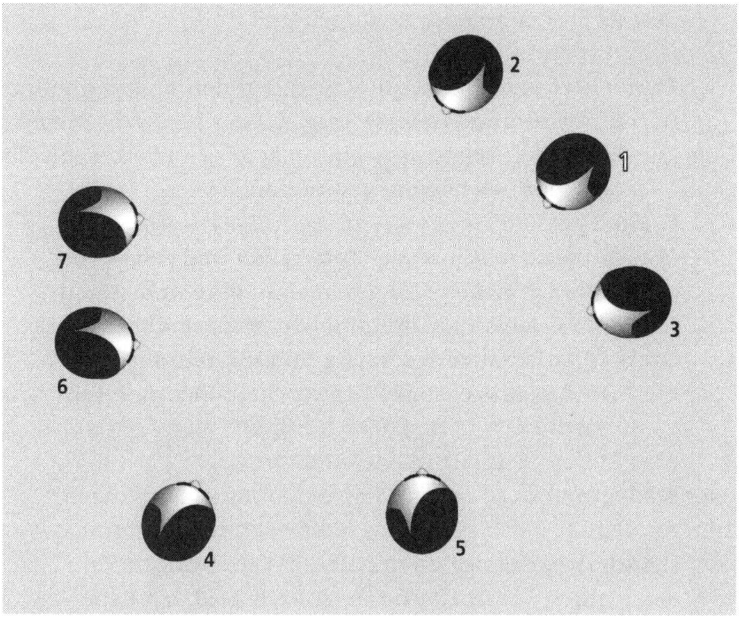

1 = Herr P.
2 = Der neue Chef
3 = Die Mitarbeiter
4 = Die Kunden
5 = Die Produkte
6 = Der alte Chef
7 = Entlassene Mitarbeiter

Indem der alte Chef einen angemessenen Platz im Unternehmenssystem erhält, wird seine Bedeutung für die Firma betont und kann vom neuen Chef gewürdigt werden. Auch die Zugehörigkeit der ehemaligen Mitarbeiter wird bestätigt und ihr Opfer anerkannt. Daraufhin können sich die heutigen Mitarbeiter dem neuen Chef zuwenden und mit ihm zusammenarbeiten. Die Produkte rücken wieder in den Blick. Auch der Kunde beginnt sich wieder für das Unternehmen und dessen Produkte zu interessieren.

In dieser Konstellation fühlen sich alle an ihren Plätzen motiviert mit Blick auf die herzustellenden Produkte und auf die Kunden des Unternehmens.

Herr P.

Zum Abschluss bitten wir Herrn P., sich selbst an die Stelle seines Stellvertreters in das Lösungsbild zu stellen, damit er es in Bezug auf sein Anliegen überprüfen kann.

Coach: Lassen Sie sich Zeit zu überprüfen, ob die Ordnung, wie wir sie hier gefunden haben, für Sie stimmt!

Herr P.: So sieht es richtig aufgeräumt aus! (Er schmunzelt.)

Coach: Was meinen Sie mit »aufgeräumt«?

Herr P.: Aufgeräumt in dem Sinne, dass ich von diesem Platz hier (im Lösungsbild) klar sehen kann und alle im Blick habe. Das gefällt mir!

Coach: Schauen Sie einmal zum Stellvertreter der Kunden. Wie wirkt jetzt die Beziehung zwischen Kunden und Produkten auf Sie?

Herr P.: Was ich sehe, stimmt mich optimistisch!

Coach: Jetzt schauen Sie bitte zum Stellvertreter Ihrer Mitarbeiter. Wie wirkt er auf Sie? Bleiben die Mitarbeiter, oder wollen sie immer noch gehen?

Herr P.: Das sieht nach Unterstützung aus!

Zum Abschluss lässt er das Lösungsbild noch einmal auf sich wirken. Hiermit beendet der Coach die Aufstellung.

Der letzte Schritt einer Aufstellung ist das Entlassen der Stellvertreter aus ihren Rollen. Herr P. dankt jedem Stellvertreter für die Mitarbeit und Hilfe und nennt jeden nun wieder bei seinem richtigen Namen. Aus dem Produkt z. B. wird wieder Herr X., aus dem Kunden wird Herr Y.

Die Richtung des Aufstellungsprozesses wird in großem Maße von den Rückmeldungen der Stellvertreter mitbestimmt. Lösende Sätze, wie in den Aufstellungsdialogen, haben eine entlastende Wirkung, wenn sie stimmig sind. Das bedeutet: Wenn der Stellvertreter Resonanz mit dem Gesagten oder Gehörten erlebt, kann dieser Satz seine entlastende bzw. lösende Wirkung entfalten.

Häufig spürt der Coach unmittelbar die Wirkung seiner vorgeschlagenen Sätze. Manchmal merkt er es aber auch erst an der Reaktion der Stellvertreter. Ist ihm mit seinem Angebot kein »Treffer« gelungen, lässt er den Satz wieder fallen. So wird der Prozess in der Aufstellungsarbeit gemeinsam von Stellvertretern und Coach getragen.

Hier sind wir für alle am Aufstellungsprozess Beteiligten zu einer Lösung gekommen. Im Anschluss möchten wir Ihnen die Dynamik, die verletzten Systemprinzipien und die mögliche Umsetzung des Lösungsbildes in die Praxis vorstellen.

Die Dynamik

Der neue Chef erkannte den alten, den er als Sanierer ablöste, nicht an. Er schaute auf seine Leistung herab und hielt sich für besser. Die Mitarbeiter wollten unbewusst den entlassenen Kollegen und dem alten Chef »folgen«, also das Unternehmen aus Loyalität verlassen. Ihre Energie war somit stark gebunden und stand für den Arbeitsalltag nur eingeschränkt zur Verfügung. Das bekam auch der Entwicklungsvorstand stark zu spüren. Zitat: *»Irgendwie sind sie nicht richtig da.«* Die Kunden vermissten den »Geist« des Unternehmens, der für sie mit dem alten Chef verbunden war. Sie verloren in der Folge das Interesse an den Produkten. Das Produkt selbst, die Basis des Unternehmens, konnte nicht wahrgenommen werden, stand im Abseits.

Verletzte systemische Prinzipien

Der Ausgleich zwischen Geben und Nehmen war massiv gestört. Der neue Chef erkannte die Leistungen der Mitarbeiter, gemessen an deren Einsatz, nicht genügend an. Unter seiner Führung forderte das Unternehmen hohen Einsatz, blieb aber den angemessenen Ausgleich schuldig.

Das Recht der ehemaligen Mitarbeiter und des alten Chefs auf Zugehörigkeit war verletzt. Alle Systemmitglieder, auch die gekündigten und verstorbenen, müssen dazugehören dürfen. Deshalb ist es wichtig, ihren Beitrag zum Unternehmen zu würdigen. Das wog hier besonders schwer, weil die ehemaligen Mitarbeiter Opfer für das Überleben des Systems gebracht hatten.

Der Vorrang der Früheren vor den Späteren ist nicht beachtet worden. Viele Mitarbeiter waren länger im Unternehmen als der neue Chef. Um ihre Unterstützung zu gewinnen, musste er bei seinem Einstieg vom letzten Platz aus führen. Anders gesagt, musste er einen inneren Spagat zuwege bringen: Von der Rangordnung ist er der »Große«, aber von der Reihenfolge der »Kleine«, da er später als viele Mitarbeiter dazugekommen ist.

Umsetzung der Lösung in die Praxis

Nach der Aufstellung führen wir mit dem neuen Chef und dem Entwicklungsvorstand ein Gespräch, in dem es um die Lösung der Krise und die Lehren aus der Vergangenheit geht. Der Entwicklungsvorstand hat sichtbar an Energie und Zuversicht gewonnen. Dem neuen Chef legen wir nahe, wieder mit dem Namen des Gründers zu firmieren und ihn sowie dessen Sohn, den alten Chef, ins Bewusstsein der Mitarbeiter und Kunden zurückzuholen. Dem stimmt er zu und die Änderungen werden in die Neuausgabe der Unternehmensbroschüre aufgenommen, in der nun auch Fotos der Gründer erscheinen.

In einem nächsten Schritt bilden die Mitarbeiter Projektteams. Ihr Engagement wird jetzt gewürdigt und honoriert. Schnittstellenteams zwischen Entwicklung, Produktion und Vertrieb kümmern sich um noch bestehende Qualitätsprobleme. Es werden neue Kundenserviceformen entwickelt, die vor allem die langjährigen Beziehungen pflegen helfen. Die Kundenzufriedenheit steigt. Viele der Altkunden können zurückgewonnen werden. Auch die Fluktuation geht zurück.

3.2 *»Ich bekomme hier kein Bein auf den Boden!«* Akzeptanzschwierigkeiten eines jungen Geschäftsführers bei seinen Mitarbeitern

Vorgeschichte

Die erfolgreiche Werbeagentur wurde von zwei Partnern vor 20 Jahren gegründet. Partner A verfügte über die nötigen Kontakte zu den Industriekunden, kannte sich mit ihren Anforderungen und Bedürfnissen bestens aus und besaß wirtschaftliches Know-how. Partner B verkörperte die kreative, künstlerische Seite der Agentur. Mit innovativen Ideen und Visionen half er, die Agentur voranzubringen. Nach vielen gemeinsamen und erfolgreichen Geschäftsjahren beschloss Partner A, sich aus persönlichen Gründen aus der Agentur zurückzuziehen. Partner B bedauerte diesen Schritt sehr, war aber fest entschlossen, die Agentur auch allein weiterzuführen, und übernahm die Geschäftsanteile des Partners. Auch fühlte er sich den Mitarbeitern verpflichtet. Es waren im Laufe der Jahre ca. 50 Mitarbeiter dazugekommen, und die Agentur beschäftigte mittlerweile 65 Kräfte.

Nur wenige von ihnen kündigten nach dem Ausscheiden des Mitgründers A. Die meisten wollten unter dem verbliebenen Gründer und Geschäftsführer weiterarbeiten. Da die wirtschaftliche Lage der gut eingeführten Agentur mit vielen Stammkunden stabil war, liefen die Geschäfte zunächst rentabel weiter. Auch die Arbeitsatmosphäre blieb angenehm.

Allerdings änderten sich die Stimmung und die wirtschaftliche Lage, als sich der nunmehr alleinige Geschäftsführer verstärkt seinen Visionen und Ideen zuwandte und für das Tagesgeschäft, insbesondere in wirtschaftlicher Hinsicht, kaum noch Zeit oder Interesse aufbrachte. In der Folge bröckelte die Stammkundschaft ab. Ein Krisenstab wurde gegründet, denn die Zahlen in manchen Geschäftsfeldern zeichneten sich bereits rot ab.

Neuer Geschäftsführer

Der Geschäftsführer erkannte, dass ohne die Qualitäten des ausgeschiedenen Partners auf die Dauer das Unternehmen nicht überleben konnte. Deshalb entschloss er sich, einen zweiten Geschäftsführer für den betriebswirtschaftlichen Bereich einzustellen. Es dauerte nicht lange, bis ein junger, kompetenter und dynamischer Fachmann für diese Aufgabe gefunden wurde. Mit Elan machte sich der neue Mann an seine Aufgabe. Über den Zustand der Bilanzen, Organisationsabläufe, Terminplanung und Projektabwicklung konnte er nur den Kopf schütteln. So begann er konsequent aufzuräumen. In kurzer Zeit gelang es ihm, Ordnung und Übersichtlichkeit in die organisatorischen Abläufe zu bringen und das Abwandern der Altkunden in den Griff zu bekommen. Die Mitarbeiter waren auf seiner Seite, hatte er doch die Krise abgewendet und die Arbeitsplätze wieder sicher gemacht.

Das änderte sich allerdings, als er, der Unterstützung der Mitarbeiter sicher, begann, wie ein alleiniger Chef zu agieren. Den ersten Geschäftsführer, seinen Chef also, bezog er bei Entscheidungen kaum noch ein. Die Mitarbeiter wurden unruhig. Zwar gab es nun klare organisatorische Rahmenbedingungen, aber sie wussten nicht mehr, wer eigentlich ihr Chef war und zu wem sie loyal sein sollten. Schließlich war ja der verbliebene Gründer immer noch der Eigentümer und ihr oberster Vorgesetzter, auch wenn er sich aus allem heraushielt.

So sahen sie es, und die Folge war, dass sich der neue Geschäftsführer bei ihnen nicht mehr durchsetzen konnte. Sie boten ihm mehr und mehr Widerstand. Das frustrierte und ärgerte ihn gleichermaßen. Es war doch alles so gut angelaufen! Gesundheitliche Probleme kamen hinzu. Immer häufiger hatte er jetzt mit Magenproblemen zu kämpfen. Seine Beliebtheit bei den Mitarbeitern und Kunden sank auf den Nullpunkt, und die Krise, die zu lösen er angetreten war, kehrte nun zu ihm zurück. Einige wichtige Aufträge wurden storniert und der Wettbewerb machte sich die Schwäche des Unternehmens zunutze.

Systemisch orientierte Intervention

Der neue 2. Geschäftsführer, Herr W., bittet uns um ein Beratungsgespräch. Er habe Schwierigkeiten bei der Führung seiner Mitarbeiter. Zitat: *»Die blocken innerlich ab, einige boykottieren sogar meine Anordnungen. Ich verstehe das nicht. Am Anfang waren alle überfroh, dass ich diesen Chaotenladen aufgeräumt habe.«* Er möchte Tipps und Tools, um die Mitarbeiter wieder für sich zu gewinnen. Außerdem müsse er unbedingt etwas gegen seine Stresssymptome unternehmen. Das habe ihm sein Hausarzt geraten. Er habe seit Wochen Magenbeschwerden, und medizinisch sei auch nach eingehenden Untersuchungen nichts gefunden worden. Der Arzt tippe auf Stress, und den hat er ja auch wirklich. Unsere Frage, ob er ebenfalls Stress in anderen Lebensbereichen habe, verneint er.

Wir schlagen Herrn W. vor, als ersten Schritt seine berufliche Situation in einer systemischen Aufstellung mit neutralen firmenfremden Stellvertretern abzubilden. Wir erklären ihm, dass wir auf diese Weise vielleicht sichtbar machen könnten, wodurch die Stresssituation entstanden ist und wo möglicherweise eine Lösung liegt. Er vertraut sich unserer Vorgehensweise an, obwohl er eigentlich, wie er sagt, nur seinen Stress loswerden und die Mitarbeiter besser in den Griff bekommen wolle. Wir laden ihn ein, an einem unserer Aufstellungsseminare teilzunehmen.

Wir möchten noch einmal daran erinnern, dass Teilnehmer eines Aufstellungsseminars nicht die Vorinformationen erhalten, die Sie als Leser durch die Vorgeschichte bekommen. Die Stellvertreter wissen lediglich, wen sie repräsentieren sollen, und wir als Aufstellungsleiter benötigen nur ein gewisses Maß an Informationen, um »das Aufstellungsschiff in den Wind zu bringen«. Das sind normalerweise nur die Fakten.

Der nächste Schritt: die Aufstellung

Herr W. (formuliert sein Aufstellungs-Anliegen): Mein Ziel ist, die Mitarbeiter und unsere Kunden zurückzugewinnen.

Coach: Woran würden Sie erkennen, dass wir mit dieser Arbeit hier Erfolg haben und Sie Ihr Ziel erreichen?

Herr W.: Als Erstes wären bestimmt meine Magenbeschwerden weg. Außerdem würde ich wieder morgens mit Freude in die Agentur gehen, weil die Mitarbeiter nun erneut »mit im Boot« sind. Ich könnte auch wieder entkrampfter auf unsere Kunden zugehen und somit hoffentlich Kunden zurückgewinnen.

Herr W. wählt nun jeweils Stellvertreter aus dem Teilnehmerkreis aus und stellt sie nach seinem inneren Bild auf:

- **Er selbst**, in der Aufstellung »Herr W.« genannt
- **Der verbliebene Inhaber und erste Geschäftsführer**, »Chef« genannt
- **Die Mitarbeiter**, vertreten durch einen Stellvertreter
- **Die Kunden**, vertreten durch einen Stellvertreter
- **Der Wettbewerb**, andere Werbeagenturen, vertreten durch einen Stellvertreter.

Wir beginnen die Erstbefragung mit dem Stellvertreter von Herrn W.

Herr W.

Herr W. steht den Mitarbeitern frontal gegenüber. Seitlich von ihm steht der Inhaber und Chef, hinter ihm Kunden und Wettbewerb, auch sie stehen sich gegenüber.

Coach: Wie geht es dem Stellvertreter von Herrn W.?

Herr W.: Ich fühle mich ziemlich schwach, mir zittern die Knie. Ich starre wie gebannt auf die Mitarbeiter. Ich sehe nur sie. Sie wirken auf mich sehr konfrontativ, als ob sie etwas von mir wollen. Die

1. Bild (Ist-Situation)

Frau

Mann

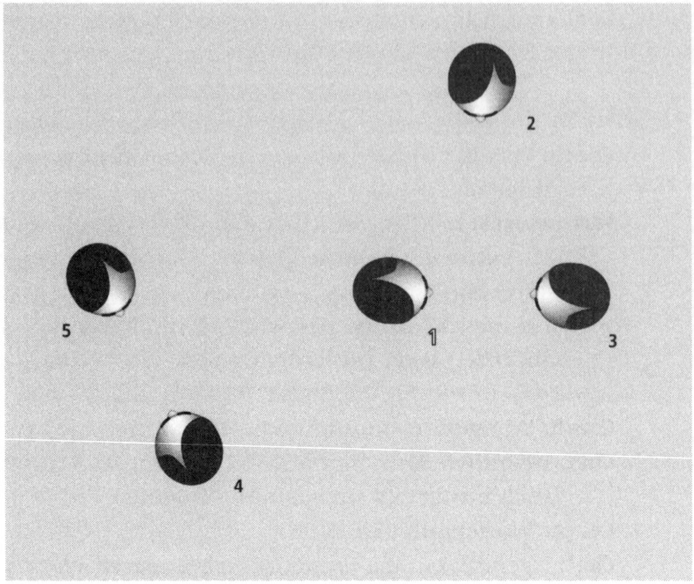

1 = 2. Geschäftsführer Herr W.
2 = Inhaber und 1. Geschäftsführer (Chef)
3 = Die Mitarbeiter
4 = Die Kunden
5 = Der Wettbewerb

Kunden kann ich von der Seite wahrnehmen. Was da hinter mir steht, weiß ich nicht, interessiert mich auch nicht. Meinen Chef kann ich nur aus den Augenwinkeln sehen.

Coach: Gibt es Empfindungen zum Chef, die Sie beschreiben können?

Herr W.: Ja, das geht schon in Richtung Verachtung. Das Wort »Weichei« fällt mir ein. Auch fühle ich mich ihm überlegen.

Die Mitarbeiter

Coach: Wie geht es dem Stellvertreter der Mitarbeiter?

Mitarbeiter: Ich schaue nur auf ihn (Herrn W.). Ich fühle mich machtvoll, auch trotzig ihm gegenüber. Meinen Chef kann ich aus den Augenwinkeln sehen. Mit dem habe ich Mitleid, der wirkt so hilfsbedürftig. Die Kunden nehme ich auch aus den Augenwinkeln wahr. Da möchte ich gern mehr hingucken. Aber das andere ist stärker. (Er zeigt auf Herrn W.)

Die Kunden

Coach: Was kann der Stellvertreter der Kunden wahrnehmen?

Kunden: Ich bin ganz klar auf den Wettbewerb fokussiert. Da ist eine starke Anziehungskraft. Zu den anderen spüre ich im Moment nicht viel.

Der Wettbewerb

Coach: Was ist beim Wettbewerb? Ihnen scheint es gut zu gehen?!

Wettbewerb: Ich fühle mich wie ein Lockvogel, seeehr attraktiv! Ich komme mir auch sehr mächtig vor, und eines ist ganz klar: Mein Fokus ist dort (zeigt auf die Kunden)! Alles andere geht mich nichts an, interessiert mich auch nicht.

Der Chef

Coach: Wie geht es Ihnen?

Chef: Irgendwie läuft hier alles an mir vorbei. Da ist auch etwas wie Resignation.

Coach: Wo schauen Sie hin?

Chef: Irgendwo in die Ferne, zwischen Herrn W. und den Mitarbeitern hindurch.

Coach: Nehmen Sie sonst noch etwas wahr?

Chef: Zu ihm (Herrn W.) so etwas wie Ärger oder vielleicht auch ein Vorwurf, zu den Mitarbeitern kann ich Kontakt spüren. Das ist sehr angenehm!

Wir fragen Herrn W., der die Aufstellung von seinem Platz aus verfolgt, ob er Fragen hat oder etwas anfügen möchte.

Herr W.: Genauso erlebe ich die Situation im Unternehmen: völlig verfahren! Wissen würde ich gern, wo mein Chef hinschaut! Dass ihn der Konflikt, den ich mit den Mitarbeitern habe, nicht besonders interessiert, ist auch sehr realitätsnah!

Prozessarbeit in der Aufstellung: die Zwischenbilder

Wir beginnen mit dem **ausgeschiedenen Gründer**. Er wird ins Bild gebracht. Dazu wählt Herr W. einen weiteren Stellvertreter aus. Zwischen ihm und dem Stellvertreter des **Chefs** findet ein Klärungsprozess auf der Beziehungsebene statt. Erst jetzt ist der Chef bereit, seinen alten Partner innerlich zu verabschieden. Er ist nun offen für eine Neugestaltung der Kompetenzen zwischen Herrn W. und ihm. Kunden und Mitarbeiter nimmt er nun erstmals wieder wahr.

Der Stellvertreter von **Herrn W.** erkennt im Laufe des Prozesses seine anmaßende Haltung dem Chef gegenüber. Nach verschiedenen Prozessschritten, auf deren Beschreibung wir hier verzichten, kann er lösende Sätze wie: *»Ich habe mich Ihnen oft überlegen gefühlt und fast vergessen, dass Sie einer der Gründer und mein Chef sind. Es tut mir Leid«* so aussprechen, dass sie den Chef erreichen und auch für ihn selbst stimmig sind. Diese einfachen Sätze entfalten jetzt ihre anerkennende Wirkung und unterstützen so den Lösungsprozess. Danach kann der Stellvertreter von Herrn W. Mitarbeitern und Kunden wieder mit Kraft und Selbstbewusstsein begegnen.

Auch zwischen den **Mitarbeitern** und Herrn W. helfen Klärungsgespräche und Dialogarbeit, die Basis für eine Zusammenarbeit zu erneuern. Nach verschiedenen Interventionen gelingt es, zwischen ihnen eine realistische Arbeitsbeziehung herzustellen. Das »Helfersyndrom« der Mitarbeiter ihrem Chef gegenüber löst sich ein wenig auf. Als wir einen neuen Stellvertreter, der die **gemeinsame Aufgabe** (Nr. 7) repräsentiert, ins Bild bringen, verschwindet ihr Hilfsbedürfnis ganz, und sie beziehen sich auf ihn eindeutig als ihren Chef, der ihnen klar die Ziele vorgibt. In Wechselwirkung mit dieser Klärung fühlen sich die **Kunden** wieder mehr zur Agentur hingezogen, woraufhin der **Wettbewerb** an Attraktivität verliert. Der Stellvertreter des Wettbewerbs reagiert mit dem Wunsch, sich jetzt etwas zurückzuziehen.

Das Umstellen zum Lösungsbild

Der ausgeschiedene Gründer (Nr. 6) bekommt einen Platz im System. Es stellt sich heraus, dass er am besten rechts, hinter seinem damaligen Partner, platziert ist, wo er ihm gewissermaßen den Rücken stärkt. Damit ist die unterstützende Wirkung der vergangenen, guten Arbeitsbeziehung in der Aufbauphase für den heutigen Alleininhaber symbolisch ausgedrückt.

Der Chef (Nr. 2) ist sichtlich erleichtert und fühlt sich kraftvoller, als er dem Ausstieg seines Gründungspartners bewusst innerlich zustimmt und die gemeinsame Zeit als gute Basis für die heutigen Aufgaben nimmt. Besonders gefällt ihm an der Lösungskonstellation, dass er jetzt alle Beteiligten sehen kann und auch von ihnen gesehen wird. Durch den Blickkontakt mit dem Stellvertreter für die gemeinsame Aufgabe fühlt er sich wieder mehr

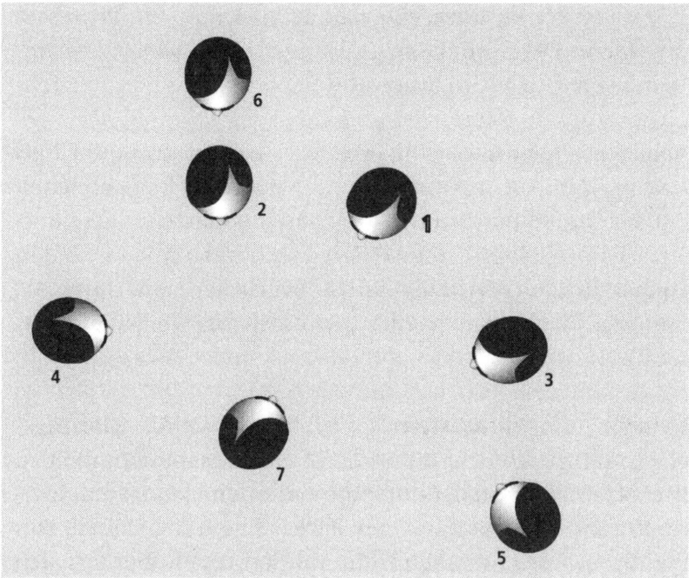

Das Lösungsbild

1 = 2. Geschäftsführer Herr W.
2 = Inhaber und 1. Geschäftsführer (Chef)
3 = Die Mitarbeiter
4 = Die Kunden
5 = Der Wettbewerb
6 = Der ausgeschiedene Gründer
7 = Die gemeinsame Aufgabe

gefordert. Allerdings bemerkt er, dass er weiterhin dazu neigt, in die Ferne zu schauen. Weil das eine systemische Bedeutung besitzen kann, testen wir den Bezug zum Arbeitssystem erneut aus. Es zeigt sich aber, dass die Ursache nicht dort gefunden werden kann. Möglicherweise ist sie in seinem Familiensystem begründet.

Bei den **Mitarbeitern** (Nr. 3) ist das Gefühl der Macht über Herrn W. verschwunden. Sie nehmen jetzt ihren angemessenen Platz neben ihm ein, möchten allerdings einen gewissen Abstand wahren. Von dort sind sie auch in der Lage, ihren Chef als Chef zu betrachten, statt ihn zu bemitleiden. Der Blick auf die gemeinsame Aufgabe verstärkt ihre Motivation.

Die **Kunden** (Nr. 4) fühlen sich von den Agenturmitgliedern wieder beachtet und ernst genommen. Sie sind bereit, sich ihrerseits dem Unternehmen stärker zuzuwenden. Die Attraktivität des Wettbewerbs hat stark abgenommen. Allerdings möchten sie ihn nach wie vor im Blick behalten.

Die Beziehung des **Wettbewerbs** (Nr. 5) zum Kunden ist schwächer geworden. Der Stellvertreter des Wettbewerbs zieht sich etwas zurück, bleibt aber sichtbar und präsent.

Der **gemeinsamen Aufgabe** (Nr. 7) geht es am besten in der Nähe der Kunden, den Agenturmitgliedern gegenüber. Dort wartet sie schon etwas ungeduldig auf den »Startschuss«.

Überraschend ist für **Herrn W.** (Nr. 1), wie wohl er sich nun zwischen seinem Chef und den Mitarbeitern fühlt. Die Verachtung, die er anfangs für den Chef empfand, ist einer anerkennenden Haltung gewichen. Von den Mitarbeitern spürt er jetzt Akzeptanz statt Abwehr, braucht aber auch noch ein wenig Abstand zu ihnen. *»Langsam wieder herantasten«*, sagt er. Am besten gefällt ihm, dass er nun wirklich dazugehört und dieses Eingebundensein ins System ihm die Kraft gibt, auf die Kunden und die gemeinsame Aufgabe zuzugehen. Auch der Blick auf den Wettbewerb tut dem keinen Abbruch: *»Besser ihn im Blick haben als im Rücken!«*

Nun stellt sich Herr W. selbst anstelle seines Stellvertreters in das Lösungsbild, um es nachzuerleben und zu überprüfen.

Coach: Wie ist dieser neue Platz für Sie?

Herr W.: Es ist ungewohnt, »einfach nur« in einer Reihe zu stehen, keine exponierte Stellung mehr zu haben. (Nach einer Pause:) Aber es entlastet mich!

Coach: Jetzt schauen Sie noch einmal die Mitarbeiter an und denken Sie an Ihre tägliche Zusammenarbeit in der Agentur.

Herr W. (nimmt Blickkontakt mit dem Stellvertreter der Mitarbeiter auf): Was da von den Mitarbeitern herüberkommt, ist ermutigend. Wenn das so bleibt, kann es funktionieren.

Coach: Und nun nehmen Sie bitte Blickkontakt mit den Kunden auf!
(Herr W. und der Kunden-Stellvertreter schauen sich an und schmunzeln sich zu.)

Coach: Na, wie sind Ihre Chancen, Herr W.?

Herr W.: Gar nicht schlecht!

Coach: Gut, dann lassen wir es so!

Damit beenden wir diese Aufstellung.

Die Dynamik

An den jungen Nachwuchsgeschäftsführer wurden übergroße »Heilserwartungen« gerichtet. Er sollte die Agentur aus der Krise führen. Damit war er überfordert, übernahm aber die Aufgabe aus Gründen, die in seiner Persönlichkeit und seinem Familiensystem zu suchen sind und die er später bei Bedarf in einem persönlichen Rahmen bearbeiten kann. Der Chef und Eigentümer hatte sich innerlich nicht wirklich von seinem ehemaligen Geschäftspartner verabschiedet. Als er diesen Schritt in der Aufstellung nachholte, konnte er ihn seinen Weg gehen lassen. Jetzt war er bereit, sich wieder voll in die Agentur einzubringen. Allerdings war seine Energie teilweise noch an anderer Stelle gebunden, weshalb sein Blick immer wieder vom Konkreten in die Ferne abschweifte. Da dies wahrscheinlich in seinem Familiensystem begründet ist, kann er das Thema, wenn er es wünscht, genau wie Herr W., in einem persönlichen Rahmen, z. B. mit einer Familienaufstellung, bearbeiten.

Das Ergebnis dieser Aufstellung hat uns deutlich vor Augen geführt, in welche Sackgassen wir als Berater gelangen können, wenn wir voreilig auf den vom Kunden genannten Trainingswunsch eingehen. Führungstrainings sowie Stressmanagementseminare sind wertvolle Hilfen. In diesem Fall hätten sie jedoch das eigentliche Grundproblem gar nicht berührt.

Verletzte systemische Prinzipien

Der neue Geschäftsführer Herr W. nahm eine Machtposition ein, die ihm nicht zustand. Weil er als Letzter dazukam, musste er vom letzten Platz aus führen. Durch seine Positionsanmaßung verletzte er den Vorrang der Leitung (Chef) und den Vorrang der Früheren vor den Späteren (Mitarbeiter). Die Mitarbeiter verwechselten ihre Rolle und Position dem Chef gegenüber *(»mit ihm muss man Mitleid haben«).* Sie schauten auf ihn herab und nahmen ihn nicht ernst. Herrn W. gegenüber nahmen sie eine unangemessene Position ein, indem sie seine Führungsrolle nicht anerkannten.

Umsetzung der Lösung in die Praxis

Als weiterführende Maßnahme bieten wir dem Eigentümer / Chef und dem jungen Geschäftsführer Coachingprozesse zur Klärung ihrer persönlichen Anteile an der Situation an. Das ist für den jungen Geschäftsführer schon deshalb sinnvoll, damit er in einer ähnlichen Situation die Fallen, in die er gegangen ist, vermeiden kann. Ergänzend empfehlen wir ihnen ein gemeinsames Coaching, indem sie ihre Konflikte klären und die Spielregeln ihrer zukünftigen Zusammenarbeit definieren. Es gelingt, die Agentur mit klaren Kommunikationsstrukturen wieder auf Erfolgskurs zu bringen. Auch die Stresssymptome von Herrn W. haben sich deutlich verringert.

3.3 *»Was brauchen wir, um zusammenzuwachsen?«* Probleme in der Zusammenarbeit nach einer deutsch-französischen Firmenfusion

Vorgeschichte

In einem größeren deutschen Unternehmen der Konsumgüterindustrie gingen die Geschäfte seit vielen Jahren gut. So lag es nahe, an Expansion zu denken. Eine Reihe von kleineren deutschen Mitbewerbern hatte die Firma bereits gekauft. Der wichtigste Konkurrent aber war ein französisches Unternehmen. Nach langen Verhandlungen gelang es schließlich, auch diesen Mitbewerber zu übernehmen. Das neue, größere Unternehmen firmierte nun unter deutschem Namen. Der französische Name tauchte nur in einem Zusatz auf.

»Nichts wird sich für Sie ändern! Ihre Arbeitsplätze bleiben Ihnen erhalten«, beteuerte die neue Konzernleitung, vor allem den französischen Mitarbeitern gegenüber. Die deutsche Geschäftsleitung wollte möglichst bald wieder zum Tagesgeschäft übergehen, und die Zahlen schienen ihr Recht zu geben. Auch die Börse reagierte ausgesprochen positiv, die Aktien des Unternehmens stiegen im Wert.

Probleme in der EDV

In einem Projekt gab es jedoch bald massive Schwierigkeiten. Das gesamte EDV-System des Unternehmens sollte nach der Fusion vereinheitlicht werden. Im Zuge dieser Umstellung erwartete die Geschäftsleitung auch von den französischen Mitarbeitern, dass sie sich an die Richtlinien und Abläufe der deutschen Zentrale hielten. *»Kein Problem«*, sagten die französischen Führungskräfte, *»wir arbeiten natürlich mit euch zusammen.«*

Ein Team von deutschen EDV-Fachleuten reiste nach Frankreich, um mit den französischen Kollegen das Projekt auf den Weg zu bringen. Die Vorbesprechungen der Teams stimmten sie positiv. Die Franzosen reagierten freundlich, doch unverbindlich. Da sie keine Einwände oder Gegenargumente zu den Vorschlägen der deutschen Kollegen vorbrachten, werteten die Deutschen, wenig vertraut mit der französischen Mentalität, das als Zustimmung. Doch einige Tage später, als es an die praktische Umsetzung ging, platzte in einem Meeting die Bombe. Die französischen EDV-Leute weigerten sich rundheraus, das deutsche System zu übernehmen. Es sei einfach nicht möglich, weil sich herausgestellt hätte, dass die deutschen Strukturen in keiner Weise kompatibel mit den Abläufen der französischen Tochter wären. Fassungslosigkeit und Unverständnis bei den Deutschen! *»Wir waren uns doch einig! Ihr habt doch allem zugestimmt! Was ist überhaupt los?« »So ist das nicht machbar«*, entgegneten die Franzosen. Das deutsche System sei zu wenig flexibel und würde ihren besonderen Bedingungen nicht gerecht.

Die Geschäftsleitung reagierte mit Unverständnis und versuchte mit Anordnungen, Sanktionen und Druck, das Projekt trotzdem durchzusetzen. Sie stieß bei den Franzosen zwar nicht auf offenen Widerstand, aber auf eine nie endende Flut von Argumenten, die die Zusammenarbeit immer wieder störte und lähmte. Langsam begann die deutsche Unternehmensleitung zu begreifen, dass der Konflikt so nicht in den Griff zu bekommen war. An diesem Punkt wurden wir als Berater mit einbezogen.

Systemisch orientierte Intervention

Wir führen das Erstgespräch mit einem der deutschen Vorstände, Herrn Dr. B. Auf unsere Frage, in welchem Bereich er das Problem vermute, schüttelt er den Kopf. *»Das ist ja der Grund, weshalb wir uns an Sie wenden. Wir haben aus unserer Sicht alles getan, was getan werden musste. Wir haben zum Beispiel auch intensive Schulungen mit den französischen Kollegen durchgeführt, um sie in das deutsche EDV-System einzuarbeiten. Also von dieser Seite ist alles getan worden. Trotzdem gibt es einen zähen Widerstand, den wir uns nicht erklären können.«* Um den Hintergrund des Problems sichtbar zu machen, schlagen wir Herrn Dr. B. als Erstmaßnahme eine Organisationsaufstellung mit neutralen firmenfremden Stellvertretern vor. Er kennt die Aufstellungsmethode noch nicht, ist aber bereit, sich auf etwas Neues einzulassen. Ausschlaggebend ist für ihn auch der *vergleichsweise geringe Zeit- und Geldaufwand* anderen Methoden gegenüber.

Die Aufstellung

Herr Dr. B. formuliert sein Aufstellungsanliegen: *»Mein Ziel ist eine gute, entspannte Zusammenarbeit zwischen französischen und deutschen Mitarbeitern. Auch möchte ich verstehen, was hier genau der Konflikt ist.«* Nachdem wir die für die Aufstellung nötigen Informationen gesammelt haben, wählt Herr Dr. B. jeweils einen Stellvertreter aus dem Teilnehmerkreis aus und stellt alle nach seinem inneren Bild auf:

- **Sich selbst,** »Dr. B.« genannt
- **Die französischen Mitarbeiter** – mit einem Stellvertreter für alle
- **Die deutschen Mitarbeiter**, vertreten durch einen Stellvertreter
- **Das französische Ursprungsunternehmen**
- **Die gemeinsame Aufgabe**

1. Bild (Ist-Situation)

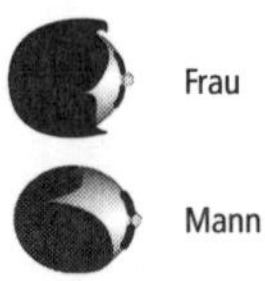

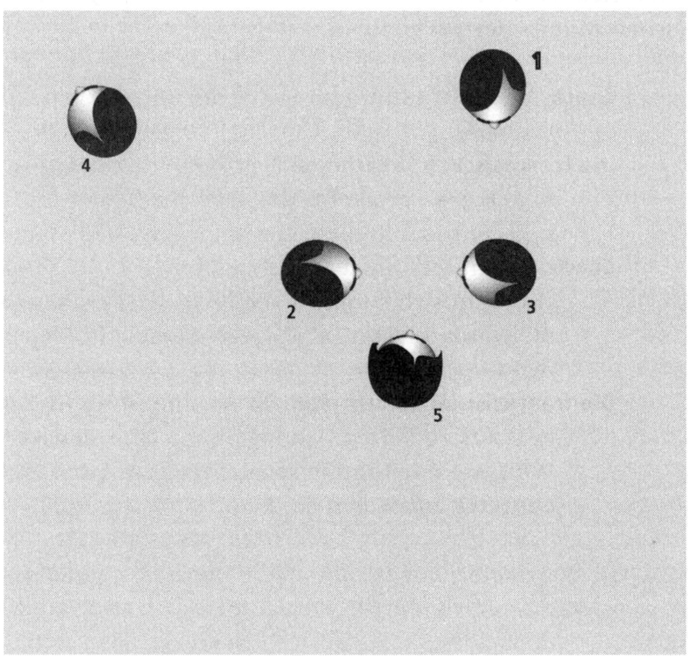

1 = Der Stellvertreter von Herrn Dr. B., deutsches Vorstandsmitglied des neuen Gesamtunternehmens
2 = Französische Mitarbeiter
3 = Deutsche Mitarbeiter
4 = Französisches Ursprungsunternehmen
5 = Gemeinsame Aufgabe

Nachdem die Stellvertreter sich auf ihre Rolle und ihren Platz eingestimmt haben, beginnen wir mit der Erstbefragung.

Dr. B.

Dr. B. schaut auf die deutschen Mitarbeiter, die den französischen Mitarbeitern frontal gegenüberstehen und zu ihnen Blickkontakt halten. Die gemeinsame Aufgabe steht in geringem Abstand zwischen französischen und deutschen Mitarbeitern. Das französische Ursprungsunternehmen steht weit weg rechts von ihm und schaut aus dem System heraus.

Coach: Wie geht es dem Stellvertreter von Herrn Dr. B.?
Dr. B.: Wahrnehmen kann ich die deutschen Mitarbeiter und die gemeinsame Aufgabe. Zu den französischen Mitarbeitern spüre ich so etwas wie Ärger und Ungeduld. Die gemeinsame Aufgabe schaut mich nicht an, das sollte sie aber! Was da rechts von mir in der Ferne steht (das französische Ursprungsunternehmen), nehme ich kaum wahr. Ich habe sogar vergessen, wen es repräsentiert!

Die französischen Mitarbeiter

Der Stellvertreter der französischen Mitarbeiter steht den deutschen Mitarbeitern gegenüber.

Coach: Wie geht es Ihnen? Sie stehen nicht besonders bequem!
Die französischen Mitarbeiter: Ich stehe hier völlig schief, ganz verdreht. Ich habe die Tendenz mich nach links zu drehen. Der Impuls ist sehr stark.
Coach: Geben Sie Ihrem Impuls nach!
(Er dreht sich so weit nach links, dass er dem Stellvertreter von Dr. B. gegenübersteht. Er nickt.)
Die französischen Mitarbeiter: Ja, so stimmt es. Hier gibt es etwas zu klären. Ich bekomme eine enorme Wut, wenn ich ihn anschaue (zeigt auf den Stellvertreter von Herrn Dr. B.).

Als wir den Stellvertreter auffordern, diesem Gefühl mit einer Geste oder mit einem Satz Ausdruck zu verleihen, zögert er. Mit einem Seitenblick zu Herrn Dr. B., der von seinem Stuhl aus die

Aufstellung verfolgt, sagt der Stellvertreter der französischen Mitarbeiter entschuldigend: *»Das kann jetzt auch heftig werden!«*

Wir ermutigen ihn auszudrücken, was er in der Rolle als Stellvertreter der französischen Mitarbeiter empfindet. Nach einiger Zeit verändert er seine Körperhaltung und stößt mit Verachtung in der Stimme heraus: *»Ihr könnt uns mal ...«* Danach atmet er hörbar aus.

Coach: Aha, da spielt die Musik!

Der Stellvertreter von Dr. B. wirkt betroffen durch diesen Gefühlsausbruch. Nach einiger Zeit fragt der Coach den Stellvertreter der französsichen Mitarbeiter: *»Gibt es sonst noch etwas mitzuteilen?«*

Die französischen Mitarbeiter: Dass da jemand schräg hinter mir steht (das französische Ursprungsunternehmen), kann ich spüren. Das ist etwas Ernstes, Schweres. Außerdem empfinde ich die gemeinsame Aufgabe als aufdringlich, so als wolle sie sich zwischen meine Kollegen und mich drängen.

Die deutschen Mitarbeiter

Coach: Wie geht es dem Stellvertreter der deutschen Mitarbeiter? Wie war es vorher und wie ist es jetzt, nachdem sich der Stellvertreter der französischen Mitarbeiter von Ihnen weggedreht hat?

Die deutschen Mitarbeiter: In der Anfangsposition, als wir uns gegenüberstanden (zeigt auf den Stellvertreter der französischen Mitarbeiter), war mir das sehr unangenehm. Ich habe einen Vorwurf gespürt, aber gedacht »Junge, ich bin die falsche Adresse«. Als er sich weggedreht hat, war ich sehr erleichtert. Von rechts (Dr. B.) spüre ich Unterstützung, aber ich habe ihm gegenüber auch Vorwürfe. Die gemeinsame Aufgabe empfinde auch ich als zu aufdringlich, zu dicht. Und zum Stellvertreter, der mit dem Gesicht abgewendet steht, habe ich keine Empfindung.

Der Stellvertreter des französischen Ursprungsunternehmens steht weit außen, abgewendet mit gesenktem Kopf.

Das französische Ursprungsunternehmen

Coach: Wie geht es Ihnen hier, so weit weg von allen anderen?

Das französische Ursprungsunternehmen: Ich fühle mich hier auf verlorenem Posten. Irgendwie sehr mutlos, resigniert.

Coach: Spüren Sie einen Bewegungsimpuls?

Das französische Ursprungsunternehmen: Ja, ich möchte mich umdrehen!

Coach: Gut, darauf kommen wir gleich zurück!

Die Stellvertreterin der gemeinsamen Aufgabe steht etwas entfernt zwischen deutschen und französischen Mitarbeitern.

Die gemeinsame Aufgabe

Coach: Wie geht es der Stellvertreterin der gemeinsamen Aufgabe?

Die gemeinsame Aufgabe: Das ist kein guter Platz für mich. Ich habe niemanden im Blick und muss mich sehr anstrengen, um aus den Augenwinkeln überhaupt jemanden sehen zu können. Mir ist das viel zu eng. Ich habe den Impuls rückwärts zu gehen.

Coach: Folgen Sie Ihrem Impuls bitte. (Die Stellvertreterin der gemeinsamen Aufgabe zieht sich einige Schritte zurück. Aufatmend sagt sie: *»Jetzt bekomme ich Luft!«*)

Wir wenden uns Herrn Dr. B. zu, der die Aufstellung von seinem Platz aus verfolgt.

Dr. B.

Coach: Was sagen Sie dazu?

Herr Dr. B: Ich bin betroffen von dem, was ich hier sehe. Allerdings ist mir der Grund für die Verachtung, die sich bei den französischen Mitarbeitern zeigt, noch nicht klar.

Coach: Wenn Sie sich anschauen, wo Sie den Stellvertreter des französischen Ursprungsunternehmens platziert haben und sich an seine Äußerungen erinnern, liegt es nahe, dass der Konflikt in Ihrem Unternehmen systemisch gesehen mit Nichtwürdigung zu tun hat. So etwas hat Auswirkungen in einem Unternehmen!

Als nächsten Schritt steigen wir in die Prozessarbeit ein.

Prozessarbeit in der Aufstellung – die Zwischenbilder

Als Erstes bitten wir den Stellvertreter des französischen Ursprungsunternehmens sich umzudrehen (er stand im 1. Bild mit dem Rücken zu allen Übrigen), so dass er erstmals alle anderen sehen kann. Er wirkt etwas erleichtert. Dr. B., französische und deutsche Mitarbeiter werden nacheinander dem französischen Ursprungsunternehmen gegenübergestellt. Sätze der Würdigung wie z.B. von Dr. B.: *»Ohne Sie wäre unser Unternehmen nicht das, was es heute ist«* sowie eine Verneigung vor dem französischen Unternehmen entlasten und unterstützen den Lösungsprozess. Auch die deutschen und französischen Mitarbeiter würdigen das französische Unternehmen auf ähnliche Weise.

Durch das Feedback von Herrn Dr. B. wird im Laufe der Prozessarbeit deutlich, wie wenig nach der Fusion auf die Bedürfnisse der französischen Mitarbeiter eingegangen worden ist. Hier findet ein längerer Klärungsprozess statt. Erst danach können lösende Sätze von Dr. B.: *»Es tut mir Leid, wir haben euch mit euren Bedürfnissen übersehen. Das wird jetzt anders!«* von den französischen Mitarbeitern als glaubwürdig erlebt und angenommen werden.

Die französischen Mitarbeiter stellen sich den deutschen Mitarbeitern gegenüber. Nach der vorangegangenen Prozessarbeit fällt es beiden leicht, sich wohlwollend als Kollegen wahrzunehmen. Der Stellvertreter der Franzosen sagt seinem deutschen Kollegen: *»Wir haben nichts gegen euch! Wenn ihr auch einen Schritt auf uns zukommt, können wir ein gutes Team werden!«*

Die deutschen Mitarbeiter werden mit Dr. B. konfrontiert. Obwohl ihre anklagende Haltung ihm gegenüber sich abgeschwächt hat, ist es dem Stellvertreter der deutschen Mitarbeiter wichtig, den Hauptvorwurf auszusprechen: *»Ihr habt uns im Stich gelassen! Wo ihr von der Leitung hättet helfen können, die französischen Kollegen* *zu integrieren, habt ihr das Problem auf uns abgewälzt!«* Damit lässt sein Ärger nach. Erst jetzt ist er bereit, Dr. B. ruhig anzuhören, als der ihm versichert: *»Es tut mir Leid, ich kann sehen, was wir versäumt haben. Es ist unsere Verantwortung.«*

Zum Schluss treten deutsche und französischen Mitarbeiter vor die gemeinsame Aufgabe. Die Stellvertreterin der gemeinsamen Aufgabe wirkt schon ziemlich unruhig: *»Jetzt habe ich lange genug im Hintergrund gestanden, nun möchte ich dazugehören.«* Die deutschen und französischen Mitarbeiter bestätigen ihr, dass sie sie nun als gemeinsame Herausforderung annehmen können.

Das Lösungsbild

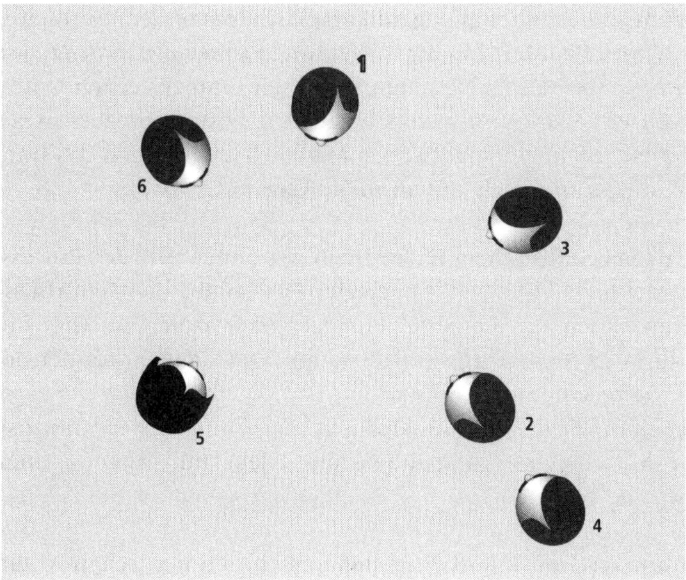

1 = Herr Dr. B.
2 = Französische Mitarbeiter
3 = Deutsche Mitarbeiter
4 = Französisches Ursprungsunternehmen
5 = Gemeinsame Aufgabe
6 = Das neue Gesamtunternehmen

Das Umstellen zum Lösungsbild

Für **Dr. B.** (Nr. 1) ist ein Platz wichtig, der ihm Überblick über das Ganze erlaubt. Er spürt an seiner rechten Seite eine »Leere«, als wenn dort etwas fehle. Als wir an diese Stelle einen Repräsentanten für **Das neue Gesamtunternehmen** (Nr. 6) stellen, sagt er: *»Das hatte gefehlt!«*

Die deutschen Mitarbeiter (Nr. 3) finden einen guten Platz links neben Dr. B. Beiden ist es aber wichtig, einen gewissen Abstand voneinander zu behalten.

Die französischen Mitarbeiter (Nr. 2) stehen links neben den deutschen Mitarbeitern. Dort haben sie guten Kontakt zu den deutschen Kollegen, zu Dr. B. sowie zum Gesamtunternehmen. Wichtig ist ihnen auch, das französische Ursprungsunternehmen als Unterstützung hinter sich zu haben.

Der Stellvertreter des **französischen Ursprungsunternehmens** (Nr. 4) äußert: »*Mir geht es jetzt gut. Ich habe das Bedürfnis, mich ein wenig zurückzuziehen. Im neuen Gesamtunternehmen fühle ich mich nun gut aufgehoben.*« Für den Stellvertreter der französischen Mitarbeiter ist die Nähe zum französischen Ursprungsunternehmen aber nach wie vor wichtig. Es wirkt so, als hätte das Ignorieren ihrer Bedürfnisse eine so tiefe Verletzung hinterlassen, dass sie der neuen Geschäftsleitung noch nicht ganz trauen und deshalb das Ursprungsunternehmen als Unterstützung im Rücken haben möchten.

Für die Stellvertreterin der **gemeinsamen Aufgabe** (Nr. 5) ist es nicht schwierig, einen stimmigen Platz zu finden. Ihr geht es vor allem darum, alle sehen zu können und von allen gesehen zu werden.

Abschließend laden wir Herrn Dr. B. ein, sich selbst auf den Platz seines Stellvertreters in das Lösungsbild zu stellen, um es nachzuerleben und in Bezug auf sein Anliegen zu überprüfen. Er schaut sich in der Aufstellungsrunde um. Die Unterstützung vom Gesamtunternehmen spürt er deutlich an seiner rechten Seite. Lange schaut er den »Dauerkonflikt« französische Mitarbeiter an. Er schüttelt zweifelnd den Kopf: »*Ich kann es kaum glauben, der Stellvertreter wirkt ja richtig friedlich! Da bin ich ja mal auf die Praxis gespannt!*«

Als wir seine Skepsis bemerken, bieten wir ihm eine Möglichkeit an, den Prozess seines Stellvertreters noch einmal selbst nachzuvollziehen.

Es kann vorkommen, dass Stellvertreter im Lösungsprozess schneller und leichter vorankommen als die Person, die sie repräsentieren. Sie sind freier, weil sie persönlich nicht an das Thema gebunden sind.

Coach: »Sie wirken skeptisch! Wenn Sie einverstanden sind, fügen wir noch einen Schritt an.« (Dr. B. stimmt zu.)

So bitten wir ihn, sich nun selbst den französischen Mitarbeitern gegenüberzustellen und ihnen zu sagen: *»Was geschehen ist, tut mir Leid. Ich werde Sie in Zukunft unterstützen!«*

Coach: Stimmt das für Sie?
Herr Dr. B.: Es erleichtert!

Auch bei den französischen Mitarbeitern ist die Botschaft angekommen. Im nächsten Schritt stellt sich Herr Dr. B. dem französischen Ursprungsunternehmen gegenüber und spricht noch einmal selbst den Anerkennungssatz aus: *»Ohne Ihr Unternehmen wären wir nicht das, was wir heute sind.«*

Anschließend verneigt er sich in aller Würde vor dem französischen Ursprungsunternehmen. Danach stellt er sich wieder an seinen Platz im Lösungsbild. Nach ihm wiederholt der Stellvertreter des neuen Gesamtunternehmens die gleichen Worte an die französischen Mitarbeiter und das französische Ursprungsunternehmen und bekräftigt sie ebenfalls durch eine Verneigung.

Herr Dr. B. wirkt entspannter. Auf unsere Frage, ob er noch etwas sagen möchte, erwidert er: *»Das war noch ein wichtiger Schritt!«* Nachdem Herr Dr. B. alle Stellvertreter aus ihren Rollen entlassen hat, beenden wir die Aufstellung.

Die Dynamik

Die Konzernleitung hatte mit Blick auf die Expansion des Gesamtunternehmens die Basis dieses Wachstumsschrittes, das übernommene französische Unternehmen und seine Mitarbeiter, nahezu vergessen. Sie tauchten nur als wirtschaftliche Faktoren in ihrer Planung auf. Die Franzosen fühlten sich überfahren und reagierten mit Verweigerung. Herr Dr. B. als Repräsentant des Vorstandes hatte unbewusst den Konflikt auf die Mitarbeiterebene verschoben. Er stellte im 1. Bild die französischen und deutschen Mitarbeiter einander gegenüber, was im Aufstellungsbild Konfrontation ausdrücken kann. Der Stellvertreter der französischen Mitarbeiter spürte aber sehr deutlich *(»Ich fühle mich verdreht.«)*, dass der Konflikt an einer anderen Stelle bearbeitet werden musste.

Verletzte systemische Prinzipien

Durch das Löschen des Namens wurde das Recht des französischen Unternehmens auf seine eigene Identität und Geschichte ignoriert und damit das Recht seiner Mitarbeiter auf Zugehörigkeit zu ihrer Firma und Nationalität. Unabsichtlich, aber zwangsläufig verletzten die Deutschen, insbesondere die EDV-Spezialisten in ihrem Projekt in Frankreich, den Vorrang der Früheren (Franzosen) vor den Späteren.

Umsetzung der Lösung in die Praxis

Der Name des französischen Unternehmens erscheint jetzt im Logo des Konzerns an zweiter Stelle. Damit ist der kleinere Partner angemessen gewürdigt. Die Franzosen entscheiden wieder selbst über ihre internen Abläufe. Interessanterweise ist die Übernahme des deutschen EDV-Systems nach einiger Zeit problemlos möglich. Für das Gelingen der Fusion wird eine Serie von Teambildungs- und Kommunikationstrainings gestartet, in denen neben dem praktischen Trainingsprogramm Deutsche und Franzosen sich in ihren kulturellen Unterschieden besser kennen und verstehen lernen. Für die Unternehmensleitungen und Führungskräfte werden spezielle Coachings eingeplant, in denen sie interkulturelles Beziehungsmanagement üben.

Besonders wichtig ist es bei Fusionen, auf die Empfindlichkeiten des kleineren Partners zu achten. In Konflikten neigen sonst beide dazu, beim jeweiligen Gegenüber nur die Schattenseite wahrzunehmen.

Im interkulturellen Beziehungsmanagement lernen nun beide Seiten, ihre Sicht zu erweitern. Dazu hilft das Instrument der »Entwicklungsquadrate«, mit deren Hilfe Ungleichgewichte erkannt und ausbalanciert werden können.

Im 5. Kapitel erfahren Sie, wie das funktioniert.

3.4 *»Ich möchte den Erfolg erreichen, den wir verdienen.«* Rote Zahlen in der zugekauften Sparte eines mittelständischen Familienunternehmens

Vorgeschichte

In einem weltweit operierenden mittelständischen Familienunternehmen liefen zwei der drei Unternehmensbereiche (A und B) profitabel, während der dritte Bereich C trotz guter Produkte und günstiger Marktlage ständig rote Zahlen schrieb. Die Geschäftsführer der Bereiche A und B zeigten sich auf Dauer gesehen nicht begeistert darüber, ihren Ertrag für das Überleben der schwachen Sparte zu opfern.

Besonders brisant war die Situation, weil es sich bei den drei Geschäftsführern um Brüder handelte. Sie nahmen nach Ausscheiden des Vaters, der das Unternehmen gegründet hatte, diese Spartenaufteilung vor, damit jeder einen eigenen Bereich führen konnte. Privaten Kontakt pflegten sie untereinander wenig. Bei ihren Geschäftsbesprechungen hagelte es stets Vorwürfe auf den jüngsten Bruder, der für den defizitären Bereich verantwortlich zeichnete. Gemeinsam hatten die drei eine Unternehmensberatung beauftragt, das Problem der Sparte C zu lösen.

Restrukturierungsmaßnamen für defizitären Geschäftsbereich

Die Berater erstellten verschiedene Analysen und Studien zu den wirtschaftlichen und organisatorischen Ursachen der Misere und empfahlen restrukturierende Maßnahmen. Analysen und Maßnahmen fanden die Zustimmung aller drei Geschäftsführer, die dann mit Hilfe der Berater den Bereich neu konzipierten, umorganisierten, Hierarchien abbauten und den Vertrieb stärkten. Mitarbeiter und Führungskräfte des Bereichs C teilten den Optimismus der Geschäftsleitung und gingen mit neuem Schwung an die Arbeit.

Alles ließ sich gut an, aber der Erfolg blieb trotzdem aus. Die Kunden zeigten sich weiterhin wenig interessiert. Auffällig war, dass die Brüder achselzuckend wieder zum Tagesgeschäft übergingen, obwohl alle drei sahen, wie der Bereich C selbst nach umfassender wirtschaftlicher Beratung weiter kränkelte. Die Idee, die Sparte C ganz abzustoßen, wurde verworfen, weil dann der jüngste Bruder keinen eigenen Bereich mehr zu leiten hätte.

Es war aber der Wunsch des inzwischen verstorbenen Vaters gewesen, dass seine drei Söhne die Firma weiterführen sollten.

Durch einen persönlichen Kontakt zum jüngsten der drei Söhne werden wir gebeten, das Unternehmen systemisch zu beraten. Der Kontakt ist im Rahmen eines Seminars zur systemischen Familienaufstellung entstanden, an dem der jüngste der drei Brüder, Herr Sch., teilgenommen hatte. In der Familienaufstellung wurde deutlich, dass er unbewusst ein Familienmitglied »vertrat«, das schlecht angesehen und dann einfach vergessen worden ist. Dieser Person ist ein nie bewiesenes Unrecht an ihren Kindern vorgeworfen worden, und sie ist daraufhin »aus der Familie gestrichen worden«.

Bei familiären Verstrickungen kann man häufig beobachten, dass ausgeklammerte Personen von Späteren im Familiensystem »vertreten« werden. Damit ist gemeint, dass dieser »Vertreter« unbewusst so handelt, als wolle er sich durch sein eigenes Leiden mit dem Ausgeklammerten solidarisch zeigen oder etwas für ihn wieder gutmachen.

Für Herrn Sch. hat diese Familienaufstellung eine gute Wirkung. Innerlich kann er sich nun umorientieren und nach außen selbstbewusster auftreten. Durch diese für ihn hilfreiche persönliche Erfahrung ist er offen, auch die Situation des Unternehmens systemisch aufzustellen. Seine älteren Brüder sind mit dieser Maßnahme zwar einverstanden, belächeln sie jedoch als einen weiteren Versuch, der zu nichts führen werde.

Systemisch orientierte Intervention

Gemeinsam mit Herrn Sch. sammeln wir im Vorgespräch die nötigen Informationen zum Unternehmenssystem:

- Wann, von wem gegründet?
- Wann kam welcher Bereich dazu?
- Gab es Kündigungs- / Entlassungswellen?
- Ist jemand oder ein Bereich »schlecht« angesehen oder vergessen worden?

Alles klingt recht harmonisch. Sein heutiger Bereich (der Bereich C) gehört schon lange zum Unternehmen, sei vom Vater damals zugekauft worden und ist anfänglich gut, dann nach dem Krieg schlecht gelaufen. Selbst als die anderen Bereiche einen Aufschwung nahmen, hat er sich nicht mehr erholt. Als wir genauer zur Akquisition dieses Bereiches nachfragen, stellt sich heraus, dass diese problematische Sparte auf eine Firma zurückgeht, die der Vater in den 30er-Jahren von jüdischen Eigentümern erworben hat. Im Zuge der »Arisierung« haben die Nationalsozialisten damals die jüdische Unternehmerfamilie gezwungen, ihre Firma weit unter Wert zu verkaufen. Von den ehemaligen jüdischen Eigentümern hat man nie wieder etwas gehört. Man habe sich darüber aber keine Gedanken gemacht, da die Firma »anständig« geführt wurde und man alle Mitarbeiter übernommen habe. Als Herr Sch. darüber berichtet, wird er nachdenklich.

Die Aufstellung

Die systemische Aufstellung findet mit neutralen firmenfremden Stellvertretern in einem unserer offenen Seminare statt.

Herr Sch. formuliert sein Anliegen: *»Der Unternehmensbereich C läuft ohne jeden uns ersichtlichen Grund schlecht. Mein Ziel ist, dass wir mit unseren guten Produkten endlich wieder Erfolg haben. Auch ist es mir wichtig herauszufinden, was der Hintergrund dieser Entwicklung ist.«*

Wir bitten nun Herrn Sch., jeweils einen Stellvertreter aus dem Teilnehmerkreis auszuwählen und seinem inneren Bild entsprechend aufzustellen:

- **Sich selbst**: Geschäftsführer des Bereiches C, in der Aufstellung kurz »Herr Sch.« genannt
- **Der Vater**, verstorben, Firmengründer des Unternehmens

  Der ältere Bruder, Geschäftsführer des Bereiches A
- **Der mittlere Bruder**, Geschäftsführer des Bereiches B
- **Der Bereich C** des Unternehmens
- **Der Markt**
- **Die Kunden**, mit einem Stellvertreter für alle Kunden

Herr Sch. steht von allen anderen abgewandt, neben sich den Bereich C. Beide schauen aus dem System heraus in die Ferne. Seine beiden Brüder stehen in einiger Entfernung von ihm nebeneinander, mit Blick in Richtung der Stellvertreter für Markt

1. Bild (Ist-Situation)

Frau

Mann

1 = Herr Sch., Geschäftsführer des Bereiches C
2 = Der Vater und Firmengründer
3 = Der älteste Bruder und Geschäftsführer des Bereiches A
4 = Der mittlere Bruder und Geschäftsführer des Bereiches B
5 = Der Bereich C
6 = Der Markt für die Produkte des Unternehmens
7 = Die Kunden

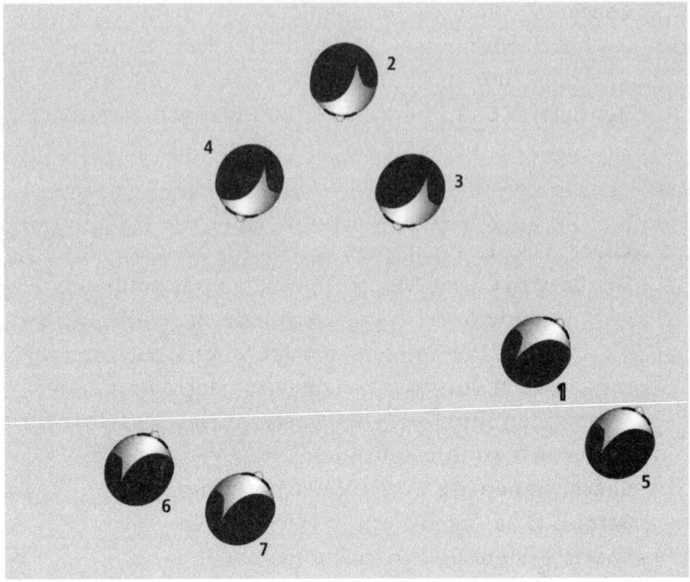

und Kunden, die auch parallel aufgestellt sind und ihrerseits die Brüder anschauen. Der verstorbene Firmengründer wurde direkt hinter seine beiden älteren Söhne platziert.

Herr Sch.

Coach: Wie geht es dem Stellvertreter von Herrn Sch.?

Herr Sch.: Ich fühle mich schwach, niedergeschlagen, und meine Schultern sind eingezogen. Außerdem schaue ich zwanghaft auf einen Punkt. Den Bereich C kann ich nur aus den Augenwinkeln sehen. Ich spüre kaum Verbindung zu ihm. Er wirkt auf mich auch sehr schwach. Da ist aber noch ein anderes Gefühl – schwer zu beschreiben, etwas wie sich schuldig fühlen. Ja, etwas in dieser Richtung.

Coach: Können Sie die Schuld näher beschreiben?

Herr Sch.: Das Gefühl ist da, wenn ich den Bereich C anschaue.

Coach: Was können Sie in Beziehung zu den anderen wahrnehmen?

Herr Sch.: Mein Hauptinteresse geht in diese Richtung (zeigt in die Richtung, in die er schaut). Was hinter mir passiert, hat keine große Bedeutung für mich.

Bereich C

Coach: Wie geht es dem Stellvertreter von Bereich C? Sie sehen aus, als könnten Sie sich kaum noch auf den Beinen halten.

Der Bereich C: Stimmt, ich fühle mich wie ein Luftballon, aus dem die Luft herausgelassen worden ist, schwach und energielos. Mein Blick geht in die gleiche Richtung wie der von Herrn Sch.

Coach: Gibt es noch weitere Wahrnehmungen?

Der Bereich C: Der Markt und die Kunden müssen ja irgendwo stehen, doch von denen spüre ich gar nichts. Die Brüder und der Vater stehen irgendwo seitlich von mir. Er (zeigt auf Herrn Sch., der neben ihm steht) wirkt auf mich sehr schwach. Auch zu ihm spüre ich kaum Verbindung.

Coach: Haben Sie einen Bewegungsimpuls?

Bereich C: Ja, mich zieht es nach unten.

Coach: Geben Sie Ihrem Impuls nach!

(Der Stellvertreter des Bereiches C geht langsam in die Hocke, die Arme lang vor sich ausgestreckt, den Kopf zwischen den Schultern. *»Nicht gerade bequem, aber so stimmt es!«* murmelt er.)

Der Vater und Firmengründer

Der Vater und Firmengründer steht in geringer Entfernung in der Mitte hinter dem ältesten und mittleren Sohn.

Coach: Wie geht es Ihnen? Sie sehen zufrieden aus!

Der Vater: Ich getraue es mich kaum zu sagen bei so viel Drama um mich herum, aber mir geht es ausgesprochen gut! Meine beiden Söhne vor mir ... Darauf bin ich stolz! Auch der Markt und die Kunden schauen uns alle drei interessiert an. Doch wenn ich dort hinsehe ... (der Stellvertreter des Vaters zeigt in Richtung von Herrn Sch. und Bereich C), da spüre ich Abwehr. Das möchte ich gar nicht sehen.

Der ältere Bruder

Der ältere Bruder wurde links von seinem jüngeren Bruder gestellt und hat den Vater schräg hinter sich. Er blickt auf die Kunden und den Markt.

Coach: Wie geht es dem Stellvertreter des älteren Bruders?

Der ältere Bruder: Auf diesem Platz geht es mir nicht besonders gut. Ich fühle mich zerrissen. Einerseits schaue ich auf den Markt und die Kunden. Das ist gut. Aber ich kann mich nicht voll darauf konzentrieren, weil da auch ein starker Impuls in Richtung meines jüngsten Bruders ist. Ja, das ist der richtige Ausdruck, ich fühle mich zerrissen! Da ist ein großes Bedürfnis, ihm helfen zu wollen. Dass der Vater schräg hinter mir steht, gefällt mir gar nicht. Ich möchte ihn sehen. Zum mittleren Bruder spüre ich kaum eine Verbindung.

Der mittlere Bruder

Der mittlere Bruder steht in einiger Entfernung rechts neben seinem Bruder. Sein Blick geht zu Kunden und Markt.

Coach: Wie geht es denn Ihnen?

Der mittlere Bruder: Das ist nicht so einfach zu beschreiben. Sehr groß und mächtig! Den Vater (er zeigt hinter sich) kann ich hinter mir spüren. Zum Markt und den Kunden ist ein guter Kontakt. Die sind mir sicher! Zum älteren Bruder gibt es kaum Verbindung. Doch wenn ich in Richtung meines jüngeren Bruders und Bereich C schaue, spüre ich so etwas wie Verachtung. Das Wort »Versager« fällt mir dazu ein!

Markt und Kunden

Coach: Wie geht es den Stellvertretern von Markt und Kunden?

Der Markt: Mir geht es gut. Dort, wo ich hinschaue, spüre ich Kraft. (Er zeigt auf die Gruppe der beiden Brüder mit dem Vater.) Zu Herrn Sch. und Bereich C kann ich nichts spüren. Die Kunden hier an meiner rechten Seite zu haben, tut gut.

Die Kunden: Mir geht es ähnlich wie dem Markt. Ein guter Platz hier! Was da rechts neben mir abläuft, interessiert mich nicht. Dort spielt die Musik! (Er zeigt nach vorn in Richtung beider Brüder und des Vaters.)

Nach dieser Erstbefragung wenden wir uns an Herrn Sch., der die Aufstellung von seinem Platz aus verfolgt.

Coach: Haben Sie eine Idee, worauf die beiden schauen?
Herr Sch.: Ich weiß es nicht. Ich habe keine Idee, bin nur sehr betroffen von dem, was ich sehe. Mehr kann ich dazu im Moment nicht sagen.

Wir steigen jetzt in die Prozessarbeit ein.

Prozessarbeit in der Aufstellung – die Zwischenbilder

Als nächsten Schritt bitten wir Herrn Sch., einen weiteren Stellvertreter aus dem Teilnehmerkreis auszuwählen und ihn in die Richtung zu stellen, in die die beiden Stellvertreter (Herr Sch. und Bereich C) von Anfang an geschaut haben. Nun testen wir:

Coach (zeigt auf den neu hinzugekommenen Stellvertreter): Er steht für die jüdischen Eigentümer des zugekauften Unternehmens (aus dem später der Bereich C wurde).

Der Stellvertreter von Herrn Sch. spürt einen unwiderstehlichen Sog, zu ihm zu gehen. Der Stellvertreter für die jüdischen Eigentümer schaut ihn ernst an.

Coach (zum Stellvertreter von Herrn Sch.): Schauen Sie ihn bitte an und sagen Sie ihm: »Ich verneige mich vor Ihrem Schicksal.« Und wenn es Ihnen möglich ist, verneigen Sie sich wirklich.
(Der Stellvertreter spricht diesen Satz nach und verneigt sich dabei tief.)

Der Vater sowie seine beiden anderen Söhne wirken betroffen. Auch sie haben das Bedürfnis, sich vor dem Stellvertreter der jüdischen Eigentümer zu verneigen. Nach dieser erstmaligen Würdigung ihres schweren Schicksals stellen wir den Vater gemeinsam mit seinen drei Söhnen vor den Stellvertreter der jüdischen Eigentümer und bitten ihn, ihm zu sagen: *»Dies sind meine drei Söhne. Sie führen mein Lebenswerk fort. Das ist mein jüngster Sohn. Er führt Ihr Lebenswerk* (und zeigt dabei auf den Bereich C) *in unserem Unternehmen weiter. Bitte, stimmen Sie zu!«*

Der Stellvertreter der jüdischen Eigentümer schaut zum Stellvertreter von Bereich C. hinüber, der sich schon während der vorangegangenen Prozessarbeit langsam wieder aufgerichtet hat. Danach blickt er in die Runde und nickt. Im Raum ist Mitgefühl und Betroffenheit zu spüren. Es entsteht ein längeres Schweigen.

Wir stellen Herrn Sch. und Bereich C einander gegenüber. Herr Sch. sagt mit Nachdruck zum Bereich C: *»Jetzt kann es aufwärts gehen. Ich bin bereit!«* Sie gehen beide spontan aufeinander zu und reichen sich die Hand.

> **Coach** (zu Herrn Sch.): Schauen Sie noch einmal den Bereich C an, und sagen Sie ihm: »Wir hatten einen schicksalsschweren Start. Nun aber schauen wir gemeinsam in die Zukunft.«

Er spricht diese Worte nach. Sie wirken sich auch sofort auf Kunden und Markt aus: Deren Stellvertreter schauen zum ersten Mal interessiert in Richtung von Herrn Sch. und Bereich C.

Zum Abschluss treten Herr Sch. und Bereich C gemeinsam vor den Vater und die Brüder. Wir bitten Herrn Sch. zu sagen: *»Jetzt habe ich die Kraft, auf Erfolgskurs zu gehen. Gemeinsam mit diesen beiden* (zeigt auf Kunden und Markt) *wird der Bereich C endlich den Erfolg bekommen, den er verdient.«*

Herr Sch. (Nr. 1) reiht sich als jüngster in die Geschwisterreihe ein. Dort spürt er, mit den älteren Brüdern an seiner Seite, Kraft zum Handeln. Für ihn ist es wichtig, den Markt und die Kunden, die ihn jetzt interessiert anschauen, ganz im Blick zu haben. Auch dass der Bereich C gleichwertig neben A und B (die wir im Lösungsbild dazugenommen haben) steht, gefällt ihm.

Der Vater (Nr. 2) bekommt als Firmengründer und Oberhaupt der Familie einen Platz ganz rechts im Lösungsbild. Dieser Platz ist für ihn in Ordnung, lieber jedoch möchte er jetzt unterstützend hinter seinem jüngsten Sohn stehen. Der aber schüttelt den Kopf. So bitten wir den Vater, sich mit dem für ihn »zweitbesten« Platz zu begnügen. Die Klärung auf der Familienebene kann in einem anderen Rahmen fortgesetzt werden.

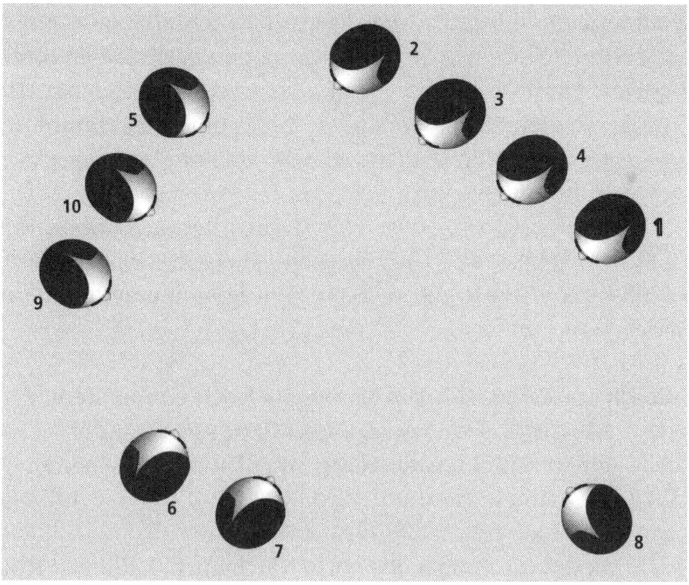

Der letzte Schritt der Aufstellung: Das Lösungsbild

1 = Herr Sch., Geschäftsführer des Bereiches C
2 = Der Vater und Firmengründer
3 = Der älteste Bruder und Geschäftsführer des Bereiches A
4 = Der mittlere Bruder und Geschäftsführer des Bereiches B
5 = Der Bereich C
6 = Der Markt für die Produkte des Unternehmens
7 = Die Kunden
8 = Die jüdischen Eigentümer
9 = Der Bereich A
10 = Der Bereich B

Der ältere Bruder (Nr. 3) bekommt den Platz, der ihm als ältesten Bruder zusteht: ganz rechts in der Geschwisterreihe. Er hat jetzt mehr Kraft als vorher. Im ersten Bild hatte Herr Sch. ihn auf den Platz zwischen mittleren und jüngsten Bruder gestellt, also an die zweite Stelle in der Geschwisterreihe. So eine systemische Fehlplatzierung schwächt erfahrungsgemäß den Betroffenen. Für ihn ist es besonders wichtig, die jüdischen Eigentümer gut im Blick zu haben. Er betont: *»Wenn ich sie anschaue, wird mein Bedürfnis, dem Jüngsten zu helfen, geringer. Auch ist diese anfängliche Zerrissenheit nicht mehr da. So ist es o.k.!«*

Der mittlere Bruder (Nr. 4) nimmt nun den Platz ein, der ihm in der Gewisterreihe zusteht: den mittleren. Für ihn ist das zunächst ungewohnt: *»Das Gefühl, sehr mächtig zu sein, ist verschwunden. Ich bin ein wenig geschrumpft, aber irgendwie auch ›gesundgeschrumpft‹. Das Gefühl der Verachtung dem jüngeren Bruder gegenüber hat sich aufgelöst. Was besonders wichtig ist: Obwohl ich ›geschrumpft‹ bin, habe ich zu Markt, Kunden und Bereich B weiterhin Kontakt.«*

Der Stellvertreter für den **Bereich C** (Nr. 5) steht jetzt ebenbürtig neben den **Bereichen A** (Nr. 9) und **B** (Nr. 10), die wir im Lösungsbild dazugenommen haben. Auch kann er jetzt kraftvoll aufrecht stehen. Besonders wichtig ist ihm der Blickkontakt zu Kunden und Markt, die jetzt auch ihn interessiert anschauen.

Die Stellvertreter von **Markt** (Nr. 6) und **Kunden** (Nr. 7) stehen Seite an Seite für alle im Blick.

Die jüdischen Eigentümer (Nr. 8) haben einen Platz im Unternehmenssystem erhalten, an dem sie von allen gesehen werden können.

Zum Abschluss laden wir Herrn Sch. ein, sich anstelle seines Stellvertreters in das Lösungsbild zu stellen, um seine Wirkung zu erleben und zu seinem Anliegen in Beziehung zu setzen. Nach einer Weile atmet er hörbar aus, schaut jeden in der Aufstellung an, besonders lange den Stellvertreter der jüdischen Eigentümer und sagt: *»Ich danke Ihnen allen. In dieser Richtung hätte ich das Problem nie vermutet.«*

Coach: »Wie schauen Kunden und Markt Sie an?«
Herr Sch.: (nimmt noch einmal Blickkontakt mit den Stellvertretern von Markt und Kunden auf:) Ja, sie nehmen mich wahr. Da bekomme ich das Gefühl: Ich habe, was sie brauchen, und sie haben, was ich brauche. Wir sind gleichwertig. Eine gute Basis für eine Geschäftsbeziehung! (Die Stellvertreter von Kunden und Markt nicken.)

Mit der Entlassung der Stellvertreter aus ihren Rollen beenden wir diese Aufstellung.

Die Dynamik Der jüngste Bruder vertrat als Geschäftsführer des früher zwangsverkauften Betriebes (jetzt Bereich C) im System die vergessene jüdische Eigentümerfamilie. Wie um an das ihnen zugefügte Unrecht zu erinnern, lief sein Unternehmensbereich defizitär. Als die ursprünglichen Eigentümer in ihrem Schicksal gewürdigt wurden und ihren rechtmäßigen Platz im System erhielten, fühlte er sich gestärkt und konnte den Blick nach vorn richten.

Da es sich hier um ein Familienunternehmen handelt, konnten Spannungen, die im Familiensystem begründet sind, sich in besonders starkem Maße im Unternehmen auswirken.

Verletzte systemische Prinzipien

Das Recht der jüdischen Gründerfamilie auf Zugehörigkeit zum System ist nicht geachtet worden. Sie wurde »einfach vergessen«. Dadurch bekam das ihnen zugefügte Unrecht über ihr persönliches Schicksal hinaus für das heutige Unternehmenssystem ein besonderes Gewicht mit Auswirkung auf den Erfolg des Bereiches C. Zugleich wird damit das Recht der Früheren (Ersteigentümer) vor den Späteren (Nachfolger) missachtet. Schwer verletzt wurde der Ausgleich von Geben und Nehmen durch den zwangsweisen Verkauf des Ursprungsunternehmens unter Wert.

Umsetzung der Lösung in die Praxis

Der wichtigste Schritt ist hier eine symbolische Würdigung der jüdischen Familie. Ihr Name und ihre Geschichte wird im Hause für alle sichtbar im Foyer dokumentiert. Das Unternehmen beschließt, Spenden an noch lebende Opfer der Judenverfolgung zu leisten und sich am Entschädigungsfonds der deutschen Wirtschaft für NS-Zwangsarbeiter zu beteiligen.

Um ihre Kommunikation zu verbessern, beginnen die drei Geschäftsführer einen Coachingprozess. Obwohl es für eine Bewertung der Wirkung dieser systemischen Beratung noch zu früh ist, lässt sich bereits ein halbes Jahr nach Beginn der Intervention feststellen, dass sich der Auftragseingang für den Geschäftsbereich C erhöht hat.

3.5 *»Wer ist hier der heimliche Chef?«* Eine Beraterin auf Irrwegen

Vorgeschichte

Eine erfolgreiche Unternehmensberaterin wurde vom Vorstand einer Bank beauftragt, ihn in einer Nachfolgefrage zu beraten. Zum Vorstand gehörten neben dem Vorstandsvorsitzenden, der die Geschäfte der Bank seit 20 Jahren führte, drei weitere Bereichsvorstände. Der Vorstandsvorsitzende plante, sich in zwei Jahren ganz aus dem Geschäftsleben zurückzuziehen. Nachdem er mit der Beraterin das Für und Wider externer und interner Kandidaten abgewogen hatte, entschied er sich dafür, einen der drei Bereichsvorstände als seinen Nachfolger einzuarbeiten. In der Übergangsphase sollte die Unternehmensberaterin als Coach den Vorstand begleiten. Sie sprach deshalb ausführlich mit allen Vorständen deren Wünsche, Ziele, Pläne und Befürchtungen durch.

Neuer Vorstand in der Bank

Es gelang ihr, eine gute Gesprächsatmosphäre mit offener Kommunikation herzustellen und das Vertrauensverhältnis zwischen dem alten Vorstandsvorsitzenden und seinem Nachfolger zu stärken. Der alte Vorstand machte dabei deutlich, dass er sich nach der Entscheidung nun nicht mehr als Chef, sondern als »Primus inter Pares« verstehe und sich ein Vorstandsteam wünsche. Das kam sehr überraschend für Beraterin, Nachfolger und Bereichsvorstände, da der alte Chef bislang einen eher traditionellen Führungsstil vertreten hatte. Kurz darauf begannen der alte und der neue Chef die Bank gemeinsam und gleichberechtigt zu führen. Dabei zog sich der alte Vorstandsvorsitzende mehr und mehr aus dem Tagesgeschäft zurück und überwachte nur noch die Entscheidungen seines Nachfolgers.

Zu diesem Zeitpunkt trat eine für alle unerklärliche Entwicklung ein. Je mehr Macht und Entscheidungskompetenz der Nachfolger erhielt, umso auffälliger veränderte sich sein Verhalten als Führungskraft. Er, der stets als ein Muster an Genauigkeit und Zuverlässigkeit galt, ließ nun in nonchalanter Haltung Kundentermine kurzfristig verschieben oder sogar platzen. Zu Meetings erschien er oft verspätet und reduzierte seine Präsenz im Büro auf ein Minimum. Der alte Chef konnte sich diese Wandlung nicht erklären. Es folgten zahlreiche Gespräche zwischen dem alten Vorstandsvorsitzenden, seinem Nachfolger und der Beraterin, die den Prozess moderierte und sich dabei auch persönlich sehr für dessen Gelingen einsetzte.

Eindringlich machte sie dem Nachfolger die Konsequenzen seines Verhaltens deutlich und unterstützte den Appell des alten Chefs, doch nicht alles aufs Spiel zu setzen. Im Einzelgespräch vertraute der alte Chef der Beraterin an, dass er sich ernsthaft Sorgen mache. Es sei jetzt zu spät, einen Ersatz für seinen designierten Nachfolger zu finden. Er werde das Unternehmen definitiv zum angekündigten Zeitpunkt verlassen. Bis dahin müsse alles funktionieren. Sie, die Beraterin, solle doch tun, was sie könne, damit sein Nachfolger wieder zu seiner vertrauten, zuverlässigen Form zurückfände. Alles hänge jetzt davon ab!

Aufgabe der Beraterin

Für die Beraterin stand viel auf dem Spiel. Es musste ihr einfach gelingen, diesen Übergang gut hinzubekommen. Mit einem Scheitern des Nachfolgeprozesses könnte sie ihren Auftrag nicht erfüllen, und neben anderen unangenehmen Konsequenzen würde sie auch ihr Ansehen als kompetente Beraterin gefährden. So führte sie mit dem Nachfolger und dem alten Chef fast täglich Gespräche. Den Neuen versuchte sie zu verstehen und zu motivieren. Doch je mehr sie sich bemühte und je stärker sie sich um das Unternehmen sorgte, umso lässiger ging der Nachfolger mit seinen Aufgaben und umso herablassender mit ihr um. *»Sie sehen das alles viel zu verkrampft! Entspannen Sie sich!«*, war sein Kommentar.

An diesem Punkt wurde ihr klar, dass sie so nicht weitermachen konnte. Sie fühlte sich wie festgefahren. Als Beraterkollegen sie auf das systemische Coaching aufmerksam machten, wandte sie sich mit ihrem Supervisionsanliegen an uns.

Systemisch orientierte Intervention

Die Beraterin Frau M. schildert uns die Situation aus ihrer Sicht. Ihr ist klar, dass der Nachfolger sich nicht nur in seiner neuen Machtposition »sonnt«, sondern dass auch ein »Machtwechsel« in seiner Persönlichkeit stattgefunden hat. Nur den Grund dafür kann sie nicht sehen. Sie möchte von uns wissen, was sie tun kann, um aus dieser Sackgasse herauszukommen und ihren Auftrag mit Erfolg zu Ende zu bringen. Im Moment würde sie allerdings am liebsten das Handtuch werfen.

Sie teilt unsere Meinung, dass es momentan wenig sinnvoll ist, sich weiterhin auf den Nachfolger zu fokussieren, bevor nicht die Gesamtdynamik transparent ist – und damit seine sowie auch ihre Rolle im Unternehmenssystem. Wir beschließen, die Ist-Situation in einem neutralen Rahmen mit Stellvertretern systemisch aufzustellen.

Die Aufstellung Nachdem wir die für die Aufstellung erforderlichen Informationen gesammelt haben, helfen wir Frau M., ihr Anliegen möglichst präzise zu definieren. Die Beraterin formuliert es so: *»Ich möchte wissen, was schief gelaufen ist und was ich tun kann, um meinen Auftrag erfolgreich zu Ende zu führen.«*

Frau M. wählt jeweils einen Stellvertreter aus dem Teilnehmerkreis aus und stellt ihn nach ihrem inneren Bild auf:

- **Sich selbst**, in der Aufstellung »Frau M.« bzw. »Beraterin« genannt
- **Den alten Chef**, den Vorstandsvorsitzenden, der sich aus der Bank zurückziehen will
- **Den neuen Chef**, einen der Bereichsvorstände, Nachfolger des Vorstandsvorsitzenden
- **Bereichsvorstand A**
- **Bereichsvorstand B**
- **Die Kunden der Bank**, für die ein Stellvertreter steht

1. Bild (Ist-Situation)

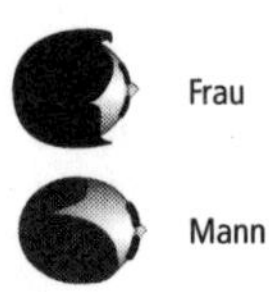

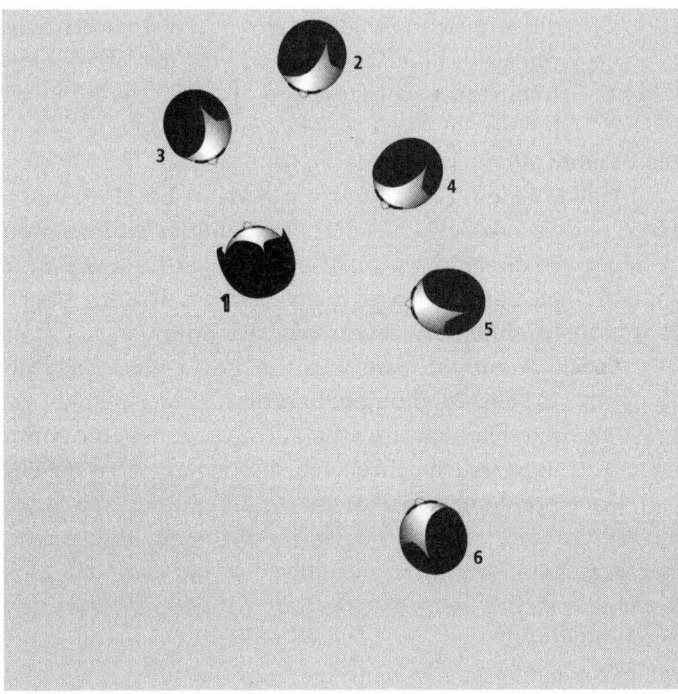

1 = Die Unternehmensberaterin Frau M.
2 = Der alte Chef
3 = Der neue Chef
4 = Der Bereichsvorstand A
5 = Der Bereichsvorstand B
6 = Die Bankkunden

Bevor wir die Stellvertreter befragen, starten wir einen »Versuchsballon«.

Coach: Wenn Sie sich dieses Bild anschauen: Wer, glauben Sie, ist hier der »heimliche Chef«? (Zunächst schauen die Stellvertreter den Coach etwas irritiert an. Aber nach einer Weile pendeln sich ihre Blicke auf die Beraterin ein.)

Nun beginnen wir, die Stellvertreter zu befragen, und wenden uns zuerst an die Stellvertreterin von Frau M.

Frau M.

Mit Ausnahme der Bankkunden steht Frau M. allen anderen in geringer Entfernung gegenüber.

Coach: Wie geht es der Stellvertreterin vom Frau M.? Alle Blicke sind auf Sie gerichtet!

Frau M.: Schlecht, ausgesprochen schlecht! Ich bin angespannt! »Heimlicher Chef«, na ja, da ist schon etwas dran. Bis auf den neuen Chef schauen mich alle erwartungsvoll an. Er wirkt auf mich trotzig. Mir ist das hier aber viel zu eng. Ich habe das Bedürfnis zurückzugehen, gleichzeitig fühlen sich meine Beine wie angewachsen an.

Coach: Wen schauen Sie an?

Frau M.: Mein Blick geht zum neuen Chef. Den würde ich am liebsten schütteln, damit er aufhört, mich in dieser Weise anzuschauen. Ich fühle mich ihm gegenüber hilflos, gleichzeitig ist da auch Überlegenheit. Merkwürdige Mischung!

Coach: Wenn wir nicht wüssten, dass es hier um eine Arbeitsbeziehung geht, könnte man meinen, es handele sich um eine Familienszene: eine Mutter, die versucht, ihren rebellischen Sohn zu erziehen! (Beide nicken!)

Der alte Chef

Der alte Chef steht in der Mitte hinter dem neuen Chef und dem Bereichsvorstand A und schaut Frau M. an.

Coach: Wie geht es dem Stellvertreter vom alten Chef?

Der alte Chef: Ich fühle mich kraftlos, mein Blick geht nur zur Beraterin. Schräg vorne links kann ich wenig wahrnehmen (dort stehen die Bereichsvorstände A und B). Wenn ich nach rechts gucke (zum neuen Chef), spüre ich Ärger. Die Bankkunden nehme ich kaum wahr.

Der neue Chef

Coach: Wie geht es Ihnen?

Der neue Chef: Mächtig und rebellisch! Besonders wenn ich die Beraterin anschaue. Da ist auch so etwas wie: »Was kostet die Welt?« Ja, so etwas Lockeres. Aber ganz klar ist: Von dieser Frau lasse ich mir nichts sagen! In ihre Richtung bin ich voll auf Abwehr programmiert. Ich vermisse den alten Chef, den ich nur aus den Augenwinkeln wahrnehmen kann. Ich hätte ihn gern neben mir. Zu den Bereichsvorständen kann ich kaum Kontakt spüren. Die Bankkunden sehe ich zwar, aber meine ganze Aufmerksamkeit geht in diese Richtung. (Er zeigt auf die Stellvertreterin von Frau M.)

Bereichsvorstand A

Bereichsvorstand A steht in einiger Entfernung neben dem neuen Chef.

Coach: Wie geht es dem Stellvertreter vom Bereichsvorstand A?

Bereichsvorstand A: Nach links ist es neutral (zum Bereichsvorstand B), die Kunden kann ich nicht sehen. Mein Blick geht ganz eindeutig in Richtung der Beraterin. Von mir aus könnte sie ruhig noch näher kommen. Wir brauchen sie dringend! Nach rechts zum neuen Chef empfinde ich Misstrauen und Ärger. Dass der alte Chef so weit hinten steht, gefällt mir überhaupt nicht.

Bereichsvorstand B

Der Stellvertreter von Bereichsvorstand B ist links neben Bereichsvorstand A aufgestellt und schaut in Richtung von Frau M.

Bereichsvorstand B: Er (zeigt auf Bereichsvorstand A) hat schon alles Wichtige gesagt. Mir geht es genauso!

Der Stellvertreter der Bankkunden steht weit zurück im Bild mit Blick auf die Szene. Es fällt auf, dass er seit längerer Zeit unruhig von einem Bein auf das andere wechselt und mürrisch schaut.

Die Bankkunden

Coach: Wie geht es den Bankkunden?

Die Bankkunden: Auf diesem Platz bin ich völlig außen vor! Zwar kann ich alle irgendwie sehen, nur mich beachtet niemand! Ich fühle mich hier überflüssig. Wenn das noch lange so geht, bin ich weg!

An diesem Punkt wenden wir uns an Frau M., die die Aufstellung von ihrem Platz aus verfolgt.

Frau M.: Es hat mich selbst verblüfft, dass ich meine Stellvertreterin so nah zu meinen Auftraggebern gestellt habe. Das rebellische Verhalten des neuen Chefs mir gegenüber und auch die Reaktion meiner Stellvertreterin kommen mir sehr bekannt vor. Nachdenklich hat mich Ihr Satz mit der »Familienszene« gemacht, vor allem das Nicken der beiden Stellvertreter. Also darüber möchte ich gern mehr erfahren, auch in Bezug auf meine Beratertätigkeit!

Coach: Es sieht so aus, als hätten Sie beide (zeigt auf Frau M. und neuen Chef) unbewusst etwas in ihre Arbeitsbeziehung »hineingemischt«, was dort nicht hingehört. Was das genau ist, können wir an diesem Punkt nur vermuten. Warten wir die Aufstellung ab!

Prozessarbeit in der Aufstellung – die Zwischenbilder

Obwohl die Stellvertreterin von Frau M. das Bedürfnis nach mehr räumlichem Abstand zu den anderen hat, gibt sie an, ihre Beine seien »wie angewachsen«. Diese Lähmung löst sich bei der Klärung der Beziehung zum alten Chef, zum neuen Chef und den Bereichsvorständen. Verstärkend wirkt hier eine symbolische Rückgabe, bei der wir Frau M.s Stellvertreterin dem neuen Chef einen Gegenstand zurückgeben lassen, der das zu viel Übernommene repräsentiert. Mit den Worten: *»Beratend bin ich gern für Sie tätig. Alle anderen Aufgaben gebe ich wieder an Sie zurück«* verstärkt sie diese Rückgabehandlung. Anschließend wird die Beziehungsebene zwischen ihr und dem neuen Chef geklärt. (Wir erinnern uns an das erste Bild der Aufstellung, in der eine Szene so wirkte, als handele es sich hier nicht um eine Beratungssituation, sondern um eine »Erziehungsmaßnahme« der Beraterin.) Der Satz: *»Sie sind der neue Chef und ich bin Ihre Beraterin. Ich habe da etwas vermischt. Es tut mir Leid!«* hilft, die Beziehungsebene erneut zu definieren. Umgekehrt bekräftigt auch der neue Chef ihr gegenüber: *»Ich bin Ihr Klient, und als meine Beraterin respektiere ich Sie. Auch ich habe da etwas vermischt. Es tut mir Leid!«*

Bei diesen Lösungssätzen achtet der Coach darauf, dass die Stellvertreter sie nicht nur nachsprechen, sondern auch *nachfühlen*. Denn es geht dabei nicht um Information, (die vorhanden ist,) sondern um die Auflösung einer unangemessenen und unbewussten emotionalen Verquickung. An der Reaktion der Stellvertreter erkennt der Coach, dass es gelingt.

Beide nicken sich erleichtert zu. Jetzt kann Frau M. sich in eine neutrale Beobachterposition zurückziehen. Alle in der Runde atmen auf, besonders der neue Chef.

Nach dieser Klärungsarbeit fühlt er sich ernsthafter. Seine rebellische Haltung hat er aufgegeben. Die Stellvertreter des neuen und des alten Chefs stellen sich für den nächsten Schritt einander gegenüber. Der neue sagt dem alten Chef: *»Sie sind für uns alle als Chef nach wie vor wichtig im Unternehmen«* und zeigt dabei auf die Bereichsvorstände. Im nächsten Schritt ergänzt er: *»Sie sind der alte Chef und ich Ihr zukünftiger Nachfolger. Wenn ich einen Rat von einem ›alten Hasen‹ brauche, komme ich zu Ihnen.«*

Auch dem alten Chef hilft die klare Beziehungsdefinition: *»Sie sind mein Nachfolger, und solange ich im Unternehmen bin, bleibe ich Ihr Chef. Bei der Vorbereitung auf Ihre zukünftigen Aufgaben helfe ich Ihnen gern.«*

Die Stellvertreter der Bereichsvorstände A und B fühlen sich beide nach der vorangegangenen Prozessarbeit nicht mehr auf die Beraterin fixiert. Ihr Misstrauen dem neuen Chef gegenüber hat sich aufgelöst. Den alten Chef schauen sie mit Respekt an.

Im Laufe der Prozessarbeit ist der Stellvertreter der Bankkunden etwas ruhiger geworden, bleibt aber immer noch skeptisch.

Das Lösungsbild

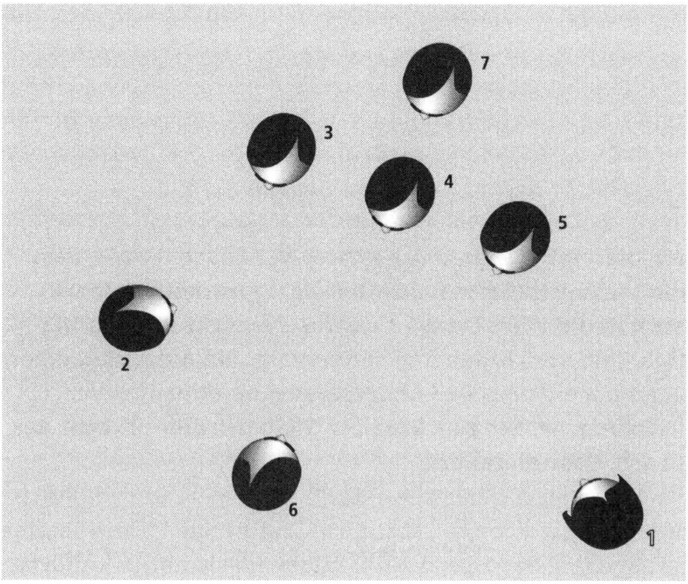

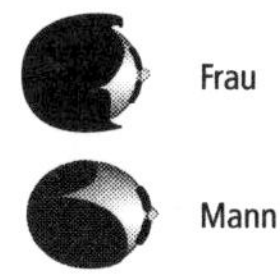

1 = Die Unternehmensberaterin Frau M.
2 = Der alte Chef
3 = Der neue Chef
4 = Der Bereichsvorstand A
5 = Der Bereichsvorstand B
6 = Die Bankkunden
7 = Das Gesamtunternehmen

Frau M.

Die Stellvertreterin von Frau M. kann jetzt den Platz einnehmen, von dem aus sie für ihre Beratung den besten Überblick hat. Sie findet eine Position, von der sie alle sehen kann, aber außerhalb des Unternehmenssystems bleibt.

Der alte Chef

Der alte Chef kann sich jetzt mit seiner Führungsrolle wieder anfreunden und einen Platz im Lösungsbild einnehmen, der seiner Position entspricht. Als Vorstandsvorsitzender steht er ganz rechts. Wichtig ist ihm, einen Abstand zu seinem Nachfolger, dem neuen Chef, zu wahren.

Der neue Chef

Der neue Chef steht links neben dem alten Chef. Dort fühlt er sich ernsthaft und verantwortlich. Im Blickkontakt mit seiner Beraterin, die in einiger Entfernung steht, betont er: »So *kann ich mir eine Zusammenarbeit vorstellen.*«

Die Bereichsvorstände A und B

Beide Stellvertreter der Bereichsvorstände A und B stehen wie im Anfangsbild links neben dem neuen Chef. Der Platz ist geblieben, aber ihre Befindlichkeit hat sich verändert. Ihr Misstrauen und Ärger dem neuen Chef gegenüber haben sich aufgelöst. Den alten Chef können beide gut sehen. Das Bedürfnis, einen sehr nahen Kontakt zur Beraterin zu haben, empfinden sie nicht mehr.

Die Bankkunden Der Stellvertreter der Bankkunden bekommt einen Platz im System, an dem er von allen gut wahrgenommen werden kann.

Nachdem das Lösungsbild in dieser Form gestellt ist, bemängeln die Stellvertreter des neuen Chefs und der Bereichsvorstände, ihnen fehle etwas im Rücken. Wir stellen einen **Stellvertreter für das Gesamtunternehmen** (Nr. 7) hinter sie, und sie fühlen sich gestärkt.

Das ist ein besonders prägnantes Beispiel dafür, wie in der Stellvertreterrolle Körperempfindungen als Hinweis auf systemische Lücken funktionieren können.

Frau M. selbst Nun bitten wir Frau M., sich selbst auf den Platz ihrer Stellvertreterin in das Lösungsbild zu stellen.

Coach: Frau M., wie ist diese neue Position?

Frau M.: Ungewohnt weit entfernt! Aber einen besseren Überblick habe ich von hier. (Etwas skeptisch schaut sie jedoch den Stellvertreter des neuen Chefs an.)

Coach (zeigt auf den neuen Chef): Gibt es mit ihm noch etwas zu klären?

Frau M.: Ich weiß es nicht, aber ich traue dem Frieden mit ihm nicht.

Coach: Möchten Sie etwas ausprobieren?

Frau M.: Warum nicht?

Coach: Stellen Sie sich ihm gegenüber, schauen ihn an und sagen Sie ihm: »Ich habe mich von Ihnen sehr verletzen lassen. Ich trage Ihnen da noch etwas nach. Bitte haben Sie Verständnis, wenn ich mich eine Weile als Ihre Beraterin zurückziehe.«

Frau M. spricht diese Sätze mit einer stark anklagenden Stimme. Der Stellvertreter des neuen Chefs geht sofort körpersprachlich wieder in eine Protesthaltung.

Coach: Merken Sie, was abläuft?
Frau M.: Ja, seine Reaktion ist nicht zu übersehen!
Coach: Gehen wir noch einen Schritt weiter! Sind Sie dabei?

Die Beraterin schaut in die Teilnehmerrunde, nickt und sagt: *»O.k.!«*

Coach: Schließen Sie für einen Moment die Augen. Gehen Sie mit Ihrer Aufmerksamkeit zu Ihrem Körper. Spüren Sie, wie Sie stehen, auch ob Sie bequem stehen. Wenn nicht, verändern Sie Ihre Position. Verbinden Sie sich jetzt mit einem Teil Ihrer selbst, der klar, souverän, sachlich und unpersönlich ist. Können Sie solch einen Teil in sich finden?

Nach einer Weile nickt die Beraterin.

Coach: Denken Sie jetzt an eine Situation, in der Sie genau so gewesen sind: klar, souverän, sachlich, unpersönlich und damit erfolgreich. Stellen Sie sich diese Situation in allen Einzelheiten vor!

Als die Beraterin nickt, hilft der Coach Frau M., diese Situation vollständig mit allen fünf Sinnen zu erleben. An ihrem nonverbalen Feedback erkennt er, dass es ihr gelungen ist.

Coach: Gut, dann öffnen Sie wieder die Augen. Nehmen Sie sich Zeit, sich im Raum zu orientieren. Schauen Sie jetzt noch einmal den Stellvertreter des neuen Chefs an. Verbinden Sie sich, genau wie eben, mit diesem Teil Ihrer Persönlichkeit, der klar, souverän, sachlich und unpersönlich ist. Sprechen Sie jetzt noch einmal folgende Sätze: »Ich habe mich von Ihnen sehr verletzen lassen.

> Ich trage Ihnen da noch etwas nach. Bitte haben Sie Verständnis, wenn ich mich eine Weile als Ihre Beraterin zurückziehe.«

Mit aufrechter Körperhaltung und freundlicher, aber sachlicher Stimme spricht sie diese Sätze nach. An der Körpersprache ihres Gegenübers kann sie sehen, dass er das Gesagte jetzt annehmen kann.

> **Frau M.** (ergänzt): Ich habe da etwas vermischt. Ich weiß zwar nicht, warum. Aber das ist meine Sache und hat mit unserer Arbeitsbeziehung nichts zu tun.

Den neuen Chef bitten wir, ihr zu bestätigen: *»Auch ich habe da etwas hineingemischt, das mit unserer Arbeitsbeziehung nichts zu tun hat. Es tut mir Leid!«*

Frau M. wirkt nun deutlich entspannter. Sie hat jetzt den Kopf frei, und wir empfehlen ihr, sich noch einmal umzuschauen und diese Außenposition als Beraterin ganz bewusst wahrzunehmen und in sich zu verankern. Nachdem sie die Stellvertreter aus ihren Rollen entlassen hat, beenden wir die Aufstellung.

Die Dynamik

Der alte Chef stand gegenüber seinem Nachfolger und den anderen Bereichsvorständen in einer schwachen Position. Durch seine »Wir-im-Vorstand-sind-alle-gleich-Haltung« nimmt er seine Führungsaufgabe nicht mehr wahr. Ein Übergang der Führungsautorität von ihm auf den Nachfolger war schon deshalb nicht möglich, weil er selbst diese Autorität von sich wies. Er konnte nicht geben, was er selbst nicht nahm! Die Beraterin war in einer unbewussten Ausgleichsbewegung in dieses Autoritätsvakuum hineingegangen – und zwar so weit, dass sie vom System aufgesogen wurde und in eine heimliche Führungsrolle hineinrutschte. Ihr Auftrag wurde also im gegenseitigen Einvernehmen unausgesprochen geändert – vom Beraten zum versteckten Führen. Der Nachfolger »rebellierte« mit seinem Verhalten unbewusst gegen diese heimliche Chefin und die mangelnde Orientierung durch seinen Vorgänger. Auch entstanden unbewusste gegenseitige Beziehungsmuster zwischen ihm und der Beraterin, die seine Rebellion noch verstärkten und ihre Position ihm gegenüber schwächten. So wurde er zum Symptomträger, über den das System sein Problem sichtbar machte.

Verletzte systemische Prinzipien

In diesem Arbeitssystem war die Ordnung zunächst dadurch gestört, dass der alte Chef seine Position und Aufgabe nicht mehr annahm und in abhängiger schwacher Position zu seinem Nachfolger und den anderen Vorständen stand. Der Vorrang der Früheren vor den Späteren und der Kompetenzvorrang des alten Chefs blieben unbeachtet. Dadurch konnte auch der Ausgleich im System nicht mehr funktionieren. Die Beraterin stand in einer angemaßten, also nicht der Wirklichkeit angemessenen Führungsposition. Das war eine im Wortsinne »ver-rückte« Situation, die wieder zurechtgerückt werden konnte, indem die Beraterin ihre angemessene Position als Externe einnahm und so dazu beitrug, das System zu entlasten.

Umsetzung der Lösung in die Praxis

Die Beraterin führt ein klärendes Gespräch mit ihren Auftraggebern, in dem sie ihre Rolle als Externe deutlich definiert. Gemeinsam wird der Beratungsauftrag durchleuchtet und neu abgestimmt.

Alter und neuer Chef vereinbaren eine klare Arbeitsform: Der amtierende Vorstandsvorsitzende nimmt seine Führungsposition so lange wieder voll ein, bis er das Unternehmen verlässt. Auch steht er als »alter Hase« seinem Nachfolger mit Rat und Tat zur Seite.

In einem systemischen Coaching erkennt der neue Chef, welche Teile seines Persönlichkeitssystems mit Rebellion und Verweigerung reagiert haben, und gewinnt für die Zukunft erweiterte Handlungsperspektiven.

Auch Frau M. entscheidet sich für Coaching, damit sie erkennen kann, wer in ihr diese versteckte Führungsrolle angenommen hat und wer sich in das Beziehungsmuster mit ihrem Klienten verstrickt hat (siehe Kapitel 5.2).

3.6 *»Wo geht es für mich lang?«* Eine erfolgreiche Führungskraft am Scheideweg

Vorgeschichte

Seit acht Jahren war Frau S. in einem international renommierten Softwarehaus tätig. Als Teamleiterin und qualifizierte Spezialistin hatte sie gemeinsam mit ihren Kollegen für das Unternehmen wertvolle Entwicklungsarbeit geleistet. Manche der innovativen Produkte, mit denen die Firma bekannt wurde, gingen auf ihre Initiative und die Leistung ihres Teams zurück.

In ihrer Position setzte sie sich besonders für junge Mitarbeiter ein, denn sie erkannte, wie wichtig das innovative Potenzial der jungen Software-Ingenieure für die Zukunft der Firma war. Deshalb initiierte sie unter anderem Kreativitätszirkel, in denen die jungen Kollegen, losgelöst von Kundenprojekten, eigene Ideen und Visionen entwickeln konnten.

Konflikte mit der Geschäftsführung

Das brachte ihr allerdings nicht nur Sympathien ein. Besonders schwierig war für sie der Umgang mit zwei Geschäftsführern, die eine eher pragmatische, verkaufsorientierte Linie vertraten. Sie zeigten kaum Verständnis für ihre zeitaufwendigen und wenig ertragsträchtigen Teamprojekte. Damit waren Konflikte vorprogrammiert und machten sich im Alltag auf verschiedenen Ebenen der Zusammenarbeit bemerkbar. Beispielsweise wurden die Entwicklungszeiten, die Frau S. als Minimum für ein gutes Produkt für sich und ihr Team forderte, von der Geschäftsleitung immer weiter verkürzt, um die Produkte schneller auf den Markt bringen zu können. Solche »Schnellschüsse« brachten natürlich Qualitätsprobleme mit sich.

Den Ärger, mit dem mancher Kunde diese Unzulänglichkeiten reklamierte, mussten die Frau S. unterstellten Hotline-Mitarbeiter ausbaden. Ihre Interventionen bei der Geschäftsführung führten zu keiner Änderung. Aus ihrer Sicht schränkten die Zugeständnisse an den Verkaufsumsatz sie und ihr Team so stark ein, dass sie für sich in diesem Unternehmen immer weniger Zukunftsperspektiven sah. Sie litt darüber hinaus unter dem ironischen, herablassenden Ton, in welchem besonders einer der Geschäftsführer mit ihr sprach.

Frau S. begann sich mit beruflichen Alternativen zu beschäftigen. Dabei konnte sie feststellen, dass ihre Marktchancen ausgesprochen positiv aussahen. Besonders gefragt wurde neben ihrem beruflichen Know-how eine Bereitschaft zu Teamarbeit und Innovation. Das waren genau ihre Prioritäten! Trotzdem befürchtete sie, bei einem Wechsel vom Regen in die Traufe zu kommen. Eine andere Alternative, über die sie nachdachte, war der Schritt in die Selbstständigkeit. Hier lockten Freiheit und Selbstbestimmung, aber es drohten Risiken und der harte Wettbewerb im Markt. Nun hatte sie »die Qual der Wahl!«

Wegen eines persönlichen Themas hatte Frau S. vor längerer Zeit an einem Seminar für Familienaufstellungen teilgenommen. Dieses Seminar half ihr, Klarheit in einer für sie schwierigen Situation zu bekommen. So wollte sie auch hier bei diesem beruflichen Thema mit einer systemischen Aufstellung in einem unserer offenen Seminare neue Perspektiven für sich gewinnen.

Systemisch orientierte Intervention

Für Frau S. geht es nicht primär darum, ein Problem zu lösen. Sie möchte vielmehr für ihre eigene berufliche Zukunft mehr Klarheit gewinnen und die verschiedenen Alternativen beleuchten. Nachdem wir die für eine Aufstellung nötigen Informationen von ihr bekommen haben, entscheiden wir uns für eine spezielle Aufstellungsform, die wir »Unternehmenskulturaufstellung«* nennen.

Bei einer Unternehmenskulturaufstellung werden neben den beteiligten Personen und Organisationen auch übergeordnete Werte und Prinzipien aufgestellt.

Wir wählen diese Variante, weil es hier nicht nur um ein Karriereproblem, sondern auch um eine Werteentscheidung geht.

I. Sparrer und M.Varga v. Kibéd weisen auf die Bedeutung hin, die Grundwerte als Ressourcen in Organisationen besitzen, und folgern, dass bestimmte Probleme in Unternehmen mit der Vernachlässigung von Grundwerten zusammenhängen. Unabhängig von der konkreten Ausrichtung einer Unternehmensphilosophie zeigt sich, dass Unternehmen harmonisch funktionieren, wenn die im Folgenden dargestellten drei Grundwerte beachtet werden.

* Diese Form der Aufstellung geht auf Varga von Kibéd und Sparrer zurück, die sie »Glaubenspolaritätenaufstellung« genannt haben, siehe Sparrer/Varga v. Kibéd, 2000.

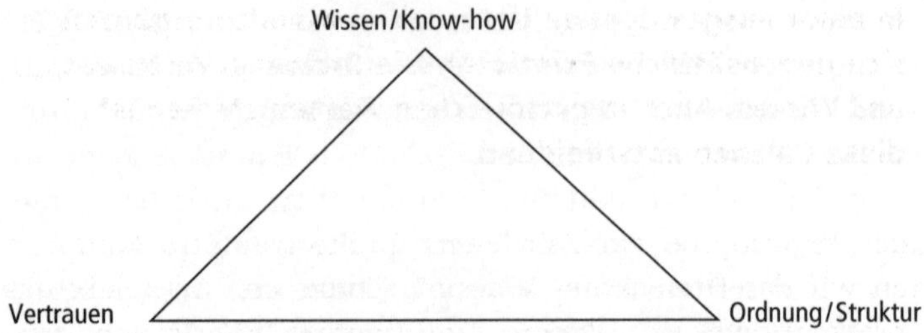

Die einseitige Bevorzugung bestimmter Grundwerte unter Ausschluss anderer kann ein Unternehmen destabilisieren.

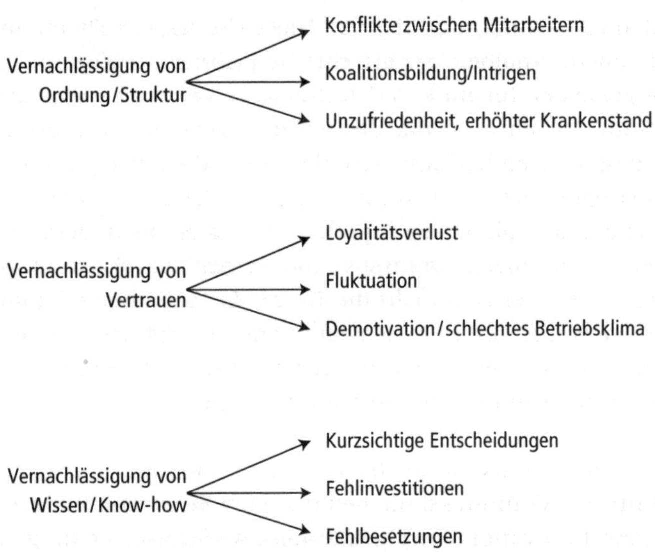

Grundwerte im Unternehmen

Balance zwischen verschiedenen Werten

Für Frau S. spielen Vertrauen, Offenheit, Mitgefühl und Teamgeist eine große Rolle. Eine konsequente Ertragsausrichtung, wie sie in ihrem Unternehmen vor allem durch die beiden Geschäftsführer gelebt wird, ist für sie schwer zu akzeptieren. Sie erlebt ihre Chefs als engstirnig, unflexibel und zu stark profitorientiert. Damit lehnt sie allerdings gleichzeitig unbewusst die systemerhaltende Seite dieser Prinzipien ab. Weil sie mit ihren eigenen Werten stark identifiziert ist, kann sie vom entgegengesetzten Pol, also von Struktur, Ordnung und Sicherheit, nur die »Schattenseite« wahrnehmen (siehe dazu auch Kap. 5.2).

In einer ausgewogenen Unternehmenskultur ergänzen sich gegensätzliche Prinzipien wie Ordnung, Vertrauen und Wissen. Auch in persönlichen Wertesystemen ist diese Balance entscheidend.

Aus der Philosophie verschiedener Traditionen und Kulturen kennen wir das Dreieck des Wahren, Guten und Schönen, das sich pragmatischer in Wissen, Ordnung und Vertrauen bzw. Know-how, Struktur und Teamgeist übersetzen lässt. In diesem Spannungsfeld geht es um die Akzeptanz des gegensätzlichen Pols als Voraussetzung für ein stabiles Gleichgewicht.

Der deutsche Philosoph Friedrich Nietzsche hat das Thema in die anschauliche Analogie der griechischen Götter Apollon und Dionysos gekleidet. Im antiken Griechenland war jeder aufgefordert, alle Götter zu ehren. Zwar durften die Menschen sich an ihren Lieblingsgott wenden, mussten aber auch diejenigen Götter berücksichtigen, die ihnen weniger lagen. Wer also Anhänger des rationalen, disziplinierten Apollo war, hatte auch dem ekstatischen, weinseligen Dionysos und seinen Bacchantinnen zu opfern – wenn er sich nicht die Rache des beleidigten Dionysos zuziehen wollte. Er musste wenigstens ab and an einmal den »kleinen Tanz« des Dionysos tanzen, wenn er sein Leben als Apollo-Jünger unbehelligt fortsetzen wollte.

Entsprechend müssen auch Menschen, deren Lieblingswerte Struktur und Ordnung sind, die Prinzipien Vertrauen und Know-how bzw. Innovation würdigen lernen. Andererseits fehlt jemandem, der, wie Frau S., Vertrauen und Innovation auf seine Fahnen geschrieben hat, die Ergänzung durch Struktur und Ordnung.

Um Frau S. die Möglichkeit zu geben, ihre persönliche Wertewelt auszubalancieren, stellen wir zu den beteiligten Personen / Funktionen auch die drei Grundprinzipien auf; wir benennen sie hier mit **Know-how, Struktur** und **Vertrauen.**

Die Aufstellung

Ihr Anliegen für die Aufstellung formuliert Frau S. so: *»Wo geht es für mich lang? Soll ich trotz Konflikten und Einschränkungen im alten Unternehmen bleiben oder den Arbeitsplatz wechseln? Oder soll ich den großen Schritt in die Selbstständigkeit wagen?«*

Frau S. wählt jeweils einen Stellvertreter aus dem Teilnehmerkreis für:

- **Sich selbst**, in der Aufstellung »Frau S.« genannt
- **Das jetzige Unternehmen**
- **Das mögliche neue Unternehmen**, in der Aufstellung »neues Unternehmen« genannt
- **Die Selbstständigkeit**
- **Das Prinzip Vertrauen**: Mitgefühl, Offenheit, Fähigkeit zur Zusammenarbeit
- **Das Prinzip Wissen**: Klarheit, Erkenntnis, Know-how – hier »Know-how« genannt
- **Das Prinzip Struktur**: Ordnung, Pflicht, Handlung, Sichern der Überlebensbasis

Die Stellvertreter stellt Frau S. nach ihrem inneren Bild auf.

1. Bild (Ist-Situation)

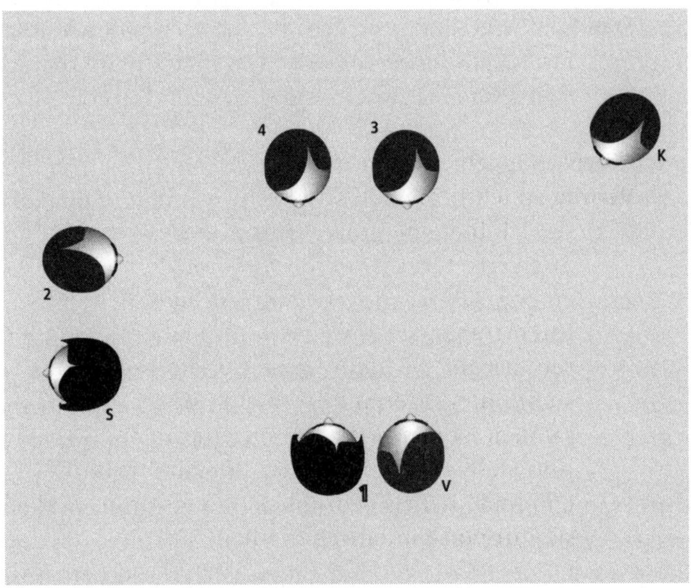

1 = Frau S.
2 = Das jetzige Unternehmen
3 = Das mögliche neue Unternehmen
4 = Die Selbstständigkeit
K = Know-how
V = Vertrauen
S = Struktur

Neues Unternehmen und Selbstständigkeit sind Frau S. genau gegenüber aufgestellt und schauen sie an. Das Prinzip Know-how steht in einiger Entfernung seitlich mit Blick auf Frau S. und Vertrauen. Das Prinzip Vertrauen hat Frau S. ganz nah rechts neben ihre Stellvertreterin gestellt mit gleicher Blickrichtung. Das jetzige Unternehmen steht neben dem Prinzip Struktur, das abgewendet ist.

Frau S.

Coach: Wie geht es der Stellvertreterin von Frau S.?

Frau S.: Ich fühle mich unsicher und zerrissen. Ich weiß nicht, wo ich hinschauen soll. Rechts von mir ist etwas sehr Vertrautes. Meine linke Seite fühlt sich ganz leblos an. Wenn ich nach vorn schaue, fixieren mich vier Augen. Zum Stellvertreter für das jetzige Unternehmen, der links seitlich von mir steht, spüre ich Anspannung. Zum Prinzip Knowhow kann ich nicht viel wahrnehmen. Doch wenn ich in diese Richtung gucke (zeigt zum Prinzip Struktur, das abgewendet steht), bin ich in einem Gefühlsbad von Trauer, Wut und Trotz.

Coach: Das »Vertrauen« steht sehr eng neben Ihnen. Ist das angenehm oder unangenehm?

Frau S.: Wie gesagt, sehr vertraut, aber zu nahe. Es ist fast so, als klebe ich da fest, wie zusammengeschweißt!

Das Prinzip Vertrauen

Coach: Wie geht es dem Prinzip Vertrauen?

Vertrauen: Ich fühle mich hier sehr mächtig und wichtig. Ich bin eine große Stütze für sie (zeigt auf die Stellvertreterin von Frau S.). Trotzdem ist mir das zu eng. Ich hätte gern etwas Abstand. Ich befürchte aber, sie würde dann umfallen. Alle anderen, bis auf die Stellvertreterin, die abgewandt steht, interessieren mich nicht. Meine Aufmerksamkeit ist ganz klar hier (zeigt auf Frau S.). Sie (die Stellvertreterin für das Prinzip Struktur) empfinde ich als bedrohlich. Ich bin froh, dass ich sie nur von hinten sehen muss!

Das Prinzip Struktur

Coach: Wie geht es der Stellvertreterin für das Strukturprinzip?

Struktur: Je länger ich hier auf diesem Platz stehe, desto ärgerlicher werde ich. Mich hier ins Abseits zu schieben, nutzt überhaupt nichts. Ich kann euch nur sagen: ohne mich läuft hier gar nichts!

Coach: Haben Sie einen Bewegungsimpuls?

Struktur: Ja, ich möchte mich umdrehen.

Coach: Tun Sie es! (Nachdem sich die Stellvertreterin umgedreht hat:) Was verändert sich dadurch für Sie?

Struktur: So ist es besser!

Coach: Zu wem können Sie außerdem noch etwas wahrnehmen?

Struktur: Ja, zum jetzigen Unternehmen spüre ich eine Verbindung, fast wie Verbrüderung.

Das jetzige Unternehmen

Coach: Was nehmen Sie wahr?

Das jetzige Unternehmen: Ich stehe hier ziemlich im Abseits! Wie soll es mir da gehen? Ich schaue Frau S. an, aber sie schaut mich nicht an. Eine Verbindung spüre ich zum Prinzip Know-how und zum Prinzip Struktur hier neben mir. Diese Symbiose (zeigt auf Frau S. und Vertrauen) gefällt mir nicht.

Coach: Was meinen Sie mit »nicht gefallen«?

Das jetzige Unternehmen: Da verspüre ich den Impuls, ihr zu sagen: »Wenn das so ist, verzichte ich auf die Zusammenarbeit.«

Neues Unternehmen

Coach: Wie geht es dem Duo hier? Sie schauen beide auf Frau S.

Neues Unternehmen: Das ist hier kein guter Platz für mich. Ich habe das Bedürfnis, mich weiter zurückzubewegen. Wenn ich in ihre Richtung schaue (zeigt auf Frau S.), sehe ich nur diese Einheit von ihr und dem Vertrauen. Da geht es mir ähnlich wie dem jetzigen Unternehmen. Nicht interessiert! Mit meinem Rivalen (Selbstständigkeit) rechts neben mir geht es mir gar nicht schlecht. Der Abstand zu ihm könnte größer sein. Know-how und Struktur interessieren mich, sind aber zu weit weg.

Die Selbstständigkeit: Mir geht es ähnlich wie dem neuen Unternehmen. Unter diesen Voraussetzungen (zeigt zum Vertrauen und zu Frau S.) bin ich ebenfalls nicht interessiert. Auch ich habe das Bedürfnis, mich zurückzuziehen.

Das Prinzip Know-how

Coach: Wie geht es dem Stellvertreter des Prinzips Know-how?

Know-how: Es ist schwierig, auf diesem Platz ein eindeutiges Gefühl zu bekommen. Ich könnte es am ehesten so beschreiben: Ich bin einfach da, nicht schwach, nicht stark.

Coach: Können Sie zu den anderen Stellvertretern etwas spüren?

Know-how: Neid! Neid gegenüber dem Vertrauen. Das wäre genauso auch mein Platz! Vielleicht nicht so nah, aber auf jeden Fall auch in der Nähe von Frau S. Was wäre sie denn ohne mich?

Wir fragen Frau S., die die Aufstellung von ihrem Platz aus beobachtet, ob sie etwas dazu sagen oder fragen möchte.

Frau S: Ich bin sehr überrascht, was sich hier zeigt. Bekannt kommt mir die Haltung vom Stellvertreter des jetzigen Unternehmens vor. In diese Richtung geht das auch in der Realität, natürlich nicht so offen. Das ist ja auch mit ein Grund, weshalb ich mir überlege zu wechseln. Es wird mir jetzt erst richtig klar! Dieses erste Bild ist für mich sehr aufschlussreich. Was mich allerdings sehr interessieren würde: Wie komme ich von dieser Bevorzugung los (zeigt auf den Stellvertreter von Vertrauen)? Außerdem, was hilft es mir bei meiner beruflichen Entscheidung? Das kann ich noch nicht sehen.

Wir bitten Frau S., mit diesen Fragen bis zum Ende der Aufstellung zu warten. Auch wir könnten in Bezug auf die Lösung an diesem Punkt nur Vermutungen anstellen. An diesem 1. Bild wird jedoch die Grunddynamik klar, durch die der Konflikt entstanden ist. Im nächsten Schritt steigen wir in die Prozessarbeit ein.

Prozessarbeit in der Aufstellung – die Zwischenbilder

In der Prozessarbeit gelingt es der Stellvertreterin von Frau S., das Prinzip Struktur und dessen Werte erstmals zu würdigen. Aus der Überidentifikation mit dem Vertrauen, die sich in der Aufstellung als fast schon »symbiotische« Beziehung zeigte, löst sie sich ein wenig. In der Aufstellungskonstellation entfernt sich das Prinzip Vertrauen auch räumlich von ihr. Im nächsten Schritt würdigt sie das jetzige Unternehmen und das Prinzip Know-how. Sie erkennt an, dass Vertrauen und Offenheit ohne Struktur und Ordnung keine Basis haben. Das Prinzip Know-how würdigt sie, indem sie ihm sagt: *»Du bist mir immer sicher gewesen. So habe ich ganz vergessen, was ich durch dich alles erreicht habe. Jetzt erkenne ich an, wie wichtig du für meinen beruflichen Erfolg bist!«*

Das Lösungsbild

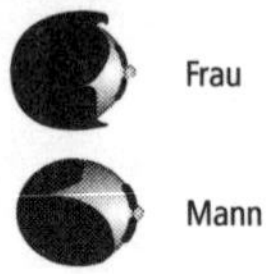

1 = Frau S.
2 = Das jetzige Unternehmen
3 = Das mögliche neue Unternehmen
4 = Die Selbstständigkeit
K = Know-how
V = Vertrauen
S = Struktur

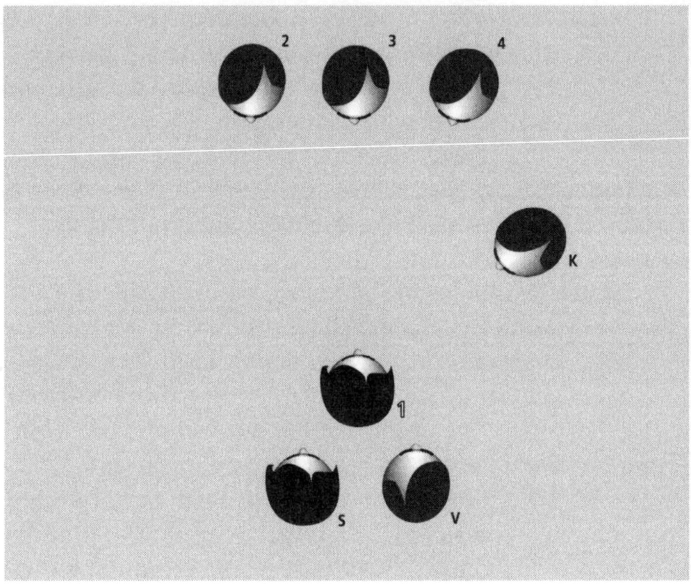

Die Stellvertreterin von **Frau S.** wirkt erleichtert und im wahrsten Sinne des Wortes »gelöst«. *»Diese Stützen im Rücken geben mir zusätzlich Kraft, die Leblosigkeit an meiner linken Seite ist verschwunden.«*

Beide Stellvertreter für das **Vertrauen** und die **Struktur** stehen als Ressourcen hinter der Stellvertreterin von Frau S. und ihr damit gleichberechtigt zur Verfügung. Mit dem Ausspruch *»Uns gibt es nur im Doppelpack«* machen sie noch einmal deutlich, wie gleichermaßen wichtig beide sind. Der Stellvertreter des Prinzips Know-how fühlt sich am wohlsten an einem Platz, an dem er gut von Frau S. gesehen werden kann.

Das jetzige Unternehmen, das neue Unternehmen und **die Selbstständigkeit** stehen jetzt gleichberechtigt in einigem Abstand Frau

S. gegenüber. So kann sie klar und nüchtern diese drei beruflichen Alternativen mit ihren jeweiligen Vor- und Nachteilen anschauen. Zum Abschluss stellt sich Frau S. selbst in die Aufstellung. Sie nickt und sagt: *»Das fühlt sich gut an, ich kann die Unterstützung von hinten spüren. Auch mit dem Know-how an meiner rechten Seite ist das gut.«*

Wir fragen sie, ob sie noch etwas ausprobieren möchte. Als sie bejaht, bitten wir sie, sich leicht an die Stellvertreter von Struktur und Vertrauen anzulehnen, um so körperlich die Unterstützung zu spüren, dann den Blick geradeaus zu richten und diese drei Alternativen genau anzuschauen.

Frau S. (lächelt verwundert:) Mit dieser Unterstützung im Rücken und mit ihm (Know-how) hat sich plötzlich meine Perspektive geändert. Die beiden (zeigt auf neues Unternehmen und Selbstständigkeit) haben an Attraktivität verloren. Ja, als Möglichkeit sind sie da, aber nicht mehr so wichtig. Auch bei ihm (zeigt auf das jetzige Unternehmen) spüre ich nicht mehr so viel Abwehr. Eine Frage habe ich aber noch: Was kann ich zusätzlich tun, damit ich im Alltag nicht wieder in die gleiche Falle gehe? Im Moment ist mir alles klar!

Systemisches Coaching

Bezug nehmend auf ihre Frage empfehlen wir ihr systemisches Coaching als eine zusätzliche Hilfe, ihr neues Gleichgewicht zu stabilisieren.

Eine Fixierung auf bestimmte Werte kann eine Entsprechung im eigenen Familiensystem haben. So könnte hier im Coaching sichtbar werden, ob z.B. zu Vater oder Mutter und deren Wertvorstellungen eine besondere Loyalität besteht. Gibt es solch eine starke Treue zu einem Elternteil, wird häufig der andere Elternteil mit seinen Werten abgelehnt. Wird diese Dynamik nicht bewusst gemacht, hält sie ein Leben lang an und verhindert, dass sich eigene Werte entwickeln.

Auch eine lang anhaltende Wirkung des Lösungsbildes würde durch solch eine Konstellation erschwert.

Zum Abschluss bitten wir Frau S., die Stellvertreter aus ihren Rollen zu entlassen.

Die Dynamik

Frau S. bevorzugte einseitig Vertrauen, Offenheit und Innovation. Da sie sehr stark mit diesen Werten identifiziert war, konnte sie Ordnungsprinzipien nur als Hindernisse wahrnehmen und musste sie somit ablehnen. Genau genommen waren es aber nicht die Ordnungsprinzipien, die sie ablehnte, sondern deren »Schattenseiten« wie: Engstirnigkeit, Starre, einseitige Profitorientierung. Diese wurden für sie durch die beiden Geschäftsführer repräsentiert. Deshalb kämpfte sie mit ihnen. Wenn ihr Kampf aussichtslos erschien, konnte sie nur noch aufgeben und sich zurückziehen bzw. den Arbeitsplatz wechseln. Die Überbetonung wurde noch dadurch verstärkt, dass Werte wie Know-how oder Wissen nicht gerade von ihr abgelehnt, aber als selbstverständlich hingenommen wurden. (Wie sie uns später erzählte, sei sie schon als Kind eine »schnelle Lernerin« gewesen, und das habe sich bis heute nicht geändert. Deshalb habe sie vielleicht diese Qualität nicht besonders beachtet.)

Indem sie das Prinzip Struktur / Ordnung als eine auch ihr Leben tragende Basis anerkennt und sich ihr eigenes berufliches Know-how als persönliche Ressource bewusst macht, gelangt sie zu einem umfassenderen Gleichgewicht.

Verletzte systemische Prinzipien

Weil die Vertreter von Struktur, Überleben, Pflicht und Ordnung – in diesem Fall die Geschäftsführer ihres jetzigen Unternehmens – abgelehnt wurden, reagierten sie negativ auf Frau S. Sie selbst sah in ihnen nur engstirnige Erbsenzähler.

Wer aber Überlebensgrundlagen schafft, muss in einem System gewürdigt werden, und ihm steht der erste Platz zu.

Frau S. befand sich damit in einer angemaßten Position, die vor allem sie selbst schwächte.

Umsetzung der Lösung in die Praxis

Wir raten Frau S., mit ihrer veränderten Perspektive erneut ein Gespräch mit ihren jetzigen Chefs zu führen. Sie gibt uns danach das Feedback, dass diese früher so abweisenden Geschäftsführer ihr nun kooperativer begegnen. Sie vermutet, dass dieser Wandel mit ihrer veränderten Einstellung den Geschäftsführern gegenüber zusammenhängt. So ist es ihr jetzt unter anderem möglich, Verständnis für deren Prioritäten wie Budgetplanung und hohes Entwicklungstempo zu zeigen, ohne ihre eigenen Wertvorstellungen zu »verraten«. Die Frage nach einem Arbeitsplatzwechsel stellt sich für sie momentan nicht.

4. Was bringt Ihnen die systemische Aufstellung? – Fragen und Antworten aus Seminaren

Von den Teilnehmern unserer Vorträge und offenen Seminare werden wir immer wieder mit interessanten Fragen konfrontiert, die uns helfen, unsere Sichtweise der systemischen Aufstellungsarbeit auf den Punkt zu bringen. In diesem Kapitel haben wir einige häufig gestellte Fragen und unsere Antworten zusammengetragen.

4.1 Den Erfolgsschlüssel umdrehen – vom Problem zur Lösung

Den Schlüssel benutzen

Frage: Kann ich mit einer einmaligen Aufstellung Probleme im Unternehmen lösen?

Antwort: Auch eine Aufstellung ist keine Zauberpille. Sie ist eher so etwas wie ein Schlüssel, den ich benutzen kann, um eine Tür zu öffnen. Habe ich aber die Tür nur einmal geöffnet und mich dann gleich umgedreht, nach rückwärts geschaut und sie wieder zufallen lassen, nützt das wenig. Ich muss also meinen Schlüssel wieder und wieder benutzen, die Tür öffnen und in den Raum hineinschauen, in den sie führt.

Das Lösungsbild ist wie der Blick durch die geöffnete Tür. Sie sehen den problemlosen oder entspannten Zustand. Sie erkennen, wie es sein könnte. Gleichzeitig wissen Sie aber, dass Sie noch nicht dort sind, wohin Sie möchten. Sie haben allerdings jetzt ein klares Bild von Ihrem Ziel. Sie wissen, wie die Lösung aussieht. Mit diesem Wissen gehen Sie jetzt an Ihre täglichen Aufgaben.

Im Alltag erkennen Sie die gewohnten Missstände, aber Sie sehen sie jetzt mit anderen Augen. Sie fühlen sich der Misere nicht mehr ausgeliefert, denn Ihnen ist klar, was schief läuft. Das hat Ihnen das Bild, das *erste Bild der Ist-Situation* der Aufstellung, deutlich gezeigt. Das letzte Bild, das *Lösungsbild*, gibt Ihnen eine Richtung für die tägliche Arbeit und damit Kraft zum Handeln. Es ist wie eine praktische Vision: Sie spannen einen Bogen zwischen dem, was ist, und dem, was sein kann.

Was heißt das nun praktisch? Zum Beispiel wissen Sie jetzt, dass Entwicklung und Fertigung bisher in Konkurrenz standen und es starke Spannungen gab. Es gab möglicherweise auch schon vor der Aufstellung Vermutungen, aber das Ist-Bild und die Rückmeldungen der Stellvertreter haben Ihnen die Situation ganz deutlich vor Augen geführt. Im Lösungsbild haben Sie gesehen, wie gut Entwicklung und Fertigung zusammenarbeiten können, wenn sie beide das gemeinsame Ziel im Blick haben.

Nun müssen Sie nicht warten, bis sich die Lösung von allein in Ihrem Unternehmen zeigt. Sie können viel tun, um den Prozess zu beschleunigen. Ein praktischer Schritt wäre es in diesem Fall, Schnittstellenteams zwischen Entwicklung und Fertigung zu bilden, in denen beide Seiten über die Probleme und das gemeinsame größere Ziel sprechen. Diese Teams lernen nun konkret, im Sinne der Lösung miteinander zu arbeiten. Ein Coach kann sie unterstützen, alte Konflikte zu bewältigen und eine neue Gemeinsamkeit aufzubauen. Allmählich beginnen beide Seiten, zielorientiert, aber entspannt, gemeinsame Aufgaben anzugehen. Diese Fähigkeit wirkt ansteckend auf die Kollegen der beiden Abteilungen. Auch diese beginnen, ihre alten Feindbilder zu verlieren. Energie, die vorher benötigt wurde, um sich gegenseitig abzugrenzen, kann jetzt ganz für das gemeinsame Arbeitsziel genutzt werden.

Probleme der IT-Branche

Frage: Ich arbeite in der IT-Branche, die ja als extrem schnelllebig bekannt ist. Kann man eine Organisationsaufstellung auch für Systeme durchführen, die sich sehr schnell verändern?

Antwort: Wir können nur ein Unternehmenssystem mit einer Geschichte aufstellen – auch wenn sie noch so kurz ist. Natürlich ist selbst ein zufällig zusammengesetztes System gewissen Gesetzen unterworfen. So haben Sie z. B. auch ein bestimmtes Recht auf Ihren Platz, wenn Sie im Gasthaus sitzen. Wenn Sie diesen Platz jedoch für zehn Minuten verlassen, haben Sie Ihr Recht möglicherweise bereits eingebüßt. In manchen Unternehmenssystemen ist die Zusammensetzung der Mitglieder ebenfalls einem enorm schnellen Wandel unterworfen, der es fast unmöglich macht, sich auf eine gewachsene Struktur zu beziehen. Solch ein rasender und hektischer Wandel wie in der IT-Branche führt zu einer Beliebigkeit, in der es nichts Langfristiges mehr gibt. Die sozialen Bezüge gehen verloren, und die Menschen sehen sich mit der Forderung nach totaler Flexibilität konfrontiert. Sie sollen bereit sein, auf soziale Bindungen zugunsten der Firmeninteressen zu verzichten.

Mit dem modischen Zauberwort »Flexibilität« wird eines der großen Probleme unserer Zeit schöngeredet: die Forderung nach einem in alle Richtungen biegsamen, universell und global einsetzbaren Mitarbeiter.

Heute München, nächste Woche ein Projekt in Singapur, dann zwei Monate New York usw. In solch einem steten Fluss von Kommen und Gehen sowie ständig wechselnden Bezugspersonen können wir kaum klassische Systemstrukturen ausmachen. Solche Unternehmen sind fast virtuelle, formlose Gebilde, deren Zusammensetzung und Erscheinungsform sich von Tag zu Tag ändert. In Organisationen, die so funktionieren, ist die Macht zugleich effizient und formlos: Konzentration ohne Zentralisierung.

Um auf die Frage zurückzukommen: Aufstellungen solcher Systeme sind meist nur sinnvoll in Bezug auf die ganz persönliche Arbeitssituation des Einzelnen. Wir haben mit vielen IT-Mitarbeitern gearbeitet, und unserer Erfahrung nach beziehen sich deren Anliegen meist nicht auf das Unternehmen oder das Team, sondern auf sie selbst mit Fragen wie: *»Ist solch ein Unternehmen das Richtige für mich?«, »Worum geht es mir im Beruf?«.* Die Zugehörigkeit, Bindung oder Loyalität zum Unternehmen ist minimal. Darauf erhebt sich für viele dieser »global herumschwirrenden Hightech-Singles« die Frage: *»Wo fühle ich mich überhaupt zugehörig? Empfinde ich irgendwo soziale Bindung, oder bin ich völlig im ›Drift‹? Sind Menschen für mich so beliebig austauschbar wie Kettenhotels, in denen es überall gleich aussieht, ob sie nun in Amerika, Europa oder Asien stehen?«*

Für persönliche Anliegen dieser Art ist eine Aufstellung sinnvoll und nützlich. Bei beruflichen Zielen, Problemen oder Dilemmasituationen haben wir gute Erfahrungen mit einer bestimmten Aufstellungsvariante gemacht: den systemischen Strukturaufstellungen, wie sie von Matthias Varga von Kibéd und Insa Sparrer entwickelt worden sind. Bei dieser Aufstellungsart sieht man sehr klar, was dem Ziel im Wege steht, welche Ressourcen aktiviert werden müssen usw. Bei inneren, persönlichen Konflikten hat sich das Aufstellen von verschiedenen Persönlichkeitsanteilen, das wir Mikrosystem-Aufstellung nennen, sehr bewährt.

Unnötige Konflikte vermeiden

Frage: Ist es möglich, eine Organisationsaufstellung, wie wir sie hier in diesem offenen Seminar gesehen haben, auch direkt im Unternehmen durchzuführen?

Antwort: Ja, das ist möglich. Allerdings gibt es hier andere Voraussetzungen und Bedingungen als in einem offenen Seminar. Hier im Seminar haben Sie einen gewissen Abstand zum Unternehmensalltag, Sie kennen die meisten Teilnehmer nicht und haben keine gemeinsame Vorgeschichte mit ihnen. Auch wenn Sie vielleicht mit einem Kollegen hier sind, ist Ihre Bereitschaft, die eigenen Wahrnehmungen auszudrücken, viel größer als im Unternehmen, wo es verschiedene Beziehungsebenen zu berücksichtigen gibt. Möglicherweise ist es Ihnen peinlich, oder Sie befürchten unangenehme Konsequenzen, wenn Sie Ihrem Chef gegenüber etwas so aussprechen, wie Sie es gerade erleben.

Um hier keine unnötigen Konflikte zu erzeugen, benutzen wir im Unternehmen andere Verfahren als im offenen Seminar. Beispielsweise verwenden wir

Aufstellungsformen, in denen es um Themen und nicht um konkrete Personen geht.

Wenn das nicht möglich ist, lassen wir verschiedene Stellvertreter nacheinander für die gleiche Position oder Person stehen, um ein erweitertes Bild zu bekommen. Es wird an den Reaktionen der Stellvertreter sofort deutlich, wenn sie persönliche Vorlieben oder Animositäten hineinmischen. Wir bekommen ein geschöntes Bild, wenn jemand aus Höflichkeit eine künstliche Harmonie aufstellt oder ein leeres, kraftloses Bild, wenn Stellvertreter einem erdachten Konzept folgen statt ihrer Wahrnehmung. Solche Bilder haben interessanterweise keine Aussagefähigkeit. Die Stellvertreter zucken mit den Schultern. Sie nehmen nichts wahr. Wenn das bei Inhouse-Aufstellungen geschieht, schalten wir deshalb auf ein anderes Verfahren um oder arbeiten im Einzelsetting.

Was sagt Ihr »Bauchgefühl«?

Frage: Sie sprechen davon, dass eine Aufstellung ein gesetztes Ziel wieder in den Blick rücken kann. Hilft mir das praktisch, Hindernisse auf dem Weg zu meinem Ziel zu überwinden?

Antwort: Oft ist es so, dass alle in einer Unternehmensführung, einem Team oder Projekt glauben, sie hätten ihr Ziel klar im Blick und täten alles, um es auch zu erreichen. Es gelingt aber nicht. Immer neue Schwierigkeiten verbauen den Weg. Dann stellt sich ja überhaupt erst die Frage: Was hilft mir, mein Ziel zu erreichen? Warum sollten Sie die Frage stellen, wenn es einfach ginge? Sie wollen von München nach Frankfurt fahren, also steigen Sie in den Zug oder ins Flugzeug und kommen dort an. Ich meine, Sie machen sich keine Gedanken darüber, ob vielleicht der Zug entgleisen oder das Flugzeug abstürzen könnte, obwohl diese Möglichkeit natürlich immer besteht. Sie wissen, dass Sie dort ankommen werden.

Wenn die Frage Sie beschäftigt, haben Sie Ihren Blick auf Hindernisse gerichtet – etwa in der Marktlage, im eigenen Unternehmen oder in der eigenen Persönlichkeit. Unser erster Schritt zu Ihrem Ziel wäre, vom »Hindernisrennen« auf die Lösung umzuschalten. Wir fragen Sie deshalb sehr genau, was Sie erreichen wollen und wie Sie konkret feststellen und überprüfen können, ob und wann Sie Ihr Ziel erreicht haben. Das ist deshalb besonders wichtig, weil auch quantitativ messbare Ziele über die Zahlenebene hinaus eine qualitative Dimension besitzen.

Es ist der qualitative Faktor, der ein Ziel erst interessant macht. Wenn ein Geschäftsführer z.B. sagt: »*Wir wollen unseren Absatz um X % steigern und Marktführer werden!*«, benennt er eine quantitativ messbare Größe und zugleich auch ein subjektives Erleben. Und dieses innere Bild und Gefühl motiviert Sie, nicht die Zahl!

Woran merken Sie, dass Sie »Marktführer« sind? Sie registrieren das nicht nur anhand der Excel-Tabelle, die Ihnen Ihre Zahlen im Vergleich zu den Mitbewerbern zeigt – Sie spüren es auch! Ihr »sechster Sinn«, Ihr »Bauchgefühl« sagt Ihnen, ob Ihre Firma wirklich Marktführerschaft erlangt hat oder nur den Sonnenstrahl eines vorübergehenden Umsatzhochs genießt. Die Umwelt spiegelt Ihnen das wider – durch Anerkennung oder Ablehnung.

Mit symbolischen Begriffen wie »Bauchgefühl« beschreiben wir unbewusst unsere systemische Wahrnehmung, die allen Unternehmensangehörigen gemeinsam ist.

Wenn wir nun mit Ihnen gemeinsam dieses »Bauchgefühl« konkret präzisiert haben, stellen wir auf. Wir beginnen dann mit dem entsprechenden Setting – sagen wir einer Konstellation, zu der beispielsweise Sie, Ihr Ziel, der Markt, Ihre Kunden und Ihre Mitbewerber gehören. Nehmen wir an, dass Ihr Stellvertreter in der Aufstellung immerzu auf die Mitbewerber schaut und das Ziel ignoriert. Da wird ganz augenfällig, welche Bewegung ansteht. Oder aber wir stellen Ihr Projektteam auf, sehen, wie die Teammitglieder zueinander stehen, und erkennen möglicherweise, wie sich manche gegenseitig daran hindern, auf das Ziel zuzugehen.

Wenn wir den Eindruck haben, dass es sich um einen inneren Widerstreit bei Ihnen handelt, stellen wir die Mitglieder Ihres inneren Teams, Ihre Teilpersönlichkeiten auf. Sie erleben z. B., dass nur ein relativ schwacher Teil Ihrer selbst das Ziel erreichen möchte, während ein stärkerer im Hintergrund das Projekt erfolgreich torpediert. Wenn Sie wissen, wer im Innen oder Außen Ihr Ziel sieht und erreichen will und wer nicht, sind Sie einen großen Schritt weiter.

Ergänzung zu anderen Methoden der Unternehmensberatung

Frage: Es gibt ja bekanntlich verschiedene Möglichkeiten, ein Unternehmen zu harmonisieren. Wie unterscheidet sich die systemische Aufstellung von anderen Ansätzen?

Antwort: Die Methode der systemischen Aufstellung harmoniert sehr gut mit anderen Ansätzen in der Unternehmensberatung. Ihr idealer Platz ist am Anfang eines Beratungsprozesses, denn sie liefert wertvolle Einsichten in die Dynamik eines Unternehmenssystems, die sonst leicht übersehen werden. In einem Umstrukturierungsprozess können Sie unversehens auf eine falsche Fährte geraten, wenn Sie nicht genau wissen, wie es um die Machtverhältnisse in einer Firma tatsächlich bestellt ist.

> **In jedem Unternehmen finden Sie eine offizielle oder formelle und eine heimliche, informelle Führungsstruktur. Die offizielle Version können Sie als Berater aus Organigrammen entnehmen und in Interviews konkretisieren. An das *verborgene Netzwerk der Macht* aber, in dem die Fäden wirklich zusammenlaufen, kommen Sie auf diese Weise nicht heran.**

Deshalb schmunzelt die Branche immer noch über die alte Beratergeschichte: *Die Consultants sollen Personal einsparen, denn im Unternehmen sind manche Arbeitsfelder überbesetzt. Zu viele Tauben sitzen auf dem Dach. Also klatschen sie laut in die Hände und die Hälfte der Tauben fliegt davon. Die Auftraggeber sind begeistert. Kaum sind aber die Berater aus dem Haus, landen alle Tauben wieder auf dem Dach und sitzen genau wie vorher auf ihren alten Plätzen.*

Die Tauben wissen sehr genau, wo ihr richtiger Platz ist! So leicht, wie manche Berater glauben, lassen sich gewachsene systemische Ordnungen nicht durch externen Innovationsdrang umkrempeln.

Gleich, ob Sie personelle Veränderungen im Blick haben oder ob Sie beispielsweise Ihre Logistikkette mit *Supply Chain Management* effektiver gestalten wollen – nach unserer Erfahrung ist es hilfreich, mit einer Aufstellung zu beginnen. Sie liefert Ihnen in Bezug auf Ihr Anliegen ein klares Bild. Wenn Sie aber bereits an irgendeiner Stelle begonnen haben, Ihr Unternehmen zu harmonisieren, beispielsweise mit Trainingsmaßnahmen, beziehen wir das ein. Wir nehmen die Situation so, wie sie ist, und spiegeln sie Ihnen mit der systemischen Aufstellung und Beratung wider.

Unsere ergänzende Leistung besteht meist darin, dass wir neben eine vorhandene Analyse oder einen begonnenen Veränderungsprozess ein analoges, systemisches Bild stellen. Dann schauen Sie sich das an und sehen mehr als vorher. Sie erkennen nämlich sehr klar und deutlich, was wie wirkt – was also Ihr Unternehmen harmonisiert und stärkt und was es verspannt, schwächt oder stört. Sie entscheiden dann, wie es weitergeht.

Mobbing: Systemische Verstrickung erkennen

Frage: Bei uns im Unternehmen gibt es immer wieder Konkurrenzkämpfe zwischen einzelnen Personen und Abteilungen. Kann man das mit dieser Methode positiv beeinflussen?

Antwort: Wenn Konkurrenzkämpfe und Koalitionsbildungen einen destruktiven Charakter bekommen, also in Richtung Mobbing tendieren, deuten sie auf eine systemische Verstrickung im Unternehmen hin. Das ist eines der klassischen Anwendungsgebiete für Aufstellungen, denn sie zeigen Ihnen sehr klar, was abläuft. Meist ist ein systemisches Prinzip verletzt worden, etwa der Ausgleich von Geben und Nehmen, oder jemand, der dazugehört, wurde ausgeklammert und bringt sich durch Mobbing in Erinnerung.

In solch einem Fall ist ein neutrales Setting unbedingt notwendig. Wir dürfen also keinesfalls mit Stellvertretern arbeiten, die zu diesem Unternehmenssystem gehören, denn wir können nicht wissen, inwieweit sie selbst in diese Dynamik involviert sind. Sie wären dann eben keine Stellvertreter mehr, sondern Interessenvertreter. Mobbingthematiken haben auch oft einen familiären Hintergrund, und zwar sowohl bei Opfern als bei Verfolgern. Wenn wir das vermuten, bietet es sich an, in einem geeigneten Rahmen eine Familienaufstellung durchzuführen. Das geht allerdings nur, wenn der Betroffene das Problem erkennt und für sich selbst eine Lösung erreichen möchte.

Einen Nachfolger finden

Frage: Wir stehen vor der Frage, ob wir einen Nachfolger für einen Abteilungsleiter, der in den Ruhestand geht, im Unternehmen oder außerhalb suchen sollten. Kann uns eine Aufstellung da weiterbringen?

Antwort: Zunächst einmal scheint es bei Ihrer Frage nicht nur um die Personalentscheidung zu gehen. Wenn Sie sich unsicher sind, ob der Nachfolger von innen oder außen kommen sollte, klingt das nach systemischem Gewissen. Sie wissen ja: Das Gewissen ist ein systemischer Gleichgewichtssinn, der automatisch alarmiert ist, sobald Zugehörigkeiten oder Rechte von Systemmitgliedern bedroht sind. Es könnte also sein, dass es in Ihrem Unternehmen jemanden gibt, dem diese Nachfolgeposition zusteht. Wenn das so wäre, sollten Sie dessen Rechte nicht ignorieren, denn das hätte mit Sicherheit heftige systemische Turbulenzen zur Folge. In einer Organisationsaufstellung müssten wir das zunächst durch Erfragen der Fakten überprüfen, bevor wir die Kandidatenauswahl angehen. Nun zum zweiten Teil Ihrer Frage:

> **Sie können mit einer Bewerberaufstellung den Prozess der Personalauswahl unterstützen. Sie ergänzen und erweitern damit das Spektrum der bisher zur Verfügung stehenden, meist streng rationalen und linearen Auswahlmethoden um eine wichtige Dimension: die systemische Wahrnehmung. Auf diese Weise bekommt auch die für eine künftige Zusammenarbeit so wichtige zwischenmenschliche »Chemie« einen Platz.**

Viele Personalchefs klagen nach einer Einstellung, dass der oder die Neue trotz hervorragender Eignung und bestem Abschneiden im Assessment Center nicht in die Firma passe. Genau diesen Punkt können wir mit einer Bewerberaufstellung vorher beleuchten. Praktisch würde das so vor sich gehen, dass Sie Stellvertreter für die verschiedenen Kandidaten zu ihren zukünftigen Chefs, Kollegen oder Mitarbeitern in Beziehung stellen. Die aufgestellten Personen aus dem Arbeitssystem, also Mitarbeiter oder Vorgesetzte, zeigen oft erstaunlich eindeutige Reaktionen, wie: *»Nein, der passt hier nicht herein.«* Oder sie beginnen den Stellvertreter freundlich anzulächeln und ihn willkommen zu heißen.

Sie reagieren also erstaunlich klar und präzise auf neutrale Stellvertreter für die einzelnen Kandidaten.

Wie gesagt, sollten Sie unabhängig von dieser Aufstellung auch mit den üblichen Auswahlwerkzeugen arbeiten. Dabei ist es wichtig, dass die Leiter eines Assessment Centers nicht in die Aufstellung einbezogen sind und auch nicht vor dessen Abschluss über die Ergebnisse informiert werden. In der Zusammenarbeit mit Personalberatern haben wir die Erfahrung gemacht, dass Kandidaten, die in einer Probeaufstellung gut aufgenommen wurden und im Assessment erfolgreich waren, auch in der Realität gut ins Unternehmen gepasst haben.

Lean-Management

Frage: Wir wollen als Unternehmen schlanker werden und mit flacheren Hierarchien arbeiten. Kann uns die Aufstellungsmethode in so einem Umstrukturierungsprozess unterstützen?

Antwort: Nun, eine Systemaufstellung macht Ihr Unternehmen nicht schlanker. Sie zeigt den Ist-Zustand in Bezug auf ein konkretes Anliegen. Wenn Sie sich fragen, ob ein bestimmter Ansatz zur Restrukturierung, systemisch betrachtet, sinnvoll ist, sollten Sie zunächst überprüfen, ob er die Rechte einzelner Personen oder bestimmter Gruppen im Unternehmen verletzt. Ob es um flache Hierarchien geht oder um Outsourcing – die Konsequenz heißt häufig Personalabbau. Wenn ein Unternehmen Mitarbeiter entlässt, ist aus systemischer Sicht immer die Frage nach dem Ausgleich von Geben und Nehmen wichtig.

Es ist ein Unterschied, ob Entlassungen für die Existenz des ganzen Unternehmens unvermeidlich sind oder ob sie nur aus Sicht einer Interessengruppe, beispielsweise der Aktionäre, gewünscht werden. Letzteres wäre ein Warnsignal, weil einseitige Opfer einzelner Gruppen zugunsten anderer ein Unternehmenssystem aus dem Gleichgewicht bringen und folgenschwere Symptome auslösen können.

Die Symptome entsprechen den Folgen, die ignorierte oder abgeschobene Unternehmensangehörige zu tragen hätten, und vielleicht noch ein bisschen mehr, um es zu unterstreichen. Es scheint, als ob das systemische Gewissen nicht nur im einzelnen Menschen wie ein Kompass funktioniert, sondern auch im Ganzen.

Organisationssysteme reagieren mit einer manchmal schon fast unheimlichen Präzision, als wollten sie ein gestörtes Gleichgewicht exakt ausgleichen – mit Zins und Zinseszins sozusagen. Sie könnten also mit dem Anliegen aufstellen: *»Ich möchte unseren Restrukturierungsprozess so steuern, dass Geben und Nehmen im Gleichgewicht bleiben.«* Dabei wird auch deutlich, wer »wir« ist! Ist es der Vorstand, der sagt: *»Wir wollen schlanker werden?«*, und für wen spricht er? Meint er auch den eigenen Gürtel, wenn er vom Engerschnallen spricht, oder nur den der anderen? Wen hat er hinter sich und wen gegen sich? In der Aufstellung zeigt sich das sehr klar. Sie bringt das Thema auf den Punkt. Solche Themen, die alle Unternehmensangehörigen betreffen, müssen ohne Umschweife angesprochen werden, damit alle wissen, woran sie sind.

Ursachen von Fluktuation

Frage: Falls es in einem Unternehmen viel Fluktuation gibt – was sind die systemischen Hintergründe?

Antwort: Das lässt sich so nicht beantworten. Es könnte die verschiedensten Gründe haben, eine schwache Bindung ans eigene Unternehmen und interessante Mitbewerber etwa, oder es könnte sich um ein systemisches Ausgleichsphänomen handeln. Ohne nähere Information können wir nur vermuten (siehe Beispiel für Fluktuation in Kapitel 3.1). Anderen zugefügter Schaden wird häufig durch neuen Schaden aufgewogen. Das nützt natürlich niemandem, aber so funktioniert es in zwischenmenschlichen Systemen, solange diese Prozesse unbewusst »unterirdisch« ablaufen. Wir sehen daran, wie wichtig es ist, bewusst und aufmerksam systemisch wahrzunehmen. Nur so erkennen wir negativen Ausgleich und können gegensteuern.

Gelingt ein Ausgleich durch Anerkennung nicht, zerstört sich ein Unternehmenssystem selbst. Merkwürdigerweise stimmen die Betroffenen dann solch einem Untergang zu und sagen: *»Das musste ja so kommen!«* Ihr Sinn für Ausgleich ist befriedigt, und der überwiegt jedes Erfolgsdenken. Ob es uns also gefällt oder nicht – niemand kann sich über systemische Grundordnungen hinwegsetzen. Trotzdem wird es immer wieder getan, meist in jugendlicher Selbstüberschätzung.

Unser aus dem amerikanischen Jugendlichkeitswahn abgeleitetes Managementideal vom dynamischen 30-jährigen Blitzaufsteiger, der als Chef »frischen Wind« in alte Strukturen bringt, hat manchmal schwere und teure Folgen. Jüngere Manager haben zwar oft einen guten Riecher für schnelle Gewinne, aber selten Gespür für Rechte und Zugehörigkeiten. So kommt es vor, dass ein junger Aufsteiger in kurzer Zeit verspielt, was Generationen aufgebaut haben.

Natürlich können auch erfahrene Manager zerstörerisch wirken. Besonders ist das bei manchem Vorstandswechsel zu beobachten, wenn jene äußerst erfolgreichen Mitfünfziger nach engagiertem Einsatz für den Erfolg »ihres« Unternehmens gegen astronomische Abfindungssummen zur Konkurrenz wechseln. Von heute auf morgen vertreten sie ebenso überzeugend die Gegenseite und das Gegenteil dessen, für das sie noch gestern rückhaltloses Commitment demonstrierten. Das erklärt sich einfach daraus, dass sie sich zu »ihrem« Unternehmen nie zugehörig gefühlt haben. Sie benutzten es lediglich, während sie persönlich nur der Gruppe der internationalen »Toppeople« loyal verbunden sind.

4.2 Ressourcen aktivieren – unternehmerisches und persönliches Wachstum

Berufliche Alternativen klarer sehen

Frage: Ich stehe kurz vor einer wichtigen beruflichen Entscheidung. Im Moment weiß ich noch nicht, wie ich mich entscheiden werde. Vieles spricht für das eine, vieles auch für das andere. Ist in einem solchen Fall eine Aufstellung sinnvoll, als Entscheidungshilfe sozusagen?

Antwort: Ja, eine Entscheidungsfrage ist ein sehr nützlicher Anwendungsbereich für eine systemische Aufstellung. Sie kann Ihnen helfen, die Alternativen klarer und mit mehr Abstand zu sehen und Ihre Wahl bewusster zu treffen. Nachdem wir wissen, worum es für Sie geht, fragen wir Sie, was für Sie ein gutes Ergebnis wäre. Ist A für sie genauso möglich wie B? Vielleicht gibt es ja sogar noch ein C oder D? Bei Entscheidungen ist es wichtig, sich nicht zu sehr von vornherein zu beschränken. Manchmal eröffnen sich ganz neue Perspektiven, wenn Sie über Ihr Entscheidungsdilemma hinausblicken. Wir schlagen Ihnen eine Aufstellungsvariante vor, in der Ihnen das gelingen kann – die so genannte *Tetralemma*-Aufstellung nach Varga von Kibéd und Sparrer.

Im *Dilemma* haben Sie ein Gegensatzpaar: das eine und das andere. Im *Tetralemma* erweitern Sie Ihr inneres Bild auf vier Positionen: das eine, das andere, beides und keines von beiden. Indem Sie sich so aus dem Dilemma lösen, sehen Sie deutlicher, welchen Preis Sie welche Entscheidung kostet, und können leichter eine kreative Lösung finden.

Ein Konflikt im inneren Team

Frage: Ich habe ein persönliches Ziel, das mir sehr wichtig ist, aber immer das Gefühl, mir bei der Erreichung des Zieles selbst im Weg zu sein. Gibt es mit dieser Methode eine Möglichkeit, das besser in den Griff zu bekommen, so dass ich mein Ziel erreichen kann?

Antwort: Es ist wichtig zu verstehen, dass wir in verschiedene zwischenmenschliche und innermenschliche Systeme eingebunden sind. Das wichtigste und einflussreichste zwischenmenschliche System ist die Familie – die, aus der wir kommen, und die, die wir selbst gründen. Die Familie ist, systemisch betrachtet, deswegen am wichtigsten, weil wir unser Leben aus der Familie, von den Eltern bekommen und es in der eigenen Familie an die Kinder weitergeben. Als Zweitwichtigstes folgt das Arbeitssystem, denn es sichert unser materielles Überleben.

Unsere inneren Systeme sind ähnlich mächtig wie die Familie, denn sie entstehen sehr früh, während wir in der Familie aufwachsen. In jedem von uns lebt eine Vielzahl von Teilpersönlichkeiten, die sich im Laufe der Lebensgeschichte jedes einzelnen Menschen sinnvoll bilden, um ihn zu schützen und zu sichern.

Da sich unsere Lebensumstände aber im Laufe unserer Entwicklung vom Kindergarten über die Schule ins Berufsleben ständig verändern, ist schon morgen nicht mehr hilfreich, was gestern noch gut funktioniert hat. Also gibt es in uns mächtige und entmachtete Teilpersönlichkeiten, die sich ähnlich bekämpfen oder behindern, wie dies Mitglieder eines zwischenmenschlichen Systems tun. Da gibt es in einer Person beispielsweise den tatkräftigen, selbstsicheren Macher und auf der anderen Seite vielleicht einen sensiblen, empfindsamen Musiker. Oder einen ständig drängelnden Antreiber, der mit einem genießerischen Lebenskünstler im Clinch liegt.

Wenn Sie das Gefühl haben, sich selbst im Weg zu sein, kann sich darin der Konflikt zwischen zwei oder mehreren gegensätzlichen inneren Personen ausdrücken. Möglicherweise ist Ihr wichtiges, persönliches Ziel nur für *ein* Mitglied Ihres inneren Systems wichtig, während andere es ablehnen.

Das können wir überprüfen, indem wir einige dieser inneren Hauptfiguren aufstellen – genauso als wären es verschiedene Menschen. Aus ihrer Konstellation zueinander und dem Feedback der Stellvertreter erfahren Sie mehr über ihre Standpunkte. Im Einzelcoaching vertiefen wir das bei Bedarf.

Die Fakten sind völlig ausreichend

Frage: Wie weit muss ich bei der Schilderung eines persönlichen Problems aus meinem Unternehmen in Einzelheiten, sprich ins Intime, gehen? Gibt es eine Möglichkeit, auch ohne »Seelenstriptease« in diesem Rahmen hier zu arbeiten?

Antwort: Ihre persönliche Sphäre bleibt in der Aufstellungsarbeit gewahrt und besonders geschützt. Die Einzelheiten und die persönlichen Eigenschaften der Betroffenen sind nicht notwendig, um ein klares Bild zu bekommen. Die Fakten sind völlig ausreichend. Wir brauchen Tatsachen wie: Wer hat wann mit wem die Firma gegründet oder von wem gekauft? Wann ist wer dazugekommen und in welche Position? Gibt es jemanden, der ausgeklammert wurde oder wird? Ist jemandem schwerer Schaden oder Unrecht zugefügt worden? Das ist die Art von Informationen, die wir benötigen, um damit zu arbeiten. Es geht im systemischen Ansatz nicht um Problemanalyse. Mehr Details würden auch die Stellvertreter vom Wesentlichen ablenken. Wir kommen mit minimalen persönlichen Informationen aus, denn wir fokussieren uns auf die Lösung. Dazu brauchen wir Ihr klares Anliegen. Wir müssen wissen, wo die Reise für Sie hingehen soll, dann können wir arbeiten.

Familienthemen werden wiederholt

Frage: Welche Rolle spielt der eigene Familienhintergrund in Bezug auf ein berufliches oder persönliches Ziel oder Problem? Und vor allem, wie gehen Sie damit um, wenn sich in einer Aufstellung zeigt, dass der familiäre Hintergrund eine Rolle spielt?

Antwort: Es kommt viel häufiger als allgemein angenommen vor, dass Themen aus der eigenen Familie im beruflichen Umfeld wiederholt werden. Wenn z. B. jemand sich in der Familie immer ungerecht behandelt gefühlt oder sich vergeblich gegen den Vater aufgelehnt hat, geht er mit dieser Wahrnehmung auch ins Büro. Oft erlebt er dann im beruflichen Umfeld ähnliche Situationen. Er verwechselt den Chef unbewusst mit seinem Vater und kämpft gegen ihn an, doch der versteht gar nicht, worum es seinem Mitarbeiter geht. Konflikte sind auf diese Weise vorprogrammiert.

> **Vermutlich haben viele zwischenmenschliche Auseinandersetzungen im beruflichen Umfeld einen unbewussten familiären Hintergrund. In der Aufstellung kann man an der Reaktion der Stellvertreter sehen, wenn es eigentlich um ein Familienthema geht.**

Manchmal ist es auch in einem Seminar zur Organisationsaufstellung möglich, in ein Familienthema einzusteigen, wenn der Aufstellende damit einverstanden ist. Das hängt davon ab, wie der Teilnehmerkreis zusammengesetzt ist und wie sich das Vertrauensverhältnis entwickelt hat. Wenn der Rahmen dafür nicht geeignet ist, schlagen wir den Betroffenen im Vier-Augen-Gespräch vor, ihr Familienthema mit uns oder mit Kollegen im Einzelcoaching oder in einem Familienaufstellungsseminar zu bearbeiten.

Frage: Ich habe schon sehr positive Erfahrungen mit Familienaufstellungen gemacht. Da geht es ja häufig sehr dramatisch und emotional zu, bis man eine Lösung findet. Hier dagegen ist es eher ruhig. Ist die Methode denn trotzdem wirksam?

Gute Lösungen sind auch in Ruhe möglich

Antwort: Die intensiven und dramatischen Gefühle, die man in Familienaufstellungen sieht, sind oft Kindergefühle. Da geht es um die Beziehung des kleinen Kindes zu Mutter oder Vater, und damit verbindet sich nicht selten seelische Not. Es ist also ganz natürlich, dass da Tränen fließen. Oder es geht um schweres Schicksal, das jemand in der Familie erlitten hat: Krankheit, früher Tod, Ausgeschlossensein. Wenn sich so etwas in einer Aufstellung zeigt, kann sich das in heftigen Emotionen entladen. Das ist sehr heilsam, wie Sie selbst und viele andere auch erfahren haben.

In Organisationsaufstellungen geht es um andere Themen. Zwar spielen sich in Unternehmen ebenfalls Dramen ab und auch dort werden systemische Prinzipien verletzt, keine Frage. Aber die emotionale Ladung ist bei weitem nicht so hoch. Eine Firma ist keine Schicksalsgemeinschaft. Sie können zu Ihrem Boss gehen und kündigen. Dann sind Sie draußen. In der Familie geht das nicht – selbst wenn Sie in jugendlichem Zorn die Tür zuknallen lassen, um »nie wieder zurückzukommen«. Auch wenn Sie in einem anderen Land leben und den Kontakt nach Hause abbrechen, ist die innere Bindung an Ihre Familie genauso stark, womöglich sogar stärker, als wenn Sie Ihre Eltern und Geschwister täglich sehen.

Die emotionale Tiefe und Intensität entspricht dem System und den Bindungen, die Sie dort haben. Mit guten Lösungen hat das nichts zu tun. Die sind auch in Ruhe und Gelassenheit möglich.

Frage: Ich möchte meine Visionen für die Zukunft klarer entwickeln und mein Unternehmen strategisch richtig aufstellen. Wie kann mir eine Aufstellung dabei helfen?

Ein klareres Bild von Zukunftsvisionen

Antwort: Aufstellungen können nicht nur helfen, Probleme zu lösen, sondern auch Horizonte zu erweitern. Es gibt Aufstellungsformen, mit denen wir speziell auf diese Anliegen eingehen können. Wir fragen Sie nach Ihrer gelebten Unternehmenskultur und nach Ihren wichtigsten Werten. Wir erarbeiten mit Ihnen zusammen so konkret wie möglich, wie Sie sich Ihr strategisch optimiertes Unternehmen vorstellen und woran Sie feststellen, dass Sie sich auf dem Weg dorthin befinden. Dann stellen wir die wichtigsten Faktoren auf, z.B. Ihr jetziges Unternehmen, Ihre Vision und bestimmte Aspekte der Unternehmenskultur. Wir benutzen dazu eine Zeitlinie, die von der Vergangenheit über die Gegenwart in die Zukunft führt. Wenn Ihre Vision jetzt noch etwas nebelhaft ist, erhalten Sie so ein klareres Bild.

Gießen Sie Ihre Pflanze – nicht das Unkraut

Frage: Welche Rolle spielt die Lösungsorientierung bei der Aufstellung?

Antwort: Sie spielt die entscheidende Rolle. Aufstellungen funktionieren nur mit einem klar definierten Anliegen. Entweder Sie suchen eine Lösung für ein Problem, wollen wissen, wie Hindernisse aus dem Weg geräumt werden können, oder Sie wollen ein neues Ziel erreichen.

Die Lösungsorientierung gibt die Richtung an, in die wir arbeiten. Ohne deutlichen Lösungswunsch ist kein Ziel vorhanden. Auch Interesse oder Neugier reichen für eine Aufstellung nicht aus. Sie geben nicht genug Energie ab.

Die Stellvertreter können sich dann nicht einfühlen, reagieren irritiert oder ziehen die Situation ins Lächerliche.

Haben Sie zwar ein Problem, aber keinen Lösungswunsch, werden Sie den Bannkreis des Problems nicht verlassen können. Wie ein Magnet zieht es Sie immer wieder zurück. So könnten Sie Jahre mit einem Problem verbringen, es von allen Seiten betrachten, beleuchten und analysieren. Aber Sie werden es nicht lösen.

Je mehr Aufmerksamkeit Sie dem Problem geben, umso mehr gießen Sie das Unkraut. Das ist Problemorientierung. In der Lösungsorientierung gießen Sie die Pflanze, die Sie wachsen sehen möchten. Das Unkraut verdorrt ganz von allein.

Geben Sie dem Lernprozess Zeit

Frage: Angenommen, ich finde hier im Seminar ein Lösungsbild für mein Anliegen. Ist das dann schon alles? Oder geht es noch weiter?

Antwort: Das kommt sehr auf das Anliegen an, auf den Kontext, in dem es steht, und auf das Lösungsbild. Bei rein persönlichen Anliegen, z. B. einer privaten Entscheidung, kann es sein, dass Ihr Lösungsbild das Thema so auf den Punkt gebracht hat, dass Sie nichts weiter brauchen, um zu handeln. In solch einem Fall genügt es, eventuell nach einiger Zeit miteinander zu telefonieren und über die Ergebnisse zu sprechen. Aber Vorsicht – ein Lösungsbild ist keine Handlungsanweisung! Es weist Ihnen einen Weg und zeigt Ihnen eine Perspektive auf intuitive, analoge Weise.

Lösungsbilder sprechen ähnlich wie Kunstwerke zu ihrer emotionalen Intelligenz. Ihr logisch-analytischer Verstand möchte Verhaltensrezepte und Gebrauchsanweisungen, damit er Schritt für Schritt in Richtung Ziel gehen kann. Ihre intuitive Intelligenz nimmt das Bild auf und braucht eine Inkubationszeit. Sie warten eine Weile – und plötzlich sind Weg und Ziel klar.

Wir raten Ihnen deshalb, nach einer Aufstellung zu warten und das Lösungsbild wirken zu lassen. Denn es aktiviert in Ihnen und auch in Ihrer Umgebung, mit der Sie jetzt auf andere Weise kommunizieren, ein Lernfeld. Das Wort von der *lernenden Organisation* beschreibt diesen Prozess ganz gut. Erst gibt es einen Anstoß, einen Input, also die Aufstellung, die dann eine Art Lernprozess auslöst.

Dem sollten Sie Zeit und Raum geben und nicht erwarten, dass schon nächste Woche Ihr ganzes Unternehmen umgekrempelt ist. Die Veränderung Ihrer Einstellung hat bereits eine Wirkung erzeugt, aber Sie brauchen Geduld. Wenn Sie später Fragen haben, ist ein Einzelcoaching sinnvoll. Darin spüren wir gemeinsam die Themen auf, die Ihre nächsten Schritte verhindern.

Bei komplexen, unternehmensbezogenen Lösungen erarbeiten wir bei Bedarf mit den Beteiligten einen Maßnahmenplan, mit dem die gefundene Lösungsperspektive im Unternehmen implementiert werden kann. Ein Konzept beinhaltet konkrete firmeninterne Schritte – z. B. eine Open-Space-Veranstaltung, bei der alle Betriebsangehörigen zusammenkommen und in kleinen Gruppen über die anstehenden Veränderungen sprechen; außerdem Teambildung an den betroffenen Schnittstellen, Coachings für Schlüsselpersonen, Koordination mit anderen Projekten und Trainings zur Verbesserung spezifischer Fähigkeiten etwa in der Kommunikation oder Konfliktlösung.

4.3 Viel mehr als nur dabei sein – Nutzen der teilnehmenden Beobachtung

Auch im Alltag systemisch wahrnehmen

Frage: Welchen Nutzen haben Stellvertreter oder teilnehmende Beobachter, die kein eigenes Anliegen einbringen, von einer Aufstellung?

Antwort: Sie können auf vielen Ebenen profitieren. Zunächst ist teilnehmende Beobachtung für manche, denen die Aufstellungsarbeit noch fremd ist, eine Möglichkeit des Kennenlernens. Indem Sie die Aufstellungen anderer beobachten, verstehen Sie nach und nach die Abläufe und beginnen, die systemischen Dynamiken nachzuvollziehen, die sich dort zeigen. Sie werden von anderen Teilnehmern in Stellvertreterrollen gewählt, üben, sich darin einzufinden, und schärfen auf diese Weise Ihre Wahrnehmung. Sie lernen, zwischen eigenen Meinungen und Impulsen sowie den Wahrnehmungen in der Rolle des Stellvertreters zu unterscheiden.

Das ist eine sehr wichtige und nützliche Fähigkeit, auch für den beruflichen Alltag. In Gesprächen mit Ihren Mitarbeitern oder Kunden ist es hilfreich, wenn Sie genau zuhören, nonverbale Reaktionen wahrnehmen und dabei die Brille Ihrer persönlichen Meinung und Erfahrung absetzen. Sie üben darüber hinaus, eine Brücke zwischen Verstand und Gefühl, zwischen analytischem Denken und intuitivem Verstehen zu schlagen. Sie lernen, sich in eine völlig fremde Person einzufühlen, und zwar so vollständig, wie das im Alltag selten gelingt. Ihre soziale und emotionale Kompetenz wird auf diese Weise trainiert.

Wir haben von Teilnehmern, die häufig mit uns arbeiten, das Feedback bekommen, dass sie ihre Kollegen und Kunden viel schneller verstehen und ihre Akzeptanz und Beliebtheit im Unternehmen sich erhöht hat. Das ist kein Wunder, denn jeder Mensch reagiert positiv, wenn er sich verstanden und »abgeholt« fühlt. Sie erweitern Ihr Führungsinstrumentarium aber auch in anderer Hinsicht: Sie lernen systemisch wahrzunehmen und zu denken.

Je mehr Fälle und Anliegen Sie in der Aufstellung beobachten, umso wacher und aufmerksamer registrieren Sie auch im Alltag die Verletzung von Grundprinzipien und Grundordnungen in Arbeitssystemen. Sie bekommen allmählich einen Blick für systemische Fallen und lernen, sie zu vermeiden.

Wenn Sie neue Projekte starten, an denen mehrere Abteilungen oder Ressorts beteiligt sind, achten Sie beispielsweise auf die systemische Reihenfolge. Sie erkennen, wer ein Team führen kann und wer nicht. Wenn jemand negativ auffällt, beziehen Sie das nicht nur auf die Person selbst, sondern überprüfen, ob er für das System zum Symptomträger wird.

Wir erleben es immer wieder in Seminaren, dass sich durch teilnehmende Beobachtung und Stellvertretung auch eigene Fragen und eigene Prozesse klären. Letzte Woche kam ein Teilnehmer auf uns zu und meinte scherzhaft enttäuscht: *»Ja, so ein Pech! Jetzt habe ich mich so gut auf mein Anliegen vorbereitet – aber es hat sich erledigt! In der letzten Aufstellung von Frau A. ging es um das gleiche Thema, und mir ist jetzt völlig klar, was bei uns abläuft und welcher Schritt ansteht!«*

Einen weiteren Effekt beschreiben viele Teilnehmer als *erweitertes Weltbild.* In Briefen bekommen wir Rückmeldungen wie: *»Die Erfahrung mit Aufstellungen hat meine Sichtweise für viele Probleme verändert. Ich suche jetzt nicht mehr gleich nach Schuldigen, sondern sehe mehr die Wechselwirkung im System.«* Oder: *»Faszinierend war für mich das Erleben eines ›intelligenten Feldes‹, das Menschen in einem Unternehmen wie ein Netzwerk verbindet. Mein Bewusstsein für dessen Wirkung ist enorm geschärft.«*

Stellvertreter werden zum Sprecher eines fremden Systems

Frage: Wie zuverlässig sind die Aussagen der Stellvertreter? Kann es nicht zu falschen Ergebnissen kommen, wenn jemand in einer Stellvertreterrolle viel aus seinem eigenen Hintergrund mit hineinbringt? Wenn ja, wie gehen Sie als Aufstellungsleiter damit um?

Antwort: Es ist ganz natürlich, dass Stellvertreter auch Eigenes in die Rolle hineinbringen. Das bezieht sich allerdings mehr auf die Ausdrucksform als auf den Inhalt. Manche Menschen haben viel Temperament und neigen deshalb zu theatralischem Ausdruck, andere sind ruhiger und äußern sich eher verhalten. Der wesentliche Gehalt der vertretenen Person oder Position ist davon aber nicht berührt.

Die meisten Stellvertreter können eine Situation ohne jede Vorinformation exakter beschreiben als die vertretenen Personen selbst – zu deren großer Verblüffung. Das liegt auch daran, dass sie keine persönlichen Vorbehalte oder Interessen mit ihrer Aussage verknüpfen. Sie spiegeln nur eine systemische Wahrnehmung und das erweist sich als sehr nützlich und hilfreich.

Stellvertreter werden gewissermaßen vorübergehend zum Sprecher eines ihnen fremden Systems. Nur selten haben wir erlebt, dass ein Stellvertreter ein ganz anderes, eigenes Thema in seine Rolle importierte. Das wird schnell deutlich, weil es nicht zu den Beziehungsgeflechten im System passt. Die anderen Aufstellungsteilnehmer können damit nichts anfangen. In solch einem Fall tauschen wir den Stellvertreter aus und arbeiten später mit dem Betreffenden an seinem verwechselten Thema.

Man bemerkt es auch an anderen Faktoren, wenn ein Stellvertreter nicht bei der Sache ist, um die es geht. Er ist dann nicht gesammelt. Das färbt auf die anderen ab, und die ganze Aufstellung entwickelt keine Kraft. Auch dann tauschen wir aus oder unterbrechen den Prozess, was aber sehr selten vorkommt.

Es braucht ein gutes Auge und Erfahrung von den Aufstellungsleitern, so etwas gleich zu bemerken und rechtzeitig zu steuern.

Bei Muskelkater hilft nur weitermachen

Frage: Ich finde das Beobachten und die Mitarbeit als Stellvertreter sehr interessant und spannend, aber gleichzeitig auch anstrengend und ermüdend. Woran liegt das?

Antwort: Sie verlassen als Stellvertreter vorübergehend Ihre eigene, persönliche Weltsicht und stellen sich für eine bestimmte Rolle zur Verfügung. Sie drücken dann Wahrnehmungen und Gefühle aus, die Ihren eigenen möglicherweise diametral entgegengesetzt sind. Das ist wie ein inneres Stretching. Sie dehnen sich aus, um auch diese Perspektive zu umfassen. Auf Stretching folgt leicht Muskelkater.

Oder Sie sitzen am Rande eines Settings und bemühen sich, die verschiedenen Perspektiven, Positionen und Wirkungen mitzubekommen. Dabei benutzen Sie das gleiche innere Werkzeug: Ihr Einfühlungsvermögen. Sich in so viele verschiedene Menschen einzufühlen, schult ungemein Ihre Wahrnehmung, aber es ist auch anstrengend. So geht es jedenfalls vielen am Anfang. Im Laufe der Zeit können Sie sich auch beim Beobachten und in den Rollen mehr entspannen. Sie identifizieren sich weniger mit den Inhalten – seien es nun Ihre eigenen oder die eines anderen – und übernehmen eine Rolle mit innerer Distanz. Sie geben die Wahrnehmungen wieder, ohne völlig darin aufzugehen. Sie halten einen bewussten Abstand. Das gelingt umso besser, je mehr Sie sich sammeln, also Ihre Wahrnehmung vor und während einer Rolle oder eines Beobachtungsprozesses zugleich bewusst nach außen und innen richten, beispielsweise mit Hilfe des Atems oder einer Körperwahrnehmung. Übrigens ist es hier nicht anders als beim Sport: Bei Muskelkater hilft nur weitermachen!

Darf es ein bisschen weniger sein?

Frage: Ich sehe ja nun aus der Aufstellung, was die Lösung wäre. Aber kann es denn so einfach gehen? Gehört da nicht noch viel mehr dazu?

Antwort: Stellen Sie sich vor, Sie stehen an der Käsetheke eines Feinkostgeschäfts und verlangen eine ganz besondere, sehr teure Spezialität. Sie möchten vier Stück. Der Verkäufer fragt Sie: *»Darf es ein bisschen weniger sein?«* Wie reagieren Sie? Wahrscheinlich leicht irritiert! Warum will er nicht mehr verkaufen? Es gibt doch genug!

Was an der Käsetheke absurd ist, macht in unserem Zusammenhang durchaus Sinn. *»Darf es ein bisschen weniger sein?«* ist die Frage, die lösungsorientierte Berater Ihren Klienten stellen, wenn sie mehr wollen. Warum tun sie das? Wir übernehmen leicht eine einmal gelernte Haltung in alle Lebensbereiche, ohne ihren Nutzen weiter zu überprüfen. Beispielsweise war *»Viel hilft viel!«* das Motto der Kriegsgeneration, als das Hungern ein Ende hatte und in den 50er-Jahren die Fresswelle begann.

Wenn es um Lösungen geht, hilft viel aber nicht viel. Mehr desselben ist nicht mehr, sondern weniger – weniger wirkungsvoll! Deshalb arbeiten wir in systemischen Aufstellungen möglichst knapp, geradezu minimalistisch. Wir stellen nicht das ganze System auf, sondern beginnen mit den unmittelbar beteiligten Faktoren. Im Verlauf der Aufstellung zeigt sich, ob noch weitere Elemente benötigt werden. Auch für scheinbar unüberwindliche Probleme zeigen sich manchmal einfache Lösungen.

Es kann aber schwer fallen, so eine einfache Lösung zu akzeptieren. Wenn wir unter einem Problem schon lange Zeit gelitten und viel Energie investiert haben, ohne es loszuwerden, dann ist es inzwischen ein vertrauter Freund geworden, von dem man sich nicht so einfach trennt. Und wie stünde man vor sich selbst und den anderen da, wenn man berichten müsste: Da hat mich dieses Problem so lange gequält – und plötzlich war im Handumdrehen klar, wo die Lösung liegt. Das ist hart!

> **Schließlich haben Probleme ja auch einen Nutzen: Solange sie da sind, können wir nicht handeln und sind nicht dem Risiko des Erfolgs ausgesetzt. Wenn mir beispielsweise die Ertragslage meines Unternehmens nicht erlaubt, die lange geplante, aber riskante Expansion ins Ausland vorzunehmen, muss ich um meinen Auslandserfolg nicht bangen.**

Diese Erfahrung machen übrigens nicht nur Unternehmer, sondern auch Sozialarbeiter häufig. In ihrer Arbeit mit Obdachlosen, Drogensüchtigen und Gefängnisinsassen sind sie immer bemüht, ihnen aus dem Schlamassel zu helfen. Das gelingt aber äußerst selten. Ein alter Strafgefangener hat einer Gruppe von Psychologen einmal das Spiel erklärt: *»Schaut mal«*, sagte er, *»warum soll ich denn Geld verdienen, heiraten und all das? Das geht nie gut! Hier im Knast kann mir nichts passieren.«* Solange er ganz unten war, also nicht mehr tiefer fallen konnte, fühlte er sich sicher. Jeder Aufstieg war für ihn mit dem Risiko verbunden, wieder schmerzhaft abzustürzen. Ohne Geld, ohne Job, ohne Frau war er sicher. *»If you've got nothing, you've got nothing to loose«*, sang Bob Dylan.

Wer sein Problem los ist, muss zeigen, was er kann. Hat ein Mensch aber an seinen Problemen schwer zu tragen, wird jeder verständnisvoll nicken, wenn er Misserfolge erleidet: *»Ja, ja bei* der *Fluktuation, bei* der *Marktlage, da kann ja der beste Manager nichts ausrichten.«*

Von George Bernhard Shaw stammt der berühmte Satz: *»Im Leben gibt es zwei Tragödien. Die eine ist die Nichterfüllung eines Herzenswunsches. Die andere ist seine Erfüllung.«* Also stellt sich für jeden von uns immer wieder die Frage, ob wir ein großes Problem brauchen oder ob es auch etwas weniger sein darf.

Der versteckte Gewinn

Frage: Sie haben über den »Problemnutzen« gesprochen. In unserem Unternehmen leiden wir jetzt seit langem unter der Fluktuation. Ich kann beim besten Willen nicht erkennen, wo darin für uns ein Nutzen liegen sollte!

Antwort: Der Nutzen könnte reich und umfassend sein. Sie können eine Ahnung davon bekommen, wenn Sie sich ehrlich und ernsthaft fragen: *»Was wäre, wenn durch ein Wunder morgen die Fluktuation aufhörte und alle Mitarbeiter gern im Unternehmen blieben?«* Was löst die Vorstellung aus: Freude, Erleichterung oder Bedenken, Befürchtungen? Wenn ein eher mulmiges Gefühl entsteht, liegt die Vermutung nahe, dass Sie bzw. das Unternehmenssystem auf verdeckte Weise von der Fluktuation profitieren.

In diesem Fall können wir zu den anderen an der Fluktuation beteiligten Faktoren einen Stellvertreter für den »versteckten Gewinn« stellen. Wir sehen dann, wie die anderen darauf reagieren, wie einflussreich er ist und welche Rolle er im System spielt.

Ein Abbruch ist kein Abbruch

Frage: Die Aufstellung, die ich vorhin gemacht habe, ist von Ihnen abgebrochen worden. Mal abgesehen davon, dass ich mir dabei selbst ein bisschen abgebrochen vorkomme, was mache ich damit. Wie geht es jetzt weiter?

Antwort: Wir mussten Ihre Aufstellung abbrechen, weil eine wichtige Information zu Ihrem Unternehmenssystem fehlte. Weitermachen wäre wie Stochern im Nebel gewesen. Das hätte Ihnen nichts gebracht. Jetzt sind Sie enttäuscht. Das ist verständlich! Es ist für denjenigen, dessen Aufstellung abgebrochen wird, immer unangenehm und manchmal auch frustrierend. Andererseits ist der Abbruch kein wirklicher Abbruch des Prozesses. Ihre Frage arbeitet in Ihnen weiter, kristallisiert sich, spitzt sich zu. Wir haben schon erlebt, dass Teilnehmer einige Zeit nach einer »abgebrochenen« Aufstellung anriefen und mitteilten, sie bräuchten jetzt keine Aufstellung mehr. Die Lösung war ihnen plötzlich klar.

Das ist ein weiteres Beispiel für den intuitiven, rechtshirnhälftigen Lösungsprozess. Er bekommt einen Impuls, in diesem Fall eine Enttäuschung, und nach einer gewissen Inkubationszeit taucht eine kreative Lösung quasi aus dem Blauen auf. Dafür gibt es natürlich keine Garantie, aber garantierte Lösungen finden Sie auf logisch-analytischen Wegen auch nicht immer. Gut also, dass wir zwei Gehirnhälften haben! Wenn von der einen nichts Brauchbares kommt, kann die andere einspringen.

Auch wenn Sie eine Lösung finden, ist es immer hilfreich, sie sozusagen mit der anderen Gehirnhälfte gegenzuchecken – also die logisch erarbeitete Lösung durch die Intuition und die intuitive Eingebung durch die Analyse. Emotionale und rationale Intelligenz ergeben zusammen ein Ganzes, das mehr ist als die Summe seiner Teile.

Die Araber haben ein schönes Sprichwort dafür: *»Vertraue auf Gott, aber binde dein Kamel an!«*

4.4 Eine neue Zauberpille? – Kritische Fragen zur Aufstellungsmethode

Patientenhaltung führt nicht weiter

Frage: Ist die systemische Aufstellungsmethode eine neue Zauberpille, die alle unsere Probleme löst?

Antwort: Nein, das ist sie sicher nicht. »Zauberpille« hieße ja, dass Sie etwas *von außen* verabreicht bekommen, das Ihre Probleme ohne Ihr Zutun löst. So als würden Sie sich auf den Operationstisch legen und uns auffordern: *»Entfernen Sie bitte diesen überflüssigen Blinddarm!«* Solch eine Patientenhaltung führt hier nicht weiter. Selbst wenn das Symptom verschwände, wäre dadurch nicht automatisch das Problem gelöst. Meine Freude an dieser »Lösung« würde nicht lange dauern. In der systemischen Arbeit geht es darum zu erkennen, was das Symptom aussagt, auf welche grundlegende Störung es hinweist. Mit einem klaren Anliegen können wir das in einer Aufstellung sichtbar machen. Aufstellungsleiter sind aber keine Problemlöser im Sinne eines Arzt-Patient-Verhältnisses. Vielmehr begleiten sie als Experten einen Lösungsprozess, für den der Aufstellende zuständig ist. Schließlich ist es sein inneres oder äußeres System! Er bringt das Anliegen und den Lösungswillen ein. Die Leiter stellen als Coaches ihr Know-how und ihre Erfahrung zur Verfügung, um den Klienten ans Ziel zu begleiten. Aber für den Weg und das Ziel bleibt der Klient verantwortlich. Das ist sehr wichtig, denn so würdigen Coaches ihre Klienten. Ein Coach oder Trainer darf seinen Klienten nicht entmündigen und sich anmaßen, in seinem Leben Regie zu führen. Täte er das, zeigte er nicht das geringste systemische Grundverständnis. Was leistet also die Aufstellung?

Die Aufstellung ist ein hervorragendes Instrument, um auf einen Blick zu erfassen, was ist. Mit kaum einem anderen Verfahren lassen sich komplexe Unternehmensthemen oder schwierige persönliche Anliegen so schnell, klar und deutlich auf den Punkt bringen. Darüber hinaus ermöglicht die Methode auch, eine Lösungsperspektive zu entwickeln. Im Aufstellungsprozess lösen wir Verstrickungen und ordnen das System nach den Grundprinzipien, bis es stimmig ist. Auf diese Weise

kann eine Aufstellung konkret helfen, ein Team, eine Abteilung oder eine Firma wieder »in Ordnung« bzw. auf Zielkurs zu bringen.

Keine Methode zur Manipulation

Frage: Das klingt alles sehr positiv und harmonisch. Aber kann man nicht auch mit systemischer Aufstellung Unternehmen gefährlich manipulieren?

Antwort: Wir haben das noch nicht beobachtet. Theoretisch denkbar wäre es natürlich, dieses Instrument auch manipulativ einzusetzen. Davor ist keine Methode gefeit. Andererseits – wenn jemand manipulieren möchte, warum sollte er sich die Mühe machen, erst ein Aufstellungssetting herzustellen, um darin vielleicht bestimmte Leute zu »impfen«? Das geht doch im direkten, täglichen Kontakt viel einfacher, weil kaum jemand ständig wachsam ist! Die Schwelle für Manipulationen ist im Alltag wesentlich niedriger als bei neuen Verfahren wie diesem. Viele sind zunächst skeptisch und schauen deshalb besonders genau hin – schlechte Voraussetzungen zum Manipulieren!

Wollte jemand versuchen, gezielt mit Fehlinformationen zu arbeiten, so würde die Aufstellung nicht funktionieren. Die Stellvertreter bekämen kein Bild, könnten sich nicht einfühlen.

Es ist schwer, wenn nicht unmöglich, auf dieser Ebene zu lügen. Denn vieles teilt sich instinktiv über Körperwahrnehmungen mit, über Bewegungsimpulse oder atmosphärisch. Es wäre also ein enorm aufwendiges Projekt, die dichte Atmosphäre einer Aufstellung künstlich herzustellen.

Vielleicht haben Sie schon erlebt, wie schwer es ist, eine Stimmung zu verändern, wenn auf einer Teamsitzung alle gedrückt oder frustriert dasitzen.

Wer über Manipulation spekulieren möchte, könnte natürlich sagen: *»Wir betreiben Industriespionage damit! Wir stellen einfach das Unternehmen unseres Wettbewerbers auf, dann sehen wir dessen Schwächen und können ihn besser ausmanövrieren.«*

Das ist in der Praxis schwer vorstellbar. Jedenfalls haben wir bisher nur brauchbare Aufstellungen gesehen, wenn ein klares, lösungsorientiertes Anliegen aus dem System selbst kam. Destruktive Anliegen von außen sind aber nicht lösungsorientiert. Ohnehin wäre das ein ziemlich naiver Ansatz, vergleichbar mit der Suche nach einer »Fernbedienung« für den Gesprächspartner, die viele gern in Körpersprache-Werkzeugen oder NLP-Techniken finden möchten. Das funktioniert nicht. Sie können einen Menschen nicht öffnen wie eine Miesmuschel, um sie anschließend zu verspeisen. Der andere spürt unbewusst die verborgene Absicht und zieht sich innerlich zurück. Wir haben von unseren evolutionären Vorläufern, den Säugetieren, einen Instinkt für Gefahr geerbt. Wenn dieser Alarm schlägt, erleben wir einen Adrenalinstoß. Also öffnen wir uns nicht, sondern wir fliehen, kämpfen oder stellen uns tot.

Ohnehin führen auch erfolgreiche Manipulationen selten zu befriedigenden Resultaten. Letztlich geht es darum, mit dem anderen in einen Ausgleich zu kommen. Dazu können Sie das eigene Unternehmen und den Mitbewerber aufstellen und nach einer guten Positionierung suchen. Sie erfahren auf diese Weise viel Nützliches über die eigenen Stärken und Schwächen, aber keine »Geheimnisse« über das andere Unternehmen.

Auch Lösungen haben einen Jetlag

Frage: Was macht man, wenn es keine Lösung gibt? Ist dann alles umsonst gewesen?

Antwort: Keineswegs! Mit der Lösung ist es ja nicht wie beim Roulette: rot oder schwarz – gewonnen oder verloren. Die Lösung ist vielmehr Teil eines systemischen Prozesses, in dem z. B. ein Unternehmen ineffektiv gewordene innere Strukturen den veränderten Bedingungen seiner Umgebung anpasst.

Solche Lösungsprozesse haben immer ihr eigenes Timing. Manchmal ist der Apfel so reif, dass ein Anticken genügt, um ihn fallen zu lassen. Vielleicht braucht er aber noch einige Zeit am Baum, bevor es Zeit für die Ernte ist.

Probleme oder Krisen haben auch einen Nutzen. Sie können aus Fluktuation oder Umsatzrückgang viel für die Zukunft lernen, und es wäre schade, wenn Sie das Symptom nur beseitigten, ohne die Zusammenhänge verstanden zu haben. Also kann es, ganz wie im täglichen Leben, mitunter auch in der Aufstellung sehr hilfreich sein, wenn sich *keine* Lösung zeigt. Die abgebildete Ist-Situation gewinnt so immens an Bedeutung. Wie mit einem Brennglas wird sie fokussiert. Sie gehen anschließend mit einem klaren Blick für Ihr Problem oder das gewünschte Ziel nach Hause. Der Prozess setzt sich dann im Alltag fort, und Ihre Energie für die Lösung steigt.

Es gibt eine alte, östliche Parabel für Lösungsmotivation: Wenn Sie wirklich etwas wollen, sind Sie wie ein Mensch, dessen Kopf brennt und der nach einem Eimer Wasser sucht. Je dringlicher, desto mehr Energie stellen Sie für die Lösung zur Verfügung! Wenn sich keine Lösung zeigt, kann es auch daran liegen, dass das Anliegen nicht genug Kraft hatte, nicht hinreichend eindeutig bestimmt war oder dass wichtige Informationen fehlten.

In jedem Fall geht es weiter, und wir haben schon erlebt, dass Teilnehmer, die im Seminar ganz frustriert waren, weil sie keine Lösung fanden, einige Zeit später anriefen und sagten: *»Jetzt hab ich's! Die Lösung war mir plötzlich klar und auch der Weg dorthin.«* Bei diesen Menschen ist ein Prozess gewissermaßen »unterirdisch« abgelaufen, und eines Tages sprudelt die Quelle an die Oberfläche. Es ist ähnlich wie beim Jetlag: Wenn Sie in Amerika aus dem Flugzeug steigen, sind Sie trotzdem noch nicht ganz dort angekommen. Ihr Biorhythmus ist noch zu Hause und macht Ihnen einige Tage lang zu schaffen, bis er sich umgestellt hat. Auch Lösungen haben manchmal einen Jetlag.

Verschiedene Bilder zeigen dasselbe Haus

Frage: Gibt es Aufstellungserfahrungen mit Doppel- oder Dreifach-Blindversuchen? Wenn ich z. B. ein bestimmtes Thema hier im Seminar aufstelle und dann das gleiche Thema mit anderen Stellvertretern und einem anderen Leiter noch einmal aufstelle, bekomme ich dann das gleiche Ergebnis?

Antwort: Die wissenschaftliche Forschung zur systemischen Aufstellungsarbeit steckt noch in den Anfängen. Es gibt erste interessante Ansätze, aber noch nicht genug fundiertes Material, um sagen zu können: So oder so ist es! Trotzdem verfügen wir bereits über Erfahrungen mit Mehrfach-Blindversuchen, allerdings noch nicht im wissenschaftlichen Format mit repräsentativen Ergebnissen.

Aus den Experimenten, in denen Aufstellungen mit gleichem Anliegen, aber unterschiedlichen Leitern und Stellvertretern wiederholt wurden, gibt es gleich lautende Erfahrungen.

Diese bestätigen, dass sich die Grunddynamik eines Systems immer wieder zeigt. Das konkrete Aufstellungsbild kann dabei anders aussehen, aber was es ausdrückt und wozu es führt, ist identisch. Es ist so, als würden Sie ein Haus aus verschiedenen Perspektiven fotografieren: von vorn, von hinten, von der Seite und aus der Luft. Sie erhalten jedes Mal ein anderes Bild, aber alle Fotos zeigen eindeutig dasselbe Haus.

Die Wahrheit ist ein scheues Reh

Frage: Ich habe gehört, dass ein Aufstellungsleiter »ziellos« vorgehen muss. Wie passt das mit der Lösungsorientierung zusammen?

Antwort: Nein, »ziellos« geht man nicht vor. Aufstellungsleiter verfolgen ein klares Ziel – nämlich dem aufgestellten zwischenmenschlichen System zur bestmöglichen Struktur und Kommunikation zu helfen. Dazu müssen sie aber – und das klingt paradox – *absichtslos* vorgehen. Eine so unlogische Vorgehensweise stößt in unserer westlichen Kultur vielfach auf Skepsis. Wir neigen dazu, »unlogisch« mit »ineffektiv« gleichzusetzen. Das ist aber ein Irrtum.

Im alten China hat sich vor Tausenden von Jahren ein anderes, sehr wirksames Prinzip entwickelt: Tun durch Nicht-Tun. Das hat nichts mit Faulenzen zu tun. Es bedeutet, mit voller Aufmerksamkeit dem Unbekannten Raum zu geben. Wenn wir eine Lösung suchen, bewegen wir uns auf unbekanntem Gebiet. Es gibt keine Landkarten. Logisch-lineares Vorgehen ist sinnvoll, wenn wir die Koordinaten eines Lösungsprozesses kennen. In der Aufstellungsarbeit ist das eben nicht gegeben, ganz gleich wie viele ähnlich anmutende Fälle wir schon gesehen haben. Der Rückgriff auf frühere Lösungen wäre deshalb mit dem Versuch vergleichbar, sich in München mit dem Hamburger Stadtplan zurechtzufinden.

Die Zielorientierung in einer Aufstellung ähnelt der Zieltechnik guter Schützen. Sie zielen auf einen Punkt und lassen sich dann von ihrem eigenen Schuss überraschen. Wenn sie nämlich treffen *wollen*, verspannen sie sich und verreißen den Schuss.

Auch kreative Lösungen sind überraschend, denn sie stehen nicht als Resultat am Ende eines logischen Denkprozesses, sondern scheinen plötzlich auf. Der analoge, bildhafte Weg der rechten Gehirnhälfte braucht eine »Inkubationszeit«. Wer jemanden in dieser Phase beobachtet, sieht ihn nicht handeln. Logiker sagen: *»Da passiert ja gar nichts!«* Einstein liegt in der Badewanne und bläst aus einer Tonpfeife Seifenblasen. Was soll das?! Plötzlich, im Nicht-Tun, in der Absichtslosigkeit zeigt sich die Lösung! Viele große Entdeckungen und noch viel mehr kleine praktische Lösungen sind der Menschheit so zugeflogen.

Einstein hatte gelernt, ziellos zu zielen wie ein japanischer Zen-Bogenschütze. Auch Aufstellungsleiter müssen das lernen. Sie müssen in der Lage sein, absichtslos, ruhig und mit gesammelter Kraft die Entwicklung einer Aufstellung zu begleiten. Manchmal sieht es so aus, als käme nichts dabei heraus. Gerade wenn der Prozess zu stagnieren scheint, ist es eine ziemliche Herausforderung, nicht einfach irgendetwas zu tun, sondern ruhig und gesammelt zu warten. Plötzlich aber, wenn man schon aufgeben will, zeigt sich die Dynamik.

Man muss bereit sein, an diese Grenze zu gehen, dem möglichen Scheitern einer Aufstellung ins Auge zu schauen, Erfolg und Misserfolg gleichermaßen zu akzeptieren. Diese Fähigkeit kann man nicht lernen; sie wächst mit zunehmender Erfahrung. Wollten wir ein bestimmtes Ergebnis erreichen, oder meinten wir, wie ein Schachspieler schon aus Erfahrung zu wissen, welches der richtige Zug ist, dann maßten wir uns an, schlauer als das Systemganze zu sein, dem wir eigentlich dienen. So würden wir das Wesentliche verpassen.

Wie zeigt sich eine »absichtslose« Haltung nun konkret? Natürlich heißt das nicht: *»Mir ist alles egal!«* Vielmehr folgen wir der Entwicklung eines Aufstellungsprozesses ohne vorgefasste Meinung. Unsere Haltung ähnelt der eines empirischen Forschers, dessen Blick auf fremde Kulturen im besten Sinne »gleich-gültig« ist. Das heißt eben nicht: *»Mich kümmert hier gar nichts«*, sondern gemeint ist damit: *»Ich betrachte jede sich zeigende Dynamik als gleichermaßen gültig.«* Vom Trainer, der eine Aufstellung leitet, wird also viel verlangt. Er (oder sie) muss sich selbst sehr gut kennen und nach innen und außen so viel Achtsamkeit entwickelt haben, dass es nicht zu automatischen Pro- oder Contra-Reaktionen kommt. Das klingt simpel – wie die Aufstellung selbst ja auch ganz einfach aussieht –, verlangt aber jahrelanges Training, Selbsterfahrung und Supervision.

Würden wir uns mit einer bestimmten Person und ihrer Sichtweise verbünden, hätten wir keine Chance, die Dynamiken des Systems zu erkennen. Wir trügen von vornherein eine gefärbte Brille und würden uns leicht von Einzelinteressen einspannen oder von besonders dramatisch wirkenden Themen blenden lassen.

Systemdynamiken wirken im Verborgenen und können auch mit guter Absicht nicht einfach ans Licht gezerrt werden. Die Wahrheit ist ein scheues Reh, man muss achtsam und respektvoll mit ihm umgehen, sonst verscheucht man es.

Dieser achtsame Umgang mit den Anliegen der Teilnehmer wird auch »phänomenologisch« genannt, weil man nicht einem Konzept folgt oder einen Plan ausführt, sondern mit dem geht, was sich von Augenblick zu Augenblick in der Aufstellung zeigt. Wird die Dynamik nicht klar, kann der Aufstellungsleiter auch verschiedene Varianten austesten. Der Lösungswunsch kommt vom aufstellenden Teilnehmer, und wir müssen ihn sorgfältig überprüfen. Deshalb fragen wir beispielsweise: *»Was genau wäre anders, wenn Ihre gewünschte Lösung einträte?«* oder *»Woran würden Sie es konkret merken, wenn Ihr Problem morgen verschwunden wäre?«*

In einer Unternehmensaufstellung ging es kürzlich darum, dass eine Führungskraft ihre Prokura missbraucht hatte. Ihre Chefs waren empört und wollten sie hinauswerfen. Es zeigte sich aber, dass sie nicht egoistisch, sondern für das Unternehmen gehandelt hatte – zwar auf eine riskante Weise, aber mit dem Ziel, einen Schaden abzuwenden. Hätten wir uns innerlich der scheinbar gerechten Empörung angeschlossen, wäre die Handlungsweise dieses Mannes nicht deutlich geworden – zum Schaden für das ganze Unternehmenssystem!

Kein Geheimwissen aufbauen

Frage: Wie soll man sich nach einer Aufstellung im Unternehmen verhalten? Das ist mir noch nicht klar. Ich weiß ja jetzt, wie die Lösung für ein bestimmtes Problem aussehen kann, aber die Kollegen wissen es nicht. Können nicht dadurch schon wieder neue Probleme entstehen?

Antwort: Wichtig ist vor allem: nicht zu sehr auf die Tube drücken! Angenommen, Ihr Projektteam hat in letzter Zeit nicht gut gearbeitet. Sie möchten für Ihre Kollegen und sich eine Lösung für das Teamproblem finden. Wenn Sie nach der Aufstellung zurück ins Unternehmen kommen, sind Ihre Kollegen natürlich gespannt, was herausgekommen ist. Insofern sind sie in einer schwächeren, sensiblen Position, denn sie wissen nicht, was jetzt auf sie zukommt. Manche machen sich möglicherweise Sorgen und fragen sich: *»Wird jetzt alles anders? Betrifft das meinen Job? Krempeln die jetzt den ganzen Laden um?«*

Machen Sie deshalb kein Geheimwissen aus Ihrem Ergebnis! Es ist besser, wenn Sie ganz sachlich berichten und sich auf die Lösung konzentrieren. Sie können z. B. beschreiben, wie das Lösungsbild auf Sie gewirkt hat. Sie können deutlich machen, dass es um den Lernprozess aller im Unternehmen geht und somit niemand ausgeschlossen wird. Oder Sie erklären einige der systemischen Grundprinzipien, wie Zugehörigkeit oder den Vorrang der Früheren vor den Späteren.

Die meisten Menschen verstehen das sofort ganz intuitiv. Wenn kritische Fragen kommen, hilft es Ihren Kollegen, wenn Sie sie als Interessensignal verstehen, statt sie zu entkräften oder gar zu ironisieren. Vielleicht können Sie für besonders Interessierte eine Inhouse-Aufstellung oder eine Seminarteilnahme ermöglichen. Allmählich verliert die Aufstellung den geheimnisvollen Charakter und wird im Unternehmen als das gesehen, was sie ist: ein wertvolles methodisches Instrument.

Das bezieht sich auf unternehmensrelevante Aufstellungsanliegen. Bei persönlichen Anliegen gilt: Konzentrieren Sie sich auf den eigenen seelischen Prozess. Wenn Sie diesen zum interessanten Diskussionsthema machen, ziehen Sie sich damit selbst den Stecker heraus. Der Prozess verliert an Kraft. Sprechen Sie also möglichst nicht oder nur sehr knapp und sachlich darüber. Beschreiben Sie die äußeren Abläufe, nicht Ihre persönlichen.

Ausgleich ist auf Dauer erfolgreicher als Abzocken

Frage: Sie sprechen davon, dass es Unternehmen nützt, wenn auf systemischen Ausgleich geachtet wird. Wenn ich mich in der Welt umschaue, habe ich aber eher den Eindruck, dass nicht Fairness siegt, sondern die rücksichtslose Abzockerei. Ist der Ausgleich von Geben und Nehmen nicht nur ein frommer Wunsch?

Antwort: Man darf das nicht nur kurzfristig betrachten. Ausgleich ist ein übergeordnetes Prinzip, aber es braucht Zeit. Die Naturgesetze führen uns das vor. Das Pendel schlägt immer wieder zurück. Es bleibt nicht auf einer Seite stehen, nur weil das unsere Lieblingsseite ist. Sie können es überall beobachten, im menschlichen Leben wie in der Natur. Unsere ökologischen Probleme zeigen das sehr unmittelbar. Wo wir Raubbau treiben, also zu viel nehmen, zahlen wir einen hohen Preis, um das Gleichgewicht wieder herzustellen.

Der menschliche Verstand hat große Schwierigkeiten, dieses einfache, universelle Prinzip des Ausgleichs zu akzeptieren. Er hält sich für klüger und glaubt, es austricksen zu können: *»Buy now – pay later!«* Jetzt einen Coup landen und für immer auf der Gewinnerseite stehen. Doch das ist eine Illusion! Wenn wir meinen, wir könnten nur nehmen, genießen und die Rechnung anderen überlassen – den Verlierern eben –, erwirken wir allenfalls einen Aufschub.

Letztlich zahlt man so einen höheren Preis zurück, mit Zins und Zinseszins. Im Zuge der Globalisierung werden wir damit immer drastischer konfrontiert. Es gibt keinen Ort, an den wir unseren Zivilisationsmüll verbannen können, der nicht auf uns selbst Auswirkungen hätte. Ein reiches Land wie die USA nimmt sich das Recht heraus, ein Viertel aller Weltressourcen zu konsumieren und kauft sich von einer Reduktion der Schadstoffemissionen frei. Doch was nützt das den Amerikanern, wenn durch Ozonloch und Klimakatastrophen auch die eigene Lebensqualität sinkt?

Die cleveren Abzocker, von denen Sie sprechen, leben in einer kindlichen Happy End-Fantasie. In Hollywoods Seifenopern gibt es diese rosaroten Happy-Ends, in denen die glücklichen Gewinner bis in alle Ewigkeit strahlen. Niemand fragt nach dem Preis, den das kostet. In der Realität aber beginnt das Leben mit seinen Krächen, Pleiten und Regengüssen genau dort Ausgleich zu schaffen, wo im Film das Lächeln des glücklichen, reichen Paares eingefroren wird.

Alles hat seinen Preis. Darum kommt niemand herum. Wer systemischen Ausgleich eine Weile beobachtet hat, zahlt ihn deshalb gleich freiwillig, bevor er mit Säumniszuschlägen dazu gezwungen wird. Auch noch so clever angelegte schwarze Kassen und noch so gut getarnte Schmiergelder kommen irgendwann ans Licht. Es kann lange gut gehen. Dann aber wird es für die »Cleverles« richtig teuer.

Wir haben neulich ein Unternehmen beraten, in dem sich beim Verkauf an eine Holding der Vorstandsvorsitzende auf Kosten seiner Vorstandskollegen bereicherte. Er hatte die Verkaufsverhandlungen geführt und die Verträge so geschickt geschlossen, dass er mit einer goldenen Nase und seine Mitgesellschafter mit einem dicken Minus herauskamen. Nun kann man sagen: Alle Achtung! Clever gemacht! Oder: Wie dumm von den anderen, sich so übers Ohr hauen zu lassen! Es zeigen sich aber jetzt beim verkauften Unternehmen massive Probleme: Die neuen Eigentümer wollen den Ex-Vorstand regresspflichtig machen. Wenn ihnen das gelingt, wird er mit noch weniger dastehen als seine Mitgesellschafter, die er über den Tisch gezogen hat.

Das klingt jetzt vielleicht alles ein wenig moralisch, nach dem Motto »Ehrlich währt am längsten« oder biblisch: »Auge um Auge, Zahn um Zahn«. Aber darum geht es nicht. Wir kommen um die simple Tatsache nicht herum, dass menschliche Systeme nach dem Prinzip des Ausgleichs funktionieren. Wer das nicht wahrhaben will, schadet letztlich sich selbst. Wer es aber anerkennt, wird auf lange Sicht erfolgreicher sein.

4.5 Fragen von Teilnehmern eines Unternehmer-Symposiums

Die folgenden Fragen ergaben sich im Anschluss an die Demonstration einer Organisationsaufstellung.

Ins Praktische übersetzen

Frage: Wenn sich im Lösungsbild alle wohl fühlen, kann das nicht einfach nur »nett« sein, das Wohlfühlen? Kann es einen Konflikt geben zwischen dem Wohlfühlen und dem Gefühl, dass uns das nicht unserem Ziel näher bringt? Gibt es diese Konflikte?

Antwort: Ja, die gibt es. Gerade Menschen, die gelernt haben, technisch zu denken und an Lösungen zu arbeiten, sind natürlich erst mal skeptisch. Skepsis heißt aber auch, dass man genau hinschauen soll; das bedeutet übersetzt das Wort »Skepsis«. Sie sind also nicht aufgefordert zu glauben, dass dies wirkt. Hinschauen heißt, dieses Lösungsbild, das sich entwickelt hat und dessen Entwicklung ich mitverfolgt habe, als Bild aufzunehmen. Damit gehen Sie schon einen Schritt über die Skepsis hinaus. Weiter können Sie z.B. fragen: *»Was kann es denn heißen, wenn Produktion und Vertrieb im Lösungsbild nebeneinander stehen?«* Ein möglicher Schritt wäre beispielsweise, ein gemeinsames Schnittstellenteam zu bilden. Das wäre eine Konsequenz aus dieser Aufstellung. Man kommt also durch ein Lösungsbild zu ganz konkreten, durchführbaren und kontrollierbaren Maßnahmen. Wenn man dieses Bild so ins Praktische übersetzt, kann diese Art von Skepsis überwunden werden.

Noch einmal zum Nutzen des Lösungsbildes ein Fall, an dem wir direkt im Unternehmen mit den Beteiligten gearbeitet haben. Es ging hier um eine Nachfolgefrage. Im betreffenden Unternehmen kam ein Nachfolger für den ursprünglichen Chef herein, und zwei Gruppen mussten eine Zeit lang parallel arbeiten. Es kam zu heftigen Spannungen und Unzufriedenheit bei den Mitarbeitern. Fragen wie: *»Führt der Alte noch, führt der Neue? Was wird mit uns? Wird vielleicht sogar verkauft!«* entstanden, lähmten die Arbeit und hatten auch schon innere wie äußere Kündigungen zur Folge.

In der Aufstellung zeigte sich das gespannte Verhältnis der beiden Chefs zueinander sehr deutlich. Die Rücksprache mit dem Aufstellenden ergab, dass das gestörte Verhältnis nicht ernst genommen wurde und völlig aus dem Blick geraten war. Jetzt wurde sichtbar, dass die Beziehung zwischen dem alten und dem neuen Chef erst geklärt werden musste, damit sich die ganze Situation entspannen konnte. Das geschah und war sofort positiv im Arbeitsalltag spürbar.

Wir arbeiten hier mit einer Methode, die noch ungewohnt ist. Doch wenn Sie Ihre natürliche Anfangsscheu oder Berührungsskepsis überwunden haben, steht Ihnen ein Werkzeug zur Verfügung, das sehr praktisch, effektiv und umfassend einen Ist-Zustand zeigt und zu Lösungen führt. Und dies in einer Geschwindigkeit, die keine andere uns bekannte Methode auf der zwischenmenschlichen Ebene zu leisten imstande ist. Darin liegt ihr Vorteil!

Prozess *und* Lösung sind wichtig

Frage: Wir haben jetzt an dieser Demo-Aufstellung gesehen, dass es eine Anfangsposition, Zwischenpositionen und eine Endposition gibt. Wie wichtig sind diese drei Stadien? Ich kann doch im Prinzip aus der Differenz von Anfang und Ende einen Prozess ableiten, den ich dann initiieren kann. Oder betrachte ich nur die Schlussposition?

Antwort: Wir sehen durch das Umstellen Prozessschritte, die für die Umsetzung in die Praxis hilfreich sind. Wir dokumentieren während einer Inhouse-Aufstellung die einzelnen Prozessschritte und schauen dann gemeinsam mit unserem Kunden, welche dieser Prozessschritte für die Praxis bedeutsam sind. Das

Lösungsbild in dieser Aufstellung hat wiederum gezeigt, wie wichtig es ist, dass der Berater außerhalb des Systems bleibt und so einen guten Überblick behält. Deshalb definieren wir mit unseren Kunden gemeinsam sehr genau den Auftrag und besprechen, welche Schritte nötig sind, um dieses gefundene Lösungsbild umzusetzen. Manchmal muss man gar nichts weiter tun. In anderen Fällen sind Trainingsmaßnahmen nötig oder ein systemisches Coaching. Auf den Punkt gebracht:

Alle drei Stadien sind wichtig: die Ist-Situation, der Prozess, der zur Lösung führt, und die Lösung selbst.

Das Anliegen muss klar sein

Frage: Kann man sagen, dass die Anfangssituation bzw. das Anfangsbild einer Aufstellung nicht zufällig entsteht, sondern ein realitätsnahes Abbild des Beziehungskonfliktes ist?

Antwort: Ja. Wir überprüfen aber häufig das Anfangsbild, indem wir es im Unternehmen von mehreren Personen unabhängig voneinander aufstellen lassen. Da ergeben sich manchmal differente Bilder, aber mit ähnlicher Grundkonstellation oder Grunddynamik, wie auch durch die Rückmeldungen der Stellvertreter bestätigt wird. Allerdings ist es für die Aufstellung von großer Wichtigkeit, ein sehr konkretes Anliegen in Bezug auf eine Lösung zu haben. Sonst funktioniert die Aufstellung nicht. Das zeigt sich dann u. a. an der Unkonzentriertheit oder Verwirrung der Stellvertreter. Deshalb nehmen wir uns Zeit, gemeinsam mit dem Aufstellenden das Anliegen zu definieren und zu formulieren. Ist dieser Schritt gelungen, können wir davon ausgehen, im Anfangsbild einer Aufstellung das innere Bild eines Konfliktes – oder was sonst der Grund für eine Aufstellung ist – im Außen durch die Stellvertreter abgebildet zu sehen.

Hilfe bei Personalentscheidungen

Frage: Kann man mit dieser Methode herausfinden, ob jemand generell an einem falschen Platz im Unternehmen eingesetzt ist? Jemand ist z. B. im Finanzbereich tätig, und es fragt sich, ob seine Qualitäten nicht an einem anderen Platz sinnvoller eingebracht werden könnten.

Antwort: Auch dafür kann man diese Methode unterstützend einsetzen, und zwar auf zwei Ebenen: Einmal schaut man das äußere beteiligte System an, das Unternehmen. Hier in Ihrem Beispiel wäre es der Finanzbereich und andere eventuell infrage kommende Arbeitsbereiche. Parallel schauen wir im Einzelcoaching das innere System der Person an, um die es geht. Gibt es Talente, Kräfte und Fähigkeiten, die bisher unberücksichtigt blieben, Ressourcen, die nicht genutzt werden? Diese beiden Prozesse laufen parallel, bis klar wird, wo sich die Person hingezogen fühlt und wo sie auch von den Kollegen besonders geschätzt wird. So wird auf verschiedenen Ebenen an einem Anliegen gearbeitet, bis man zu einer Lösung gelangt, die das Unternehmenssystem und das innere System – die Persönlichkeitsstruktur des Einzelnen – berücksichtigt. Das klingt jetzt möglicherweise recht komplex, aber in der Praxis kann so etwas bereits mit einer Aufstellung und einigen Coachingterminen erledigt sein.

Bei Neueinstellungen arbeiten wir bereits in Kooperation mit Entscheidungsträgern im Personalbereich mit Aufstellungen. Ein Anwendungsbereich ist hier: Welcher Bewerber passt gut in ein bestehendes Team? Indem wir die verschiedenen infrage kommenden Personen durch Stellvertreter repräsentiert aufstellen, können wir sehen, wie das bestehende Team auf die einzelnen Bewerber reagiert.

Bei einer Aufstellung wird z. B. der erste Kandidat von allen sofort angeschaut, während der zweite eher auf Desinteresse stößt und der dritte vielleicht sogar auf Ablehnung. Natürlich muss man das in der Praxis überprüfen, indem – unabhängig von der Aufstellung – andere Verfahren, wie z. B. Assessment-Center, von unbeteiligten Personen durchgeführt werden.

Heraus aus alten Gewohnheiten

Frage: Angenommen, es wurde ein Lösungsbild gefunden, aber nach einer gewissen Zeit ist alles wieder zur alten Struktur zurückgekehrt. Kann so etwas vorkommen?

Antwort: Ja, es kann passieren, dass wieder zu alten Strukturen zurückgekehrt wird. Das Lösungsbild kann man sich als einen Schlüssel vorstellen. Es ist nicht immer die erste Umdrehung des Schlüssels, die die Tür dauerhaft und weit öffnet. Das Lösungsbild sagt nur: Wenn Sie diesen Schlüssel benutzen, dann können

Sie die Tür öffnen. Aber wir Menschen sind Gewohnheitstiere, und alte Gewohnheiten sind bekanntlich zäh. Oft lassen wir die Tür zur Lösung wieder zufallen. Dann ist es gut, einen Schlüssel zu haben und ihn auch zu benutzen. Sie öffnen die Tür immer wieder – so lange, bis alle Beteiligten sehen: Da geht es durch! Aber man darf nicht erwarten, dass eine einmalige Aufstellung sofort alles löst. Es kommt zwar vor, aber in der Regel braucht es mehr Arbeit. In jedem Fall gewinnen Sie einen klaren Blick für den Ist-Zustand. Und das ist schon viel wert!

Änderung von Zielen

Frage: Wenn sich das Ziel in ein oder zwei Jahren ändert, sollte man dann erneut eine Aufstellung machen?

Antwort: Wenn Sie damit ein konkretes Anliegen verbinden, ja. Dann können Sie Ihr neues Ziel überprüfen. Sie sehen in der Aufstellung auf einen Blick: Was verändert das Ziel? Für wen ist es attraktiv, für wen nicht? Was brauchen wir, um es zu erreichen? Wenn jetzt etwas Gravierendes sichtbar wird, können Sie rechtzeitig korrigieren. So entscheiden Sie mit Hilfe der Aufstellung sehr zielgerichtet und genau, in welche Richtung Sie gehen, wo Sie investieren, was Sie bevorzugen und welchen Stellenwert Sie einem neuen Projekt geben.

5. Systemisches Coaching – vom Makro- zum Mikrosystem

5.1 Wie Makro- und Mikrosystem ineinander greifen

Konkrete Maßnahmen helfen, die Lösung umzusetzen

Sie haben in den vorhergehenden Kapiteln erfahren, wie Systemdynamiken in Unternehmen wirken und wie sie mit der Aufstellungsmethode harmonisiert werden können. So kraftvoll und motivierend Lösungsbilder in einer Aufstellung auch wirken – sie sind weder eine bereits umgesetzte Lösung, noch eine Handlungsanweisung. In ihnen ist komprimierte Information über ein System und seine harmonisierte Entwicklung abgebildet.

Ist also mit dem systemischen Lösungsbild schon alles Nötige getan? Sollten wir einfach auf seine Wirkung vertrauen und zum Tagesgeschäft übergehen? Manchmal wirkt sich die in einer Systemaufstellung gefundene Lösung tatsächlich bereits so positiv aus, dass sich die Frage nach ihrer Implementierung später kaum noch stellt. In anderen Fällen sind konkrete Maßnahmen notwendig, um eine Lösung praktisch umzusetzen. Das können z. B. Kompetenzerweiterungen, Beförderungen, Gehaltsanpassungen oder die Einrichtung von Schnittstellenteams zwischen Konfliktparteien im Unternehmen sein.

Der Erfolg hängt auch vom Mikrosystem »Persönlichkeit« ab

Häufig werden wir von unseren Kunden gefragt: *»Aber was ist mit den Menschen, von denen die Umsetzung der Lösung abhängt? Die ändern sich doch nicht einfach so!«* Das ist sicherlich wahr. Deshalb ist es mitunter hilfreich, den Beratungsauftrag um systemisches

Coaching zu erweitern. Denn wir alle können ungewollt und in bester Absicht eine von uns selbst gewollte Lösung torpedieren.

Hier treffen zwei Welten zusammen, die miteinander in besonderer Beziehung stehen: das *Makrosystem* Unternehmen mit seiner vielschichtigen Organisationsstruktur und das *Mikrosystem* Persönlichkeit mit seiner nicht weniger komplexen »inneren Teamstruktur«, seinen zahlreichen und oft konträren Teilpersönlichkeiten.

Die Frage ist, wer im »inneren Team« einer Person der Lösung zustimmt und wer sie ablehnt. Eine Antwort suchen wir bei Bedarf gemeinsam im Einzelcoaching.

Im Folgenden stellen wir Ihnen unseren systemischen Coachingansatz vor, den wir als Brücke zwischen kollektiven und individuellen Welten entwickelt haben. Seine Grundlage ist einfach und bewährt. Er orientiert sich an einer der ältesten Erkenntnisse der menschlichen Kultur, dem Kernsatz der *Smaragdenen Tafel* des Hermes Trismegistos: »Wie oben, so unten.« Makrokosmos und Mikrokosmos entsprechen sich. Die Strukturen und Konstellationen, die die Alten in den Zyklen der Natur, im Lauf der Planeten und in der kontemplativen Innenschau fanden, spiegelten eine gemeinsame Grundordnung wider. So wie sich der einzelne Vogel als Teil eines gewaltigen Schwarms bewegt, unterliegen auch die Organe und Zellen seines Körpers den Gesetzen des größeren Systems, zu dem sie gehören.

In jedem Teil spiegelt sich das Ganze

»Holons« nennen Natur- und Geisteswissenschaftler heute diese Bausteine der Natur, die nach dem Prinzip »Holons in Holons in Holons« (Ken Wilber) organisiert sind. Jeder Embryo durchläuft im Schnelldurchgang die Evolution des Lebens und ist nach der Geburt Kind seiner Eltern, seiner Kultur, seiner Zeit. »Wie oben, so unten«, das bedeutet auch: wie im Großen, so im Kleinen, wie im Ganzen, so in den Teilen. *In allem spiegelt sich das eine.*

Dieser jahrtausendealte philosophische Leitsatz erfährt gegenwärtig vielfältige Bestätigung. Wissenschaftler entdecken Entsprechungen von Makro- und Mikrosystemen in Molekularbiologie, Biochemie, Genforschung und Quantenphysik. Kleinste

Systeme werden als Miniaturausgaben des Ganzen erkannt. Auch unsere gesellschaftliche und technologische Entwicklung spiegelt dieses systemische Grundprinzip.

Ein aktuelles Beispiel für solche Makro-Mikro-Wechselwirkungen ist die Internetentwicklung. In der Vernetzung von x-Millionen Computern erleben wir die Entstehung eines Makrosystems, dessen Auswirkung auf die Mikrosysteme, auf unser tägliches Leben und Arbeiten, wir gerade zu erahnen beginnen.

Systemisches Mikro-Coaching hilft, Hindernisse abzubauen

Im systemischen Coaching können wir Entsprechungen von Makro- und Mikro-Systemen nutzen, um den Implementierungsprozess einer systemischen Lösung zu fördern. Wie jede Schnittstelle ist auch die zwischen Unternehmenssystem und individuellem System ein kritischer Engpass. Wie gelingt eine Lösung zwischen den klassischen Konfliktfeldern der Einzelinteressen und der Teamziele im Alltag? Die blinden Flecken einer Organisation, die unbewussten Hindernisse in einem Unternehmen können mit der Aufstellungsmethode ans Licht kommen. Es wird sichtbar, wie unproduktive Machtkämpfe aus systemischen Verwicklungen entstehen und wie man durch bessere Mannschaftsaufstellung effektiver zusammenarbeiten kann.

Aber wie kommen Sie Ihren eigenen inneren Machtkämpfen auf die Spur? Wie können Sie sicherstellen, dass die gefundenen systemisch richtigen Positionen von den Beteiligten auch eingenommen werden? Jede einzelne Person ist schließlich nicht nur ins Unternehmenssystem eingebunden, sondern auch stark von anderen systemischen Kräften beeinflusst, vor allem vom eigenen Familiensystem und dem inneren Persönlichkeitssystem. Ein wichtiges Steuerungsinstrument für hier auftretende Spannungsfelder ist *Coaching:* eine individuelle Begleitung in systemischen Prozessen.

Makro- (Familien, Unternehmen, Organisationen) und Mikrosystem (das Persönlichkeitssystem mit seiner »inneren Teamstruktur«) sind parallele Systeme, die nach ähnlichen Grundmustern funktionieren. Bisher beschäftigen sich Lösungsansätze entweder mit dem Makrosystem Unternehmen oder dem Mikrosystem

Person. Wie gut auch immer ihre Ergebnisse sind, sie vernachlässigen jeweils die andere Hälfte und greifen deshalb zu kurz.

Lösungen müssen Makro- *und* Mikrosysteme berücksichtigen

Im Makro-Mikro-Coaching integrieren wir deshalb die Arbeit mit beiden Systemen zu einem umfassenden, lösungsorientierten Vorgehen. Wir beginnen mit der systemischen Ist-Analyse dort, wo »der Schuh drückt«. Ist das im Makrosystem Unternehmen der Fall, suchen wir in der Aufstellungsarbeit hier eine Lösung. In den Abteilungen, Arbeitsgruppen und kleinen Teams zeigt sich später, ob sie trägt. Wenn weiterer Handlungsbedarf besteht, fokussieren wir das Coaching auf Fragen wie: *Erlebt der Einzelne die gefundene Makro-Lösung auch als Gewinn für seine persönliche Arbeitssituation? Was braucht er andernfalls noch, um einer gefundenen Makro-Lösung zustimmen zu können?* Die einzelnen Schritte, die wir beim Aufstellen und Umstellen des Arbeitssystems gegangen sind, geben auch deutliche Hinweise für Lösungen innerhalb des Persönlichkeitssystems.

5.2 Verborgenes Potenzial – die Harmonie der Gegensätze

Schwierige Menschen sind die besten »Trainer«

Gegensätze ziehen sich an, so heißt es. Sie können sich jedoch auch ziemlich heftig abstoßen und Konflikte vom Zaun brechen. Das ist vor allem dann der Fall, wenn eines der wichtigsten systemischen Grundprinzipien außer Acht gelassen wird: die Würdigung und Anerkennung des anderen. Genau das geschieht aber häufig, denn es fällt uns zwar leicht, ähnlich »gepolte« Menschen anzuerkennen, aber bedeutend schwerer, wenn es sich um Gegenpole handelt. Dazu braucht es Übung. Wissen Sie, wer dafür Ihr bester Trainer ist? Der Mensch, den Sie am wenigsten ausstehen können! Denn das, was Sie an ihm besonders abstößt, ist die Schattenseite dessen, was Ihnen selbst fehlt. Ein Extraplus an solch einem »Trainer« ist, dass Sie ihn nicht bezahlen müssen! Wir möchten Ihnen zeigen, wie Sie die Eigenschaften eines »Feindbildes« für Ihre eigene Entwicklung nutzen können. Gerade für Arbeitssysteme ist das ein enorm wichtiger Prozess. Gelingt es beispielsweise, eine herablassende oder ablehnende Haltung zwischen Produktion und Vertrieb in gegenseitige Würdigung zu transformieren, ist damit ein Fels aus dem Weg geräumt.

Die lernende Organisation zeigt sich im Kommunikationsklima

Das Ist-Bild einer Aufstellung zeigt Ihnen, wo und wie genau systemische Verwicklungen oder die Missachtung systemerhaltender Prinzipien Ihren Erfolg behindern. Im Lösungsbild sehen Sie sich am Ziel. Um die Vision, die sich dort zeigt, konkret umzusetzen, kann es nötig sein, den Weg vom Makro- ins Mikrosystem zu gehen. Wenn Sie konkret und praktisch den Lösungsprozess im Unternehmen verankern, beginnt Ihre Organisation tatsächlich zu lernen!

> **Die *lernende Organisation* wird in den Mikrosystemen sichtbar: in den Denkweisen, Einstellungen und Handlungen ihrer Mitarbeiter.**

Im Folgenden stellen wir Ihnen an einem Beispiel das »Entwicklungsquadrat« vor, das einen ersten Schritt ins Mikrosystem ermöglicht (siehe auch Schulz von Thun in seinem Standardwerk *Miteinander Reden 2*, 1989).

Hubert Knauser und sein verschwenderischer Geschäftspartner

Der Blick auf die »Fehler« des anderen verdeckt die eigenen

Hubert Knauser lehnt an seinem Geschäftspartner Karlo Kaviar, mit dem er gemeinsam erfolgreich ein Unternehmen führt, dessen »Verschwendungssucht« ab. So leidet er z. B. sehr darunter, dass Herr Kaviar ständig seine Büroeinrichtung den neuesten Trends anpasst, während er seit der Gründung vor 15 Jahren selbstverständlich noch die robuste, solide Ersteinrichtung behalten hat. Herr Knauser sieht sich selbst als sparsamen kühlen Rechner. Dieses verschwenderische Verhalten seines ansonsten geschätzten Partners ist ihm ein Dorn im Auge. Allerdings kann er in Karlo Kaviars Verhalten nur die Schattenseite des Gegenteils seiner Sparsamkeit sehen, also seine Verschwendungssucht. Den lichten Teil dieser Eigenschaft, die Großzügigkeit, und auch seine eigene Schattenseite, den Geiz, kann er nicht sehen.

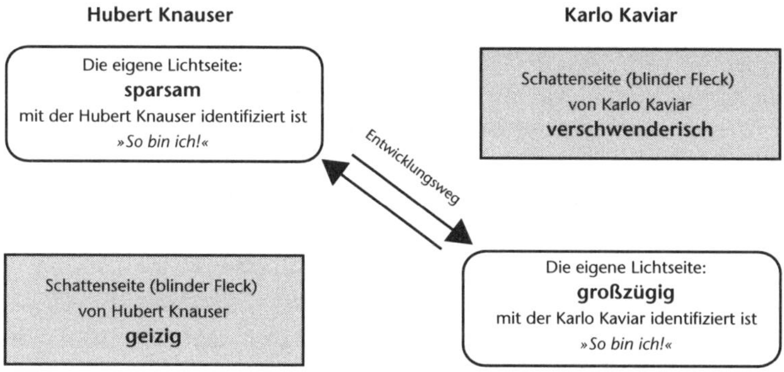

Entwicklungsquadrat am Beispiel von Hubert Knauser und Karlo Kaviar

»Schattensicht« verstellt den Blick auf die Wirklichkeit

Herr Knauser ist in diesem Beispiel von einem Teil seiner Persönlichkeit beherrscht, der sich mit Sparsamkeit identifiziert. Weil ihm das nicht bewusst ist, kann dieses Mitglied seines »inneren Teams« das Steuer übernehmen und in seinem Namen »verschwenderische« Menschen ablehnen. Herr Kaviar aber, den er als verschwenderisch verurteilt, sieht sich selbst als großzügig. Die Schattenseite der Großzügigkeit bleibt sein blinder Fleck. Zwar ärgert sich Karlo Kaviar manchmal über die chronische Ebbe in seinem persönlichen Budget, jedoch ein solcher »Geizkragen« wie Hubert Knauser will er auf keinen Fall sein!

Herrn Kaviars Lichtseite ist seine Großzügigkeit, mit der er schon manch gefährlichen Konflikt entschärft und manchen Interessenten als Kunden gewonnen hat. Diese Seite fehlt dem sparsamen, vernünftigen Herrn Knauser scheinbar völlig. Karlo Kaviar sieht in Hubert Knausers »Sparsamkeit« auch nur den Schatten, nämlich den »Geiz«. Solange Herr Knauser die »Verschwendungssucht« in seinem Geschäftspartner ablehnt, bleibt ihm die Lichtseite dieser Eigenschaft – die Großzügigkeit – verschlossen. Folglich wird er ständig auf unangenehme Weise mit Karlo Kaviars Sorglosigkeit konfrontiert. Die Fähigkeit, angemessen großzügig mit Geld umzugehen, führt über die Annahme der Polarität »verschwenderisch«.

Die innere Lösung wirkt auch nach außen

Wenn Herr Knauser lernt, sich von der Identifikation mit seinem inneren Sparsamkeitsverfechter zu lösen, kann er Herrn Kaviars Sichtweise nachvollziehen, ohne sie negativ überzubewerten.

Dann kippt sein Schwarz-Weiß-Bild, und er kann auch die Vorteile in dessen Einstellung sehen. So ist er in der Lage, seinen eigenen strengen Haushaltsplan ein wenig zu lockern und auch einmal für etwas »Luxus« Geld auszugeben.

Karlo Kaviar ist in seinen Augen jetzt nicht mehr *ausschließlich* verschwendungssüchtig. Da Hubert Knauser nun beginnt, diese Seite der »Großzügigkeit« in sich selbst anzunehmen und vorsichtig damit zu experimentieren, kann er sie auch bei Herrn Kaviar wahrnehmen, ohne wie vorher nur die übersteigerte Form, die »Verschwendungssucht«, zu sehen. In der Folge beginnt auch Herr Kaviar, sich für Herrn Knausers Budgetierungssystem zu interessieren. Denn er spürt, dass Herr Knauser ihn nicht mehr verurteilt, sondern dessen Position zu würdigen beginnt. Das gegenseitige Verständnis wächst – zum Nutzen für das gemeinsame Unternehmen.

Dieser Prozess ist nicht nur hilfreich, um die Kommunikation zwischen einzelnen Menschen zu verbessern. Auch in Gruppen, Unternehmen und Institutionen – ja sogar Ländern und Kulturen, die gemeinsame Identifikationsmerkmale haben – kann er helfen, ein größeres Verständnis füreinander aufzubauen.

Interkulturelles Gewinnerspiel

Kommen wir noch einmal auf den Fusionsfall zu sprechen, der in Kapitel 3.3 vorgestellt wurde. In der systemischen Aufstellung und Nachbesprechung ist deutlich geworden, wie wichtig es ist, bei Fusionen auf die Empfindlichkeiten des kleineren Partners zu achten. Besonders bei kulturellen Unterschieden neigen sonst beide dazu, beim jeweiligen Gegenüber nur die Schattenseite wahrzunehmen.

Die Aufstellungsergebnisse nimmt das Unternehmen als Anstoß, sich intensiv mit interkulturellem Beziehungsmanagement zu befassen. In deutsch-französischen Kommunikationstrainings lernen nun beide Seiten, ihre Sichtweise der jeweils anderen Kultur zu erweitern. Dazu hilft das Instrument der eben vorgestellten »Entwicklungsquadrate«, mit deren Hilfe Ungleichgewichte erkannt und ausbalanciert werden können. So sehen im gemeinsamen EDV-Projekt die Franzosen in den Deutschen zunächst nur rigide Technokraten, die stur ihre Vorgaben durchsetzen wollen.

In dieser Schattensicht lehnt das französische Team nicht nur die negativ erlebten »deutschen« Eigenschaften ab, sondern verbaut sich zugleich den Zugang zu seinen organisatorischen Ressourcen und damit zu mehr Effektivität. Der gemeinsame Lernprozess führt diese eher individualistisch eingestellten Franzosen nun über die Auseinandersetzung mit den als stur und rigide erlebten deutschen Kollegen zu mehr Disziplin, Organisation und Klarheit. Ihre chaotische, unklare Schattenseite wird ausbalanciert, ohne dabei die eigene Lebensart zu verlieren. Die Deutschen lernen in der Teamarbeit von den Franzosen, persönlicher zu kommunizieren, Pausen zu genießen und bei Konflikten locker zu bleiben. Gleichzeitig bewahren sie weiterhin ihre Stärken und achten konsequent auf Fakten, Termine und Vereinbarungen.

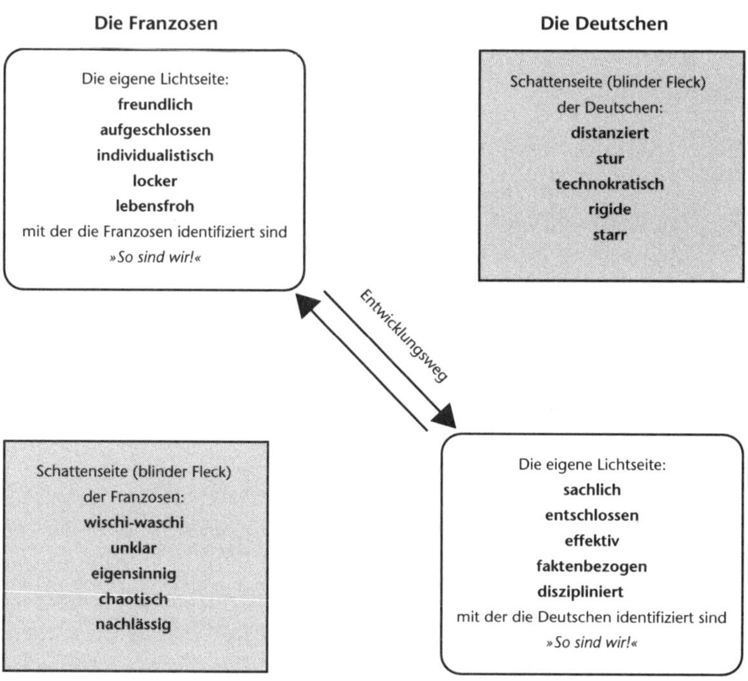

Schema eines Entwicklungsquadrates am Beispiel eines deutsch-französischen EDV-Teams

Interkulturelles Beziehungsmanagement heißt also nicht, sich allen Gewohnheiten anderer anzupassen. Vielmehr geht es darum zu erkennen, welche der in der anderen Kultur gelebten Einstellungen einem selbst fehlen. Meist sind dies eben gerade diejenigen Eigenschaften, die uns bei den anderen auf die Nerven gehen.

Erkennen wir deren Lichtseite, können wir mit ihr das eigene Wahrnehmungs- und Verhaltensspektrum erweitern. Am Ende fühlen sich beide Seiten als Gewinner. So lassen sich durch Makrosystem-Aufstellung und Mikrosystem-Nacharbeit im Zuge der Internationalisierung und Globalisierung gute Voraussetzungen für Joint Ventures, Fusionen und Kooperationen schaffen.

5.3 Das verborgene Führungssystem Ihrer Persönlichkeit

Jede Persönlichkeit besteht aus vielen Teilpersönlichkeiten

»Ich bin viele Ichs« – diese Erkenntnis ist wichtig für alle, die kompetent führen und kommunizieren wollen. Es bedeutet: Sie müssen sich nicht »ein für alle Mal« entscheiden, entweder nachgiebig oder durchsetzungsstark, hilfsbereit oder egoistisch zu sein. Sie können lernen, alle Teilaspekte Ihrer Persönlichkeit zu integrieren und für ein effektives Selbstmanagement zu nutzen.

Eine Persönlichkeit ist keine Einheit. Jede Persönlichkeit besteht vielmehr aus verschiedenen, teils gegensätzlichen »Unter-Ichs«, die sich im Laufe der Lebensgeschichte sinnvoll gebildet haben. Die Entstehung dieser Teilpersönlichkeiten geht weit zurück.

Wie alles beginnt

Die erste Teilpersönlichkeit sichert das Überleben

Jedes neugeborene, menschliche Wesen ist einzigartig. Wenn Sie Kinder haben, werden Sie das bestätigen können. Jedes Wesen bringt eine »Seinsqualität« mit, die es unverwechselbar macht. Man spricht in diesem Zusammenhang auch vom »seelischen Fingerabdruck«. Neben seiner Einzigartigkeit ist es aber auch äußerst schutzlos und verletzlich. So ist das Neugeborene für sein

Überleben völlig auf Hilfe angewiesen, die natürlicherweise von Mutter und Vater kommt. Wie also entsteht in so einem winzigen Wesen eine Persönlichkeit, von der er oder sie später sagt: *»Das bin ich. So bin ich.«, »Das ist mein Charakter.«*?

Weil dieses kleine Kind für sein Überleben nicht selbst sorgen kann, muss es eine Kontrollinstanz in sich entwickeln, die Hilfe von außen sicherstellt und so seine Verletzlichkeit schützt. Das ist die Geburtsstunde seiner Persönlichkeit. Diese Kontrollinstanz hat die Aufgabe eines inneren »Beschützers / Bewachers«. Die Eigenschaften dieses ersten Teilselbstes, auch Teilpersönlichkeit oder innere Person genannt, können sehr unterschiedlich sein. Sie sind abhängig von Kultur und Land sowie den Lebensumständen, Werten und Normen der Familie, in die es hineingeboren wird. Die wichtigste Aufgabe dieses ersten Teilselbstes ist es, mit allen Mitteln das Überleben sicherzustellen.

Es bedient sich dazu verschiedener »Helfer«, die sich in Anpassung an die jeweiligen Umstände, unter denen das Kind aufwächst, als weitere Teilpersönlichkeiten entwickeln. Am Beispiel von Laura und Rolf möchten wir diese Entwicklung veranschaulichen.

Die Familie von Laura

In Lauras Familie ist die Atmosphäre ruhig und freundlich. Als erstes Kind ihrer Eltern wurde sie sehnlichst erwartet. Die Helfer des Beschützers / Bewachers in Laura werden deshalb ganz andere Strategien entwickeln, um ihr Überleben zu sichern und ihre Verletzlichkeit zu schützen, als die von Rolf, in dessen Familie Lärm und täglicher Streit die Regel sind. Außerdem muss Rolf als Drittgeborener sich die Liebe und Zuwendung der Eltern mit den Geschwistern teilen. Welche inneren Helfer werden sich entwickeln, um das Überleben dieser beiden zu sichern?

Das Kleinkind lernt schnell, was Erfolg hat

Die Eltern von Laura widmen ihr viel Zeit und umsorgen sie liebevoll. Ganz besonders spürt sie Mamas und Papas Liebe, wenn sie ruhig und zufrieden in ihrem Bettchen liegt – und lächelt. Manchmal ist Laura aber nicht nach Lächeln zumute. Vielleicht ist sie besonders hungrig oder hat Bauchweh. Sie wird quengelig, greint oder brüllt sogar laut los. Auch jetzt kommt ihre Mama, nimmt sie auf und versorgt sie – aber nicht so liebevoll wie sonst, das spürt Laura, so klein wie sie ist, ganz genau. So merkt sie schon sehr bald, dass es nicht in erster Linie darauf ankommt, wonach *ihr* zumute ist, sondern sie lernt: *»Wenn ich lieb und freundlich bin und darauf achte, was von mir erwartet wird und was anderen gefällt, bekomme ich, was ich brauche.«* Im Babyalter ist das die Muttermilch und die Liebe der Eltern – später Zuwendung in anderer Form und von anderen Menschen. Dieser Prozess läuft automatisch und natürlich völlig unbewusst ab.

In Laura wird sich als »Assistent« des Beschützers / Bewachers eine wichtige Teilpersönlichkeit entwickeln: *eine innere Schmeichlerin, ein »Pleaser«.**

Beim »lieben Kind« werden aggressive Impulse weggeschoben

Diese innere Person in Laura wird im Laufe ihres Lebens sehr feine Antennen dafür entwickeln, was andere Menschen brauchen. Mit ihrem »Pleaser« kann Laura auf sanfte Weise Einfluss auf ihre Umgebung nehmen – eine Fähigkeit, die sie später vielfältig einsetzen wird. Was aber geschieht mit Lauras aggressiver Seite, dem Teil in ihr, der lautstark sein Recht fordert? Im Gegensatz zum »Pleaser« kommt es ihm nicht darauf an zu gefallen, sondern sich mit seinen Bedürfnissen durchzusetzen. Andere kommen bei dieser Teilpersönlichkeit erst an zweiter Stelle. Auch hier findet eine folgenreiche Entwicklung statt.

Schutz der Verletzlichkeit steht an erster Stelle

Wie wir in Lauras Beispiel gesehen haben, ist aggressives Verhalten bestraft worden, auch wenn die Strafe sehr subtil gewesen ist. Die Folge dieses Verhaltens war mehr oder weniger deutlicher Liebesentzug der Eltern. Da Laura aber auf die Liebe der Eltern angewiesen ist, können Aggressivität und Durchsetzungskraft ihr – bzw. ihrem »Beschützer / Bewacher« – nicht helfen, ihre Verletzlichkeit zu schützen und damit ihr Überleben zu sichern. Da vitale Energien sich aber nicht einfach in Luft auflösen, werden sie dort deponiert, wo sie für ihr Überleben kein Risiko darstellen. Was das für Laura und ihre Entwicklung bedeutet, werden wir später erfahren.

* Den Begriff »Pleaser« benutzen Hal und Sidra Stone, die Begründer der *Voice Dialogue*-Methode. Dieser schwer übersetzbare englische Begriff trifft unserer Ansicht nach die Bedeutung dieses Teilselbstes besser als die deutsche Übersetzung.

Die Familie von Rolf

Beim Powertyp ist der Pleaser in der Verbannung

Wenden wir uns nun Rolf zu. In seiner Familie geht es meist laut und aggressiv zu. Straßenlärm, Fernseher, das Geschrei und Gezanke der beiden Geschwister und überforderte, zu Gefühlsausbrüchen neigende Eltern prägen hier den Familienalltag. Obwohl auch seine Eltern ihn lieb haben und es ihnen gefällt, wenn er ein lieber Junge ist, erfährt Rolf sehr früh: *»Wenn ich etwas haben will, muss ich mich lautstark und ausdauernd bemerkbar machen.«* So lernt er bereits im Babyalter, sich durch anhaltendes Gebrüll Gehör zu verschaffen. Damit hat er Erfolg! Endlich hört ihn die Mama und kommt! Das ist die Geburtsstunde eines gewichtigen Teilselbstes in ihm: *des Powertyps*. Was geschieht nun mit dem Teil in Rolf, der sich auf andere beziehen und ihnen gefallen möchte? Sie vermuten es schon? Ist bei Laura »die Aggressive« in die Verbannung geschickt worden, passiert bei Rolf das Gleiche mit seinem »Pleaser«.

Die verbannten inneren Personen kommen von außen wieder auf uns zu

Mit wechselnden Anforderungen, etwa durch Kindergarten, Einschulung oder familiäre Veränderungen, entstehen im Laufe der Persönlichkeitsentwicklung viele verschiedene innere Personen. Diese Teilpersönlichkeiten, die zu unterschiedlichen Zeiten und Phasen in unserem Leben auftreten, haben alle das gleiche Anliegen: unsere Verletzlichkeit zu schützen. Denn egal, ob wir sieben oder siebzig sind, das verletzliche Kind lebt weiter in uns.

Wie gelingt es nun dem »Beschützer/Bewacher« mit seinen »Assistenten«, das innere Kind sicher abzuschirmen? Er hält einfach alle diejenigen inneren Personen unter Verschluss, die sich in der Vergangenheit als zu schwach zum Beschützen gezeigt haben. Sie landen in der Verbannung und führen dort ein Schattendasein.

In unseren Träumen machen sie sich manchmal trotzdem bemerkbar. Diese Traumäußerungen sind aber meist so verschlüsselt, dass wir sie nicht verstehen können. Auch der Volksmund kennt diese »verbannten« Teilpersönlichkeiten, die »verdrängte Selbste« genannt werden: *»Lass bloß die Gespenster im Schrank!«*, *»Die Leichen im Keller soll man in Ruhe lassen!«* usw. Aber das gelingt nicht ganz, denn außer in Träumen machen sich diese ins Abseits geschobenen inneren Personen immer dann bemerkbar, wenn uns an einem anderen eine Eigenschaft gegen den Strich geht.

Auswirkungen als Erwachsener

Wenden wir uns noch einmal Laura und Rolf zu. 30 Jahre sind vergangen. Beide stehen inzwischen im Beruf und leben in einer festen Partnerschaft. Aus Laura ist eine warmherzige und sehr beliebte junge Frau geworden. Wie wir uns erinnern, hat sie bzw. ihr »Pleaser« schon früh sehr feine Antennen entwickelt, mit denen er erspüren kann, welches Verhalten Laura hilft, bei anderen gut anzukommen. So hat sie fast immer die Menschen auf ihrer Seite – bis auf ihre neue Kollegin.

Diese hat genau jene Eigenschaften, die Laura an anderen nicht ausstehen kann: egoistisch und stur! *»Erst kommt sie, dann eine ganze Weile gar nichts und irgendwann kommen die anderen!«*, sagt sie über die Neue. Auf Lauras Freundlichkeit reagiert sie mit Herablassung. Das Einzige, womit Laura dieser Kollegin »gefallen« könnte, steht ihr nicht zur Verfügung: »der Powertyp«. Erst, wenn Laura auch einen Zugang zu dieser Kraft bekommt, kann sie ihrer Kollegin – und anderen Menschen, die mit Macht identifiziert sind –, auf gleicher Ebene begegnen. Sie könnte dann klar und konsequent den eigenen Standpunkt deutlich machen.

Dem Powertyp fehlt der Pleaser

Rolf hat einen Beruf gewählt, in dem er die Eigenschaften seines »Powertyps« gut nutzen und erfolgreich einsetzen kann. Mit seinen 30 Jahren ist er schon ein ganzes Stück die Erfolgsleiter emporgestiegen. Schwierigkeiten bekommt er nur mit Menschen, die *»nicht geradeheraus sagen, was sie wollen, und sich lieber über den Tisch ziehen lassen, als den Mund aufzumachen«*. *»Weicheier«* oder *»Leute ohne Biss«* nennt er sie verächtlich. Dabei könnte er es ja belassen, wäre da nicht die Abteilung, deren Leitung er gerade übernommen hat.

Ausgerechnet in diesem Team sind einige von genau dieser Sorte! Mit seiner geraden, manchmal etwas ruppigen Art stößt er bei ihnen oft auf Abwehr. Hilfreich in dieser Situation wäre eine Teilpersönlichkeit, die sich auf andere einstellen und sie in den

Mittelpunkt stellen kann – ein Aspekt des »Pleasers« also. Doch der ist bei Rolf, wie wir uns erinnern, im Abseits.

Warum aber nehmen wir nur die Schattenseiten dieser in Verbannung geratenen Teilpersönlichkeiten wahr? Nun, Lauras aggressive und durchsetzungsstarke Seite ist in ihrer Familie negativ bewertet worden. Käme sie zum Zuge, wäre sie eine Gefahr für ihre Verletzlichkeit. Denn weil sie ihre Powerseite nicht ausbilden und erproben konnte, ist diese viel zu schwach, um Laura zu schützen. Deshalb ist es sicherer, sie ganz unter Verschluss zu halten – was Laura am besten gelingt, indem sie aggressives Verhalten pauschal abwertet, bei sich selbst genauso wie bei anderen. Das Gleiche gilt umgekehrt für Rolf. Mit Freundlichkeit hätte er in seiner Familie nicht das bekommen, was er brauchte. Folglich muss er den »Pleaser« als Gefahr für seine Sicherheit abwerten und in sich und anderen ablehnen.

Nur auf beiden Beinen steht man sicher und stabil

Doch für ein erfülltes und erfolgreiches Leben benötigen wir beides: Durchsetzungskraft und Einfühlungsvermögen. Diese gegensätzlichen Fähigkeiten sind wie zwei Beine, auf denen wir sicher stehen und gehen. Wenn wir uns aber auf das beschränken, was früher einmal unsere Verletzlichkeit geschützt hat, hinken wir noch als Erwachsene auf einem Bein durchs Leben. So lustig ein Hinkespiel für Kinder ist, so unbefriedigend und anstrengend ist die einbeinige Fortbewegung auf Dauer. Wir suchen deshalb das »andere Bein« in Form unserer »besseren Hälfte«, als Lebens- oder Geschäftspartner und in Freunden.

So wohltuend solch eine Stütze von außen auch ist, hält sie uns allerdings ein Leben lang in Abhängigkeit und hilft nicht, ein eigenes Gleichgewicht zu entwickeln. Dafür müssen wir lernen, die Gewohnheit des einbeinigen Hinkens aufzugeben, und uns auf beide Beine stellen. Denn genau wie Kinder im Hinkespiel Einbeinigkeit nur spielen, sind auch unsere fehlenden Eigenschaften stets in uns vorhanden. Das Kunststück besteht darin, ihnen die Tür ins Leben zu öffnen. Ein erster Schritt dorthin ist die Einsicht in unsere innere Vielfalt und ihre Dynamik – wie die von Regierung und Opposition, um die es im nächsten Abschnitt geht.*

* Wir haben hier eine stark geraffte und vereinfachte Darstellung der Persönlichkeitsentwicklung gegeben. Wenn Sie mehr darüber lesen möchten, verweisen wir auf die Bücher von Stone sowie Wittemann (siehe Literaturverzeichnis).

Die innere Regierung

Unsere Teilselbste besitzen unterschiedliche Eigenschaften und Kompetenzen innerhalb der Gesamtpersönlichkeit. Es gibt mächtige und schwächere, laute und leise unter ihnen. Manche bilden Gruppen oder gehen Koalitionen mit anderen ein. So gibt es auch in uns eine Regierung und eine Opposition, vielleicht sogar außerparlamentarische Rebellen. Beispielsweise sitzen in der »inneren Regierung« erfolgreicher Menschen häufig Antreiber und Perfektionisten. Ihr Motto lautet: *»Streng dich an!«, »Weiter, schneller, höher!«, »Wer rastet, der rostet.«, »Mach es besser!«*. Wenn die beiden in ihre Regierungskoalition auch noch einen zuvorkommenden Helfer aufnehmen, der in erster Linie bemüht ist, es allen anderen recht zu machen, werden sie nicht eher Ruhe finden, bevor ihr gesamtes Umfeld mit ihnen zufrieden ist. Da dies aber, wie wir alle wissen, eine Sisyphosaufgabe bleibt, ist Stress vorprogrammiert!

Eine innere »Antreiber«-Regierung nimmt auf Entspannung keine Rücksicht

Diejenigen Teilpersönlichkeiten, die Entspannung lieben und das Leben gern beschaulich genießen, werden von so einer Regierung als »Faulenzer« denunziert und in die Verbannung geschickt. Um ihre Interessen ins Spiel zu bringen, bleibt ihnen nur die geschickte Sabotage von »Regierungsprojekten«. Wenn z. B. die Regierung beschlossen hat, auch im Urlaub zu arbeiten, sorgen sie dafür, dass Laptop und Handy in der Eile der Abflugvorbereitungen »versehentlich« vergessen werden. Daraufhin meldet sich eine weitere Teilpersönlichkeit zu Wort, der innere Kritiker: *»Typisch für dich! Nicht einmal an die wichtigsten Dinge kannst du denken! Versager!«*

Der Kritiker unterstützt die Antreiberregierung

Kennen Sie den Kritiker? Er ist es auch, der die Kommentare über Ihr Aussehen abgibt, wenn Sie nach einer feuchtfröhlichen Party morgens in den Spiegel schauen – oder nach den Weihnachtsfeiertagen auf die Waage. Oft arbeitet er mit einer Antreiber / Perfektionisten-Regierung zusammen und stärkt deren Macht. Aber auch die Regierung muss manchmal zurückstecken, wenn die Situation es verlangt, allerdings meist nur kurzfristig, wie folgendes Beispiel zeigt.

Nehmen wir an, der Abteilungsleiter Herr T. sei ein Mensch mit solch einer inneren Regierung und habe ein Führungsproblem. Seine Mitarbeiter leisten zähen Widerstand gegen seinen Führungsstil, andere kündigen nach kurzer Zeit. Mit dem Anliegen, die Zusammenarbeit zu verbessern, stellt er die Situation systemisch auf. Der Ausgleich zwischen Geben und Nehmen ist gestört. Denn aus einer unbewussten Angst heraus, seine Mitarbeiter mit schwierigen Aufgaben zu überfordern und sie dadurch zu verlieren, nimmt der »Macher« in Herrn T. alles selbst in die Hand.

Ein Unternehmensbeispiel

Dazu kommt noch, dass sein »Perfektionist« darauf besteht, er, Herr T., könne ohnehin alles besser und schneller erledigen. Ohne es zu merken, weigert er sich dadurch, eigenständige Leistungen in seinem Team zuzulassen und anzuerkennen. So bewirkt er, bzw. der »Macher« und der »Perfektionist« in ihm, mit seinem Verhalten gerade das, was er verhindern wollte: das Abwandern der Mitarbeiter!

Als Lösung zeigt sich in der Aufstellung, dass er einen Schritt zurücktreten muss: vom Managen zum Führen, vom Machen zum Delegieren. Zwar stimmt Herr T. der Lösung zu, nicht aber seine innere Regierung. Während er Ja sagt, erhebt sie Einspruch: *»So verlierst du nur Zeit! So kommen wir nie ans Ziel!* Du *hast die jahrelange Erfahrung! Du willst doch nicht unseren Qualitätsstandard aufs Spiel setzen!«* Da Herr T. die Bekanntschaft mit seiner inneren Regierung noch nicht gemacht hat, kann er diesen inneren Dialog auch nicht bewusst wahrnehmen. Er spürt nur eine innere Zerrissenheit, die er sich nicht erklären kann.

Unmittelbar nach dem Aufstellungsseminar wirkt es zum Erstaunen seiner Mitarbeiter so, als hätte Herr T. seinen Führungsstil geändert. Dann aber fällt er nach und nach in seine alte Rolle zurück. Was ist passiert? Seine innere Regierung hat sich eine Zeit lang angeschaut, wie andere Teilpersönlichkeiten, die delegieren können, aber normalerweiser in Herrn T. nicht viel zu melden haben, einen völlig neuen Führungsstil praktizierten. Bald erscheint das der regierenden Antreiber-Perfektionisten-Koalition als zu riskant, und sie nimmt die Zügel wieder fest in die Hand. *»Experiment beendet!«*, verkündet sie und kehrt zur bewährten Praxis zurück.

Innere Regierungen sind mächtiger als rationale Einsicht

Hier kann die systemische Lösung im Unternehmen nur gelingen, wenn Herr T. durch Makro-Mikro-Coaching mehr Handlungsspielraum gewinnt. Denn die Lösung hängt hier nicht im Makrosystem des Unternehmens fest, sondern im Mikrosystem seiner Persönlichkeitsstruktur oder in seinem Familiensystem.

Ein Makro-Mikro-Coaching sieht folgendermaßen aus: In einer *Voice Dialogue* genannten Gesprächstechnik* können Konflikte, die ein Mensch mit sich selbst oder anderen hat, ganz praktisch bewusst gemacht und gelöst werden. Der Coach spricht mit denjenigen Teilpersönlichkeiten, die an dem Konflikt beteiligt sind, genau so wie mit realen Menschen.

Der Coach spricht mit den Teilpersönlichkeiten

Auf diese Weise können durch Zuhören, Ernstnehmen und Anerkennen Gegensätze harmonisiert und ausbalanciert werden. Sie vermuten es vielleicht bereits: Ihre vielen Ichs, diese inneren Personen, verhalten sich nicht anders als Menschen in einem Familien- oder Arbeitssystem, beispielsweise einem Team. Deshalb ist dieses Persönlichkeitssystem auch als »inneres Team« (siehe Schulz von Thun, *Miteinander Reden 3*, 1998) oder »innere Familie« (siehe Schwartz, *Systemische Therapie mit der inneren Familie*, 1997) bezeichnet worden. Wie alle menschlichen Systeme funktioniert auch das Persönlichkeitssystem nach bestimmten systemerhaltenden Prinzipien oder Gesetzen, die es schützen und stabilisieren und so seine Weiterentwicklung ermöglichen.

Nach unserer Erfahrung entsprechen sie im Wesentlichen den Gesetzen, die auch in zwischenmenschlichen Systemen für den Zusammenhalt sorgen. Deshalb stellen wir Ihnen, ohne Anspruch auf Vollständigkeit, einige der in Kapitel 1 vorgestellten Systemgesetze in ihrer Auswirkung auf das Mikrosystem »Persönlichkeit« vor.

Was ist, muss sein dürfen: Würdigung

Manche unserer inneren Personen äußern sich auf eine Weise, die uns wenig gefällt. »Uns« heißt dabei: unserer inneren Regierung. Zum Beispiel gibt es auch in einem als selbstbewusst, tatkräftig und entschlussfreudig geltenden Menschen eine schüchterne, zögerliche Stimme. Auch sie muss da sein dürfen. Wird ihr dieses Recht verweigert, sind Konflikte unausweichlich. Wird sie

* Die Begründer dieser Methode sind Hal und Sidra Stone: *Du bist Viele*, 1994 (siehe Literaturverzeichnis).

gewürdigt, kann sie ihren Beitrag zum Ganzen einbringen – beispielsweise in Situationen, die Zurückhaltung und Einfühlungsvermögen erfordern.

Der Ausgleich von Geben und Nehmen

Wenn Antreiber und Perfektionist den Löwenanteil der Zeit in Anspruch nehmen, bleibt für den Genießer und Lebenskünstler in uns nichts übrig. Das geht auf Dauer nicht gut! Viele Stresserscheinungen und psychosomatische Leiden gehen auf das Konto solch einer ungleichgewichtigen Konstellation! Auch hier lautet die Lösung: bewusst einen Ausgleich zwischen diesen Polaritäten schaffen.

Das Recht auf Zugehörigkeit

In der Gesamtpersönlichkeit hat jede innere Person ihre Geschichte und existiert deshalb aus einem bestimmten Grund. Daher muss auch jede das Recht haben, sich zu äußern und ihren Beitrag zur Gesamtpersönlichkeit beizusteuern. Wird ihr dieses Recht von mächtigeren Teilpersönlichkeiten verweigert, geht sie in den Untergrund. Meistens verstehen solche verbannten und verleugneten inneren Personen es, sich wie Partisanen durch effektvolle Sabotageakte an den Projekten der Mächtigen in Erinnerung zu bringen. Diese Sabotageakte können vielfältiger Natur sein. Stresserscheinungen und psychosomatische Leiden sind eine Variante, unerklärliche Pechsträhnen und Misserfolge eine andere. Durch Bewusstmachen, Würdigung und Einräumung eines Platzes im inneren System können aus »Verbannten« Träger von Ressourcen werden.

Vorrang des Früheren vor dem Späteren

Diejenigen Teilpersönlichkeiten, die zuerst da waren, haben in der Kindheit unser Überleben gesichert. In Mikrosystem-Aufstellungen zeigt sich oft, dass ihnen ein gewichtigerer Platz zukommt als inneren Personen, die sich später entwickelt haben. Dieser Vorrang in der Reihenfolge muss von späteren machtvollen inneren Personen respektiert werden. Diese müssen also – ganz wie Führungskräfte, die in eine Firma neu eintreten – vom letzten Platz aus führen. D. h., ein Mensch, der wie Laura sich stark »pleaserdominiert« entwickelt, wird seine Powerseite nur mit freundlicher Vermittlung des Pleasers erfolgreich einsetzen können. Sie wird immer eine »Faust im Samthandschuh« sein. Versuchte sie, in einem extremen Wechsel ein so radikales Machtverhalten wie Rolf zu entwickeln, würde sie das Kind mit dem

Bade ausschütten und scheitern. Ihr Pleaser würde die Machtstimme geschickt zu schwächen wissen und sich und sein älteres Recht damit in Erinnerung bringen.

Vorrang des höheren Einsatzes für das Ganze

Wer im inneren Team gegenwärtig zentral wichtig für das Überleben ist, hat mehr Macht und Einfluss als ein Teammitglied, das für untergeordnete Belange zuständig ist. Wenn jemand beispielsweise Ingenieur ist, aber immer einen Wunsch in sich verspürt hat, Musiker zu werden, kann er sich ein Leben lang hin- und hergerissen und unzufrieden fühlen. Denn die künstlerische Opposition in ihm rebelliert ständig gegen die rational-technische Regierung und wertet deren Ziele als »langweilig« oder »kleinkariert« ab. Lösend wäre hier, wenn die künstlerische Teilpersönlichkeit anerkennt, dass die technische Vernunft für die Lebensgrundlage sorgt. Damit akzeptiert sie den zweiten Platz im inneren System; indem sie die Hoffnung auf einen Umsturz aufgibt, kann sie damit aufhören, die Regierungsarbeit zu unterminieren.

Im Alltagsleben hat unser Ingenieur nun mehr Energie für seine Arbeit. Auch kann er mit größerer innerer Zustimmung rational planen, was seiner musischen Ader zugute kommt. Denn nun nimmt er sich bewusst die Zeit zum Musizieren, die sich die innere Opposition zuvor stehlen oder erschleichen musste.

Mit der Grafik auf S. 191 möchten wir Ihnen im Überblick zeigen, welche Folgen die Verletzung systemerhaltender Prinzipien in der Persönlichkeit haben kann.

5.4 Das innere Team managen

Nachdem Sie die Grundprinzipien des verborgenen Führungssystems der Persönlichkeit kennen gelernt haben, laden wie Sie nun zum nächsten Schritt ein: der Praxis systemischen Managements Ihres inneren Teams. Dazu wenden wir uns zwei verschiedenen Fallbeispielen zu. Im ersten Teil erleben Sie, wie die Aufstellungsmethode auf das innere Team angewendet wird. Im zweiten Teil geht es um die Bearbeitung von Beziehungsmustern und inneren Gegensätzen mit der *Voice Dialogue*-Methode. In bei-

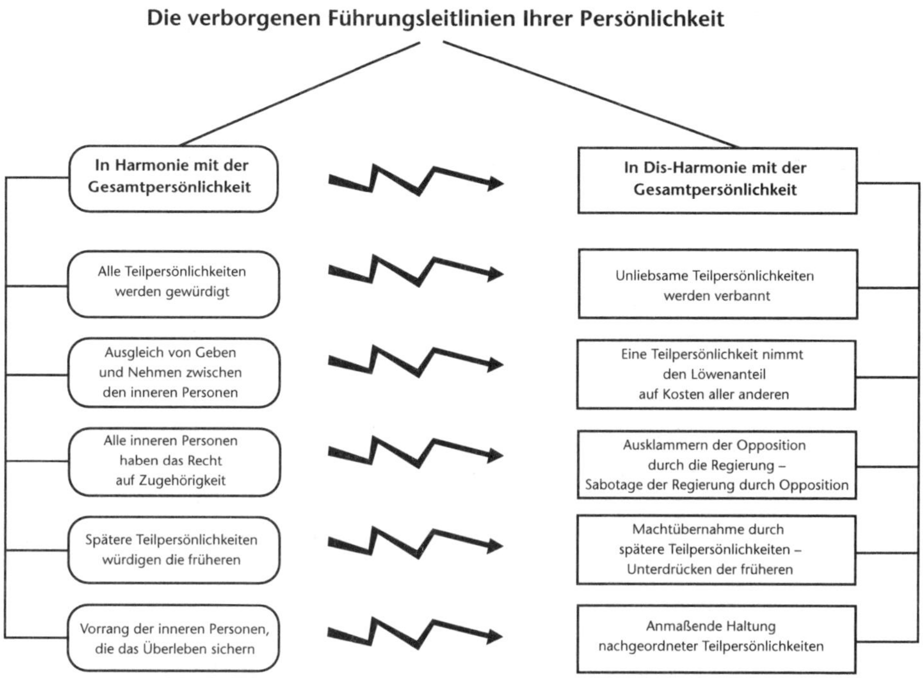

den Fällen haben wir die wichtigsten Schritte dieser Coachingsitzungen für Sie zusammengefasst. Dabei haben wir die Daten zum Schutze unserer Kunden so weit verändert, dass Übereinstimmungen mit bestimmten Personen oder Unternehmen rein zufällig wären.

Berufliche Entscheidungshilfe durch Mikrosystemaufstellung

Herr L. kommt zu einem persönlichen Coaching in unsere Beratungspraxis. Er möchte mehr Klarheit in einer für ihn wichtigen beruflichen Entscheidungsfrage gewinnen und erläutert den Hintergrund seines Anliegens:

Die Vorgeschichte

Herr L. ist verheiratet und hat zwei Kinder. Seit ein paar Jahren ist er Hauptabteilungsleiter eines mittelständischen Unternehmens in einer ländlichen Region. In letzter Zeit hat er das Gefühl, auf der Stelle zu treten, da es für ihn dort keine neuen Herausforderungen und Entwicklungsperspektiven mehr gibt. Weitere Karriereschritte sind in diesem Unternehmen nicht möglich, denn er berichtet direkt an die Inhaber-Geschäftsleitung. Da er sich nicht mit der Vorstellung abfinden möchte, bereits am Endpunkt seiner Karriere angelangt zu sein, beginnt er, seine Marktchancen auszutesten. Er hat in den letzten Monaten schon mehrere sehr interessante Angebote bekommen, entschied sich aber aus unterschiedlichen Gründen jedes Mal dagegen. Mit jeder Absage beschleicht ihn das Gefühl, wieder eine Chance verpasst zu haben.

Verpasste Chancen?

Herr L.: Nun habe ich ein neues Angebot von einem internationalen Konzern. Vorgespräche haben ergeben, dass ich dort genau der richtige Mann wäre, auch die Gesprächspartner dort waren der gleichen Meinung. In diesem Unternehmen hätte ich außerdem alle Entwicklungschancen, die ich mir wünsche. Aber selbst bei diesem attraktiven Angebot zögere ich wieder, kann mich nicht entschließen. Inzwischen gibt es außerdem ständig Diskussionen mit meiner Frau, die meine Haltung nicht mehr verstehen kann.

Die Gründe für seine bisherigen Absagen kommen ihm heute immer unverständlicher vor – eher wie Vorwände. Aber wofür? Das möchte er im Coaching herausfinden. Denn wie er sagt: *»Die Zeit läuft mir davon.«*

Coach: Wie Sie es schildern, wirkt es so, als wären zwei sehr unterschiedliche Kräfte in Ihnen am Werk. Ein Teil möchte die Herausforderung annehmen und ist bereit für einen Karrieresprung. Eine andere Stimme in Ihnen lässt Sie zögern und dann absagen. Vermutlich ist diesem Teil Sicherheit sehr wichtig.

Herr L.: Ja, ganz genau. Dieser Job ist mir sicher. Auf diesem Posten könnte ich bis zum Ruhestand sitzen! Doch ich merke, wenn ich nur darüber rede, dass mir diese Vorstellung regelrecht den Magen umdreht.

Coach: Damit tritt dann dieser andere Teil wieder auf die Bühne!?

Herr L.: Stimmt, so geht das hin und her.

Coach: O.k., mein Vorschlag: Wir beginnen mit einer Mikrosystemaufstellung. D. h., wir stellen die Persönlichkeitsanteile, die maßgeblich an dem Dilemma beteiligt sind, auf. Damit können wir sehen, wie diese beiden unterschiedlich arbeitenden inneren Kräfte in Beziehung zu Ihnen selbst stehen. Auch können wir erfahren, wozu dieser Kampf dient – und vielleicht eine Lösung finden. Sind Sie bereit dazu?

Herr L.: Ja, o.k.

Das Anliegen

Coach: Auch wenn wir wissen, worum es Ihnen geht, ist es wichtig, Ihr Anliegen noch einmal präzise zu formulieren. Was genau ist Ihr Ziel, was möchten Sie mit dieser Aufstellung für sich erreichen?

Der Coach hilft Herrn L. bei der Formulierung seines Anliegens, bis er es genau benennen kann.

Herr L.: Mein Ziel ist, innerlich »grünes Licht« für diesen wichtigen Karriereschritt zu bekommen. Auch möchte ich wissen, was mich zurückhält.

Coach: Nehmen wir mal an, wir wären erfolgreich mit dem, was wir heute hier tun. Woran genau könnten Sie das erkennen?

Herr L.: Ein innerer Druck wäre weg. Vielleicht könnte ich auch die neue, verlockende Alternative rationaler betrachten, Vor- und Nachteile abwägen, »zuschlagen« oder gezielt weitersuchen!

Coach: Gut, fangen wir mit der Aufstellung an!

Da wir im Einzelcoaching keine Stellvertreter zur Verfügung haben, arbeiten wir mit Hilfsmitteln. Wir benutzen verschiedenfarbige quadratische Pappen, die Positionen symbolisieren und so groß sind, dass man sich bequem darauf stellen kann. Einkerbungen geben die Blickrichtung an. Entweder stellt sich der Aufstellende (in diesem Fall Herr L.) selbst auf die Pappen, oder der Coach übernimmt diese Rolle. Ansonsten ist der Ablauf ähnlich einer Aufstellung mit Stellvertretern.

Coach: Wie möchten Sie diesen Teil ihrer Persönlichkeit nennen, der für einen Karrieresprung eintritt?

Herr L.: Das ist auf jeden Fall jemand, der zu neuen Ufern möchte und risikobereit ist.

Coach: Also jemand, der nicht lange zögert, sondern die Dinge anpackt?

Herr L.: Ja, ein Macher eben!

Coach: Gut, nennen wir ihn »Macher«? (Herr L. stimmt zu.) Wie wollen Sie seinen Gegenspieler nennen? – Wie wäre es mit »Der Sicherheitsbewusste«?

Herr L.: Ja, das trifft es.

Die Aufstellung

Herr L. wählt jetzt je eine Pappe für

- **Sich selbst**
- **Den Macher**
- **Den Sicherheitsbewussten**, in der Aufstellung kurz »Sicherheit« genannt
- **Das jetzige Unternehmen**, in dem Herr L. Hauptabteilungsleiter ist
- **Das mögliche neue Unternehmen** mit Aufstiegschancen, in der Aufstellung kurz »neues Unternehmen« genannt

Coach: Legen Sie jede der 5 Pappen nacheinander, Ihrem inneren Bild entsprechend, in Beziehung zueinander auf den Boden. Beachten Sie die Einkerbung, die die Blickrichtung symbolisiert. Beginnen Sie mit der Pappe für sich selbst. Platzieren Sie dann den »Macher« und »die Sicherheit«. Fragen Sie sich: Wo genau im Raum würden sich diese beiden Teilpersönlichkeiten befinden, wenn sie nicht in mir wären? Legen Sie sie in Beziehung zu der Pappe, die Sie selbst symbolisiert. Dann legen Sie die beiden restlichen Pappen, die das jetzige Unternehmen und das neue Unternehmen symbolisieren, in Beziehung zu allen anderen.

Bei dem Anliegen von Herrn L. bietet es sich an, eine Mischung aus Makro- und Mikrosystem-Aufstellung anzuwenden. Das heißt, dass hier sowohl Teilpersönlichkeiten als auch Personen oder Institutionen, die zum Anliegen gehören, aufgestellt werden.

Nachdem er die Plätze auf dem Boden mit verschiedenfarbigen Pappen markiert hat, schauen wir uns gemeinsam das gelegte Bild an:

1. Bild (Ist-Situation)

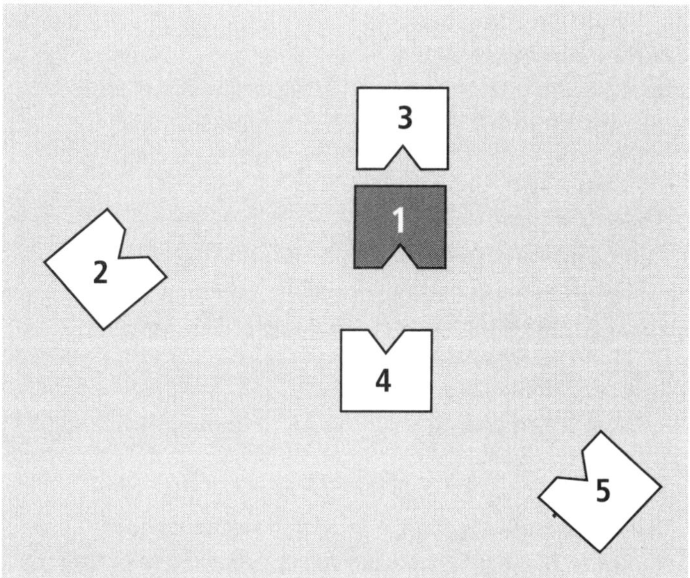

1 = Herr L.
2 = Sein innerer Macher
3 = Sein innerer »Sicherheitsbewusster«
4 = Das jetzige Unternehmen, in dem Herr L. Hauptabteilungsleiter ist
5 = Das eventuelle neue Unternehmen

Coach: Fällt Ihnen etwas auf, wenn Sie sich das Bild anschauen?
Herr L.: Da hockt mir jemand im Nacken. So sieht es jedenfalls aus.
Coach: Das können wir testen! Stellen Sie sich bitte auf die Pappe, die Sie für sich selbst gelegt haben. Stimmen Sie sich dann auf diesen Platz ein.

Herr L.

Nachdem Herr L. eine Weile auf diesem Platz steht, verändert sich seine Haltung und sein Gesichtsausdruck.

Coach: Wie geht es Ihnen dort?

Herr L.: Angespannt, und meine Schultern sind verkrampft! Da hockt mir wirklich was im Nacken! Sehr unangenehm! Wen repräsentiert diese Pappe hinter mir noch mal?

Coach: Den Teil von Ihnen, für den Sicherheit wichtig ist. Was können Sie sonst noch wahrnehmen, auch in Bezug auf die anderen Plätze?

Herr L.: Was rechts und links seitlich von mir ist, kann ich nur aus den Augenwinkeln sehen. Es ist fast, als dürfe ich dort nicht hinschauen, als würde ich mich schuldig machen.

Coach: Wem gegenüber?

Herr L.: Kann ich nicht sagen. Jedenfalls wächst meine Anspannung, je länger ich hier eingekeilt zwischen den beiden stehe (zeigt auf Sicherheit und jetziges Unternehmen).

Der Macher

Der Coach bittet jetzt Herrn L., diese Position wieder zu verlassen, ein wenig im Raum umherzugehen und sich dann auf die Pappe zu stellen, die seinen inneren Macher repräsentiert.

Coach: Wie geht es dem Teil von Herrn L., der die Dinge in Angriff nimmt?

Der Coach hilft Herrn L., seinen inneren Macher zu aktivieren und zum Sprechen zu bringen, indem er sich mit einem ähnlichen Teil in sich selbst verbindet. Auch seine Stimme und Tonlage verändern sich, werden fordernder und durchsetzungsstärker.

Der Macher: Also auf diesem Platz bin ich wirkungslos. Hier kann ich auf ihn einreden, so viel ich will. Er (zeigt auf die Pappe von Herrn L.) kann mich hier nicht einmal sehen! Aus den Augenwinkeln? Was glaubt er denn? Ist das Leben dazu da, um die wirklich wichtigen Dinge nur aus den Augenwinkeln zu sehen?

Coach: Sie sind ja ganz schön sauer auf ihn! Wenn es nach Ihnen ginge, was sollte er in Bezug auf sein Anliegen tun? Wozu würden Sie ihm raten?

Der Macher: Ist doch ganz klar: Annehmen! Annehmen! Wie viele Angebote müssen noch kommen, bevor er kapiert? Die Konkurrenz schläft nicht. Er glaubt, er hätte noch viel Zeit. Er hat ja keine Ahnung, der Träumer! Bald ist er weg vom Fenster!

Coach: Das war deutlich. Gibt es Wahrnehmungen zu den anderen Plätzen? Wie geht es Ihnen zum Beispiel mit der Sicherheit, die Herr L. hinter sich gestellt hat?

Der Macher: Wenn ich dort hinschaue, wird mir regelrecht übel! Wie will er denn vorwärts kommen, wenn er diesen Sicherheitsbewussten im Nacken hat und vor sich das alte Unternehmen? Eingezwängt in Sicherheiten! So hat noch niemand Karriere gemacht! Mit dem im Nacken wird er garantiert auch die nächsten zehn Angebote in den Wind schießen. Der boykottiert hier jedes Vorwärtskommen!

Coach: Danke für dieses sehr aufschlussreiche Gespräch.

Herr L.

Der Coach bittet jetzt Herrn L., die Position seines inneren Machers zu verlassen und sich wieder auf den Platz zu stellen, den er für sich selbst gewählt hat. Herr L. wirkt ein wenig gelöster. Der Coach fragt ihn, wie es ihm jetzt ginge.

Herr L.: War ich das eben? Ich kann kaum glauben, dass ich diese Tirade losgelassen habe. Solche Seiten kenne ich gar nicht an mir!

Coach: Ja, dieser Teil von Ihnen ist ziemlich verärgert und auch in Sorge um Sie. Im Alltag nehmen wir diese Stimmen in uns häufig nicht so genau wahr. Wir spüren dann Verärgerung oft nur an äußeren Symptomen, wie z. B. Verspannungen, Magenbeschwerden u. Ä.

Wie Sie vielleicht bemerkt haben, hat sich ein nicht eingeladener Gast am Gespräch beteiligt: der innere Kritiker. In diesem Fall hat er sich mit dem »Macher« verbündet.

Sicherheit

Coach: Jetzt hören wir mal, was die Gegenseite (zeigt auf die Sicherheit) zu dieser Situation zu sagen hat! Sind Sie bereit?

Herr L. verlässt seine Position, geht wieder ein wenig im Raum umher, um sich auf eine neue Energie einzustellen. Dann stellt er sich auf den Platz der Sicherheit. Bevor der Coach mit dieser neuen Teilpersönlichkeit in Herrn L. spricht, nimmt er Kontakt mit seinem eigenen inneren Sicherheitsbewussten auf, um ihn darin zu unterstützen, die Energie dieser Teilpersönlichkeit zu aktivieren und zu halten.

Coach: Wie geht es dem Teil von Herrn L., für den Sicherheit sehr wichtig ist?

Als er eine Zeit lang auf diesem Platz steht, verändert sich seine Körperhaltung. Der große stattliche Mann wirkt jetzt kleiner.

Sicherheit (mit leiser, ernster Stimme): Hier geht es mir nicht gut! Mir ist das viel zu eng! Was soll ich hier hinter ihm? Ich will ihm nicht im Nacken sitzen. Das ist doch absurd.

Coach: Wenn Sie ihm nicht im Nacken sitzen möchten, wo wäre denn ein besserer Platz für Sie?

Sicherheit: Dort (zeigt auf den Platz neben dem jetzigen Unternehmen). Wir gehören zusammen. Da ist seine Zukunft. So kann er mit einem guten Gefühl in die Zukunft schauen, auch schon wegen seiner Familie!

Coach: Nun haben Sie ja mitbekommen, dass er mit seiner beruflichen Perspektive unzufrieden ist. Worum geht es Ihnen? Was sind Ihre Befürchtungen und wovor wollen Sie ihn bewahren?

Sicherheit: Ich will nur sein Bestes!

Coach: Das sagt aber auch der Macher.

Sicherheit: Das da (zeigt auf die Pappe »neues Unternehmen«) sind doch alles Hirngespinste. Gehaltszulagen bekommt er doch auch dort, wo er jetzt arbeitet! Was passiert denn, wenn das nicht klappt, wenn er diesen Sprung nicht schafft, wenn er versagt? Keiner nimmt ihn mehr ernst, so etwas spricht sich doch herum. Was wird dann aus seinen Kindern und seiner Frau? Zwei Kinder, das kostet! Jetzt sind sie noch klein, aber was wird später? Wie will er dann zwei Ausbildungen finanzieren? Aber selbst, wenn er es schaffen würde, zu welchem Preis! Er hat ja jetzt schon keine Zeit!

Coach: Sie haben eine klare Vorstellung, was gut für ihn ist. Das wird deutlich. Gibt es irgendetwas, das Sie von Ihrer Haltung abbringen könnte? Etwas, das Herr L. tun könnte, damit Sie milder gestimmt sind in Bezug auf sein Anliegen?

Sicherheit: Nein! Er soll endlich diesen Quatsch von Karrieregedanken aufgeben und auf mich hören. Das stimmt mich milder, dann spürt er mich auch nicht mehr im Nacken. Sie kennen doch bestimmt den Ausspruch: »Wer nicht hoch klettert, kann nicht tief fallen!« Das ist meine Meinung und dem habe ich nichts mehr hinzuzufügen.

Coach: Danke, dass Sie mit mir gesprochen haben!

Der Coach bittet jetzt Herrn L., auch diese Position zu verlassen und sich wieder auf den Platz zu stellen, der ihn selbst repräsentiert.

Herr L. konnte sehr schnell Kontakt mit seinen Teilpersönlichkeiten herstellen und sie zum Sprechen bringen. Das geht nicht immer so schnell. Manchmal braucht es eine längere »Aufwärmphase«, bevor die inneren Stimmen von sich aus bereit sind, ihre Sichtweise der Situation zu verbalisieren.

Coach: Sie sind wieder gewachsen!

Herr L. (reckt und streckt sich): Auf diesem Platz (zeigt auf Sicherheit) habe ich mich gefühlt, als wenn ich einen zu kleinen Anzug trage.

Coach: Kommt Ihnen der Ausspruch: »Wer nicht hoch klettert, kann nicht tief fallen«, bekannt vor?

Herr L.: Ja, das geht mir schon die ganze Zeit im Kopf herum. Genau genommen kommt mir alles, was ich dort (zeigt auf den Platz von Sicherheit) gesagt habe, bekannt vor. Nur dass es zu einer anderen Person gehört. (Er ist plötzlich nachdenklich geworden.)

Coach: An wen denken Sie?

Der Vater

Herr L.: Das ist fast im Originalton mein Vater! Dieser Ausspruch, nach dem Sie gefragt haben, hat mich meine Kindheit und Jugend begleitet.

Coach: Es sieht so aus, als wären wir an einem für Sie wichtigen Punkt angelangt. Erzählen Sie etwas über ihn. Lebt Ihr Vater noch?

Herr L.: Ja. Mein Vater ist für mich immer ein sehr wichtiger Mensch gewesen. Neben seinen rigiden Wertvorstellungen, gegen die ich oft gekämpft habe, war er immer für mich da, wenn ich ihn brauchte. Meine Mutter hatte im Gegensatz zu ihm ständig neue Ideen und Projekte im Kopf. Sie war nie zufrieden damit, wie es war. Mein Vater hat damals immer scherzhaft gesagt, sie sei der Motor und er die Bremse. Und was für eine Bremse! Das ist der Teil, den ich an ihm absolut nicht ausstehen konnte. Bloß keine Experimente! Er ist ja auch über seinen kleinen Posten nie hinausgekommen. In meiner Protestphase habe ich mich immer über ihn lustig gemacht, weil er sich schon seit Jahren mit dem gleichen Job zufrieden gab und das gleiche Auto fuhr. Ich höre ihn noch sagen: »Junge, lass mal. Hier weiß ich, was ich habe. Da oben ist mir die Luft zu dünn!« – So wollte ich nie werden!

Coach: Ja, ich verstehe. Nur ist dies beinahe eine Garantie dafür, dass genau das eintritt!

Herr L.: Das ist schwer zu akzeptieren!

Coach: Das glaube ich Ihnen! Die Abgrenzung von den Eltern ist in der Jugend wichtig. Wir glauben dann aber, damit könnten wir uns von ihnen und ihren Denkweisen sowie Werten lösen und somit unseren eigenen Weg gehen, es vielleicht sogar besser oder anders machen. Nur so funktioniert es eben nicht! Stattdessen bleiben wir unbewusst ein Leben lang innerlich von ihnen abhängig und wiederholen ungewollt vor allem das, was wir an ihnen ablehnen, oft sogar über ihren Tod hinaus. Was wir tun können, um uns innerlich von den Eltern zu lösen, ist sehr praktisch und eigentlich recht unspektakulär: die Eltern – so wie sie sind – anerkennen und würdigen! Wenn Sie bereit sind, machen wir gleich dort weiter!

Herr L. ist einverstanden. Als Nächstes bittet ihn der Coach, eine weitere Pappe im Raum zu platzieren, in einiger Entfernung von seiner eigenen, beide einander zugewandt. Herr L. stellt sich nun wieder auf die Position, die ihn selbst repräsentiert. Von dort hat er den neuen Platz gut im Blick.

Coach: Stellen Sie sich vor, diese neue Pappe repäsentierte Ihren Vater. Können Sie ein Bild Ihres Vaters bekommen?«

Herr L. nickt nach einiger Zeit.

Coach: Schauen Sie Ihren Vater an. Können Sie ihn immer noch sehen? (Nicken) Wie schaut Ihr Vater Sie an?
Herr L.: Besorgt!
Coach: Wie nennen Sie Ihren Vater, wie sprechen Sie ihn an?
Herr L.: Vater!
Coach: Schauen Sie ihn an und sagen Sie ihm: »Vater, ich bin genauso wie du! Ich mache es dir nach. Weil du keine Karriere machen konntest, will ich auch nicht!«

Nach einigem Zögern spricht er die Worte nach.

Coach: Wie ist das?
Herr L. (schüttelt den Kopf): »Ich kann spüren, was Sie meinen. Dieser Teil in mir lebt ja genau seine Werte (zeigt auf den Platz Sicherheit). Trotzdem

ist es genau wie am Anfang unserer Sitzung: Es dreht sich mir förmlich der Magen um!

Coach: Ja, es wirkt so, als wenn Sie auch aus Liebe zu Ihrem Vater unbewusst seine Werte leben. Er repräsentiert das in Ihnen (Coach zeigt auf den Platz Sicherheit). Und wenn er nicht wäre (zeigt auf den Platz des Machers), hätten Sie kein Problem. Sie haben nun einiges gesehen. Der nächste Schritt wäre, dass Sie sich bewusst etwas aus dieser Loyalität zu Ihrem Vater lösen, damit Sie mehr mit beiden Kräften in Balance kommen.
Dazu schauen Sie noch einmal auf den Platz, der Ihren Vater repräsentiert, schauen ihn an und sagen ihm: »Vater, wie du dein Leben lebst, ist deine Sache. Ich mische mich nicht mehr ein. Ich habe mir da etwas angemaßt. Das lasse ich jetzt.«

Herr L. spricht diese Sätze nach.

Coach: Wie ist das?

Herr L.: Das ist sehr entlastend, als wenn etwas von meinen Schultern genommen wird!

Coach: Sagen Sie ihm weiter: »Vater, bitte schau freundlich auf mich, wenn ich im Beruf erfolgreich bin und mein Leben nach meinen eigenen Vorstellungen lebe!«

Nachdem H. L. diesen Satz nachgesprochen hat, atmet er tief durch und lächelt.

Coach: Sie sehen verändert aus!

Herr L.: Also, ich kann kaum glauben, was so einfache Sätze bewirken können. Das kann man ja niemandem erklären!

Coach: Gibt es noch etwas, was Sie Ihrem Vater sagen möchten?

Herr L.: Nein! Das ist jetzt gut, wie es ist.

Der Coach legt nun mit Hilfe von Herrn L. die Pappen zum Lösungsbild um.

Lösungsbild

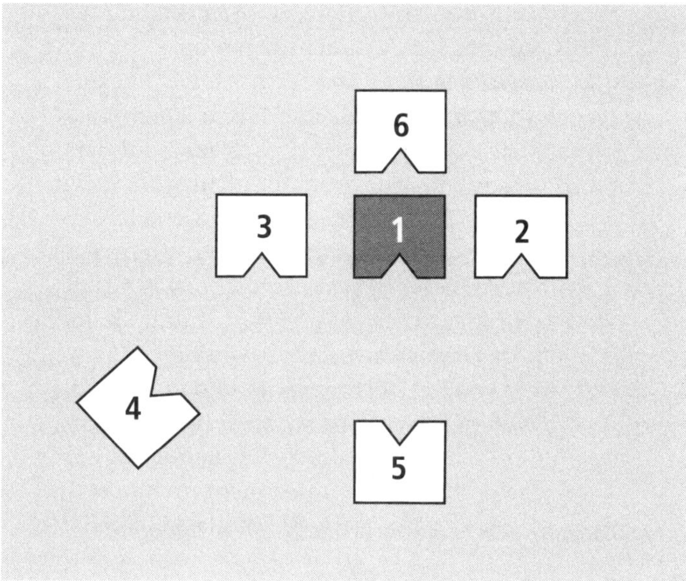

1 = Herr L.
2 = Sein innerer Macher
3 = Sein innerer »Sicherheitsbewusster«
4 = Das jetzige Unternehmen, in dem Herr L. Hauptabteilungsleiter ist
5 = Das eventuelle neue Unternehmen
6 = Der Vater von Herrn L.

Herr L. hat seinen **Macher** links von sich in ähnlicher Entfernung wie die **Sicherheit** rechts von sich. **Das neue Unternehmen** steht vor ihm und kann von allen gesehen werden. Das alte Unternehmen wird gewürdigt durch einen Platz seitlich, an dem es auch von allen gesehen werden kann. Der Platz des Vaters ist hinter seinem Sohn. So fühlt sich das für Herrn L. am stimmigsten an. *»Sehr unterstützend«*, wie er sagt. Zum Abschluss bittet der Coach Herrn L. noch einmal, sich auf seine Pappe zu stellen und von dort nach rechts zur **Sicherheit** zu schauen und ihr zu sagen: *»Du bist der Teil von mir, der mich am meisten mit meinem Vater verbindet. Immer, wenn mir in meinem Leben Sicherheit wichtig ist, werde ich deine Meinung hören.«* Dann wendet er sich nach links zu seinem **Macher** und sagt ihm: *»Du bist der, der mich vorwärts bringt. Wenn ich dort hinmöchte* (zeigt auf **das neue Unternehmen**), *werde ich dich gut gebrauchen können.«* Als Letztes stellt er sich noch einmal selbst auf diese beiden Positionen seiner Teilpersönlichkeiten und spürt die unterschiedlichen Impulse, die von ihnen kommen. Damit beendet der Coach diese Aufstellung.

Umsetzung in die Praxis

Nach einigen Wochen bekommen wir einen Anruf von Herrn L. Wir sind neugierig, wie er sich entschieden hat. *»Alles läuft bes-*

tens«, sagt er, er habe wohl den richtigen Riecher gehabt, genau zum richtigen Zeitpunkt eine Coachingsitzung mit uns zu vereinbaren. Er habe den Job nicht angenommen. *»Warum nicht?«*, wollen wir wissen. *»Das wäre ein Schleudersitz gewesen!«* Warum ihm das jetzt klar geworden wäre? Ihm, sagt er, sei das nicht klar geworden. Für die Klarheit habe sein »Sicherheitsbewusster« gesorgt, den er seit unserer Sitzung auch öfter mal um Rat fragt. Der habe genau nachgehakt. Pingelig, wie dieser sei, habe er das »Kleingedruckte« auf den Tisch gebracht. Da konnte selbst sein innerer Macher nicht mehr viel in die Waagschale werfen! *»Alles Weitere habe ich ja von Ihnen gelernt. Die nächsten Vorstellungsgespräche sind schon vereinbart! Aber ich bin nicht mehr so unter Druck und habe zum ersten Mal das Gefühl, eine wirkliche Wahl zu haben.«*

Handlungsalternativen erweitern durch *Voice Dialogue*

Die Unternehmensberaterin Frau M. kennen Sie bereits aus ihrer Supervisionsaufstellung in Kapitel 3.5. Nachdem in dieser Makrosystemaufstellung deutlich geworden ist, welch starkes Gewicht die mütterliche Seite in Frau M. hat, laden wir sie nun ein, dieses Ungleichgewicht mit Hilfe der *Voice Dialogue*-Methode auszubalancieren. Dazu schauen wir uns zunächst das Beziehungsmuster zwischen Frau M. und dem Vorstandsvorsitzenden in spe, Herrn K. (der Ihnen schon aus dem Kapitel 3.5 als »neuer Chef« und Nachfolger des Vorstandsvorsitzenden der Bank bekannt ist), an.

Anfangs verliefen die Beratungsgespräche, die Frau M. mit dem alten Vorstandsvorsitzenden und seinem designierten Nachfolger führte, sehr produktiv und harmonisch. Allerdings lauerte die Gefahr schon im Hintergrund, denn es war nicht Frau M., sondern die »gute Mutter« in ihr, der es gelang, durch unermüdlichen Einsatz und freundliche Zuwendung ein vertrauensvolles Gesprächsklima zu schaffen. Diese mütterliche Seite von Frau M. bewirkt besonders bei Männern spontanes Vertrauen, weil sie sehr persönlich kommuniziert: Sie ist offen, herzlich, kümmert sich in erster Linie um die Belange ihrer Gesprächspartner und hat immer ein offenes Ohr für ihre Wünsche oder Sorgen. So gern ihre Klienten das im guten Gesprächsklima annehmen, so unangemessen erleben sie die Dominanz dieser »guten Mutter«, wenn sich die Beratungsatmosphäre ändert.

Beziehungsmuster lassen uns keine Wahl

Weil Frau M. in solch einer Situation keinen Zugang zu der unpersönlicheren, klaren Abgrenzungsfähigkeit ihrer inneren »Businessfrau« hat, ist sie extrem angreifbar und verletzlich, wenn ihr vorher so gern gesehenes Verhalten jetzt auf Ablehnung stößt. Denn mit den erwachsenen inneren Personen, die unser Handeln bestimmen, sind gleichzeitig die verletzlichen, kindlichen Seiten immer präsent. Wenn wir uns getroffen, zurückgesetzt oder ausgegrenzt fühlen, sind sie es, deren Reaktion wir spüren.

Wir erarbeiten mit Frau M. erst das positive Beziehungsmuster zwischen Herrn K. und ihr, dann den Umschwung ins Negative. In Beziehungsmustern zeigt sich, dass wir miteinander ständig auf zwei Ebenen kommunizieren: der erwachsenen und der kindlichen.* Im positiven Beziehungsmuster versorgt die fürsorgliche, gute Mutter in Frau M. den dankbaren Sohn in Herrn K. mit Zuwendung und Aufmerksamkeit. In dieser harmonischen Kommunikationsphase antwortet der wohlwollende Vater in Herrn K. bestätigend auf die Leistungen der Tochter in Frau M. Alle sind zufrieden.

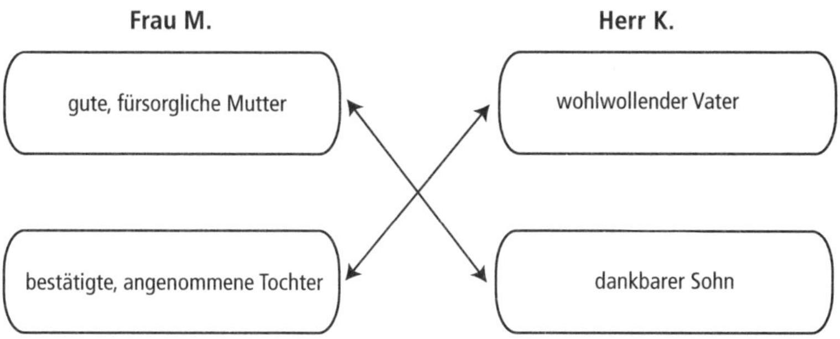

Positives Beziehungsmuster am Beispiel von Frau M. und Herrn K.

Dieses Kommunikationsmuster kippt nach einiger Zeit ins Negative. Das ist in jeder Beziehung unvermeidlich, unabhängig davon, ob es sich nun wie hier um eine Arbeitsbeziehung handelt oder um eine persönliche Beziehung. Dem *Honeymoon* folgt der Alltag mit seinen Anforderungen und Auseinandersetzungen. In

* Mehr Information über Beziehungsmuster finden Sie in den Büchern von Stone (siehe Literaturverzeichnis).

Der Wechsel vom positiven ins negative Beziehungsmuster ist unvermeidlich

tragfähigen Beziehungen folgt bald ein Rückschwung ins positive Muster und die Partner gewöhnen sich allmählich an die »Saisonwechsel«. Bei Kundenbeziehungen wie der zwischen Beraterin und Bankvorstand ist das kaum zu erwarten. Die Geschäftsbeziehung wird meist sofort beendet und ein anderer Anbieter gefunden. Warum kommt es zu diesen Umschwüngen in Beziehungsmustern? Wer oder was löst sie aus? Systemisch betrachtet gibt es nicht den einen Auslöser einer Ursache-Wirkung-Kette, sondern ein gleichzeitiges, zirkuläres Geschehen.

Der Umschwung ins negative Muster ist oft ein Schock

Menschliche Systeme sind in Wechselwirkung aufeinander bezogen, so dass jede punktuelle Veränderung zugleich im gesamten Netzwerk spürbar ist. Das Autoritätsvakuum, das entstand, als sich der alte Chef zurückzog, hat wahrscheinlich eine starke Sogwirkung auf die »gute Mutter« in Frau S. ausgeübt. Sie fühlte sich gebraucht und sprang sofort ein. Je mehr Frau M. unbewusst in die Rolle des heimlichen Chefs schlüpfte, wandelte sich das Bild für Herrn K. von einer *fürsorglichen, guten* Mutter in das einer *kontrollierenden, machtvollen* Mutter.

Viele Jungen reagieren auf solches mütterliche Verhalten mit Rebellion und Verweigerung. Verständlich also, dass Herr K. – bzw. der Junge in ihm – in dieser Phase der Beratung mit pubertärer Nachlässigkeit reagierte und Frau M. mit herablassenden Sprüchen provozierte. Anders gesagt, der verantwortungsvolle, zuverlässige Bankfachmann verabschiedete sich und machte einem protestierenden 14-Jährigen Platz, der nur ein Ziel kannte: sich Mamas Zugriff zu entziehen! Das Kind in Frau M. aber, dessen Existenz ihr so wenig bewusst ist wie Herrn K. das Verhalten seines Teenagers, nimmt hinter dem jugendlichen Protest eine verurteilende Vaterseite in Herrn K. wahr.

Dessen harsche Kritik erlebt es wie eine kalte Dusche. Statt weiterhin bestätigt und angenommen zu sein, bekommt das Kind in Frau M. nun eine deutliche Abfuhr.

Machtkämpfe im Makrosystem (hier: Bank-Unternehmensberatung) und Ungleichgewichte im Mikrosystem (Persönlichkeit) bedingen aneinander. Auch hier greift es zu kurz, wenn wir fragen: »Was war zuerst da?« Die Spannungen im Makrosystem

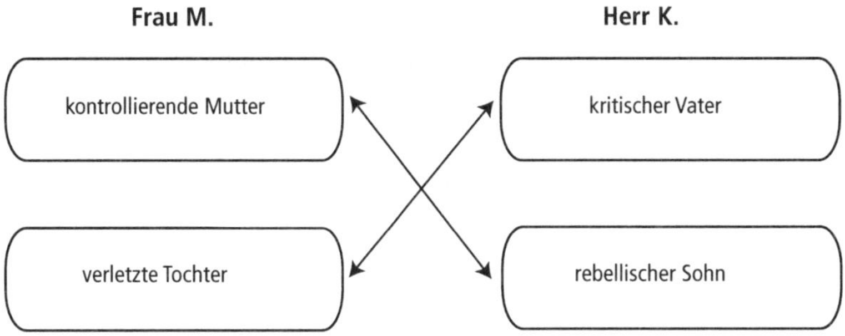

Negatives Beziehungsmuster am Beispiel von Frau M. und Herrn K.

konnten wir in der Aufstellung auflösen. Damit Frau M. aber nicht unbewusst in alte Verhaltensweisen zurückfällt oder im nächsten Beratungsauftrag in eine ähnliche Falle läuft, muss sie die eben skizzierte Beziehungsdynamik verstehen und ihre beteiligten inneren Personen effektiver managen lernen. Zu Letzterem hilft die nun folgende Dialogarbeit.

Coachingsitzung mit Frau M.

Frau M.: Ich habe jetzt verstanden, wie die Beziehungsmuster ablaufen und wie bei mir immer wieder diese Mutterrolle einrastet. Aber wie kann ich ihre Dominanz zurückschrauben?

Coach: Indem Sie zunächst die gute Mutter würdigen und dann herausfinden, wer in Ihnen in dieser Situation auch noch handeln könnte.

Frau M.: Ja schön, aber wie soll das praktisch funktionieren? Ich merke es ja allenfalls nachher, dass die gute Mutter am Ruder gewesen ist!

Coach: Wer spricht denn in Ihnen, wenn Sie geschäftlicher und unpersönlicher auftreten?

Frau M.: Ja, da gibt es so eine Seite in mir, bei Honorarverhandlungen merke ich das … eine Businessfrau, würde ich sagen.

Coach: Merken Sie es, wenn Ihre »Businessfrau« das Steuer übernimmt?

Frau M.: Hm, eigentlich auch nicht, jedenfalls nicht in dem Moment. Wenn ich so darüber nachdenke, ist es mir im Nachhinein schon klar, wenn sie die Regie geführt hat.

Coach: Ich schlage vor, dass wir die beiden einmal direkt zu Wort kommen lassen. Während ich mich mit ihnen unterhalte, können Sie zuhören und ganz bewusst erleben, wie sie sich äußern. Vielleicht hilft Ihnen das, auch im Alltag früher mitzubekommen, wer da in Ihnen gerade spricht.

Frau M. (lacht): Interessante Vorstellung! Aber wie geht das – dass sie sprechen und ich ihnen zuhöre?

Coach: Ganz einfach. Mit wem möchten Sie beginnen?

Frau M. (überlegt einen Augenblick): Mit der guten Mutter, glaube ich.

Coach: Gut. Sie wissen ja bereits, wie Sie in einer Aufstellung einen Platz für einen Stellvertreter finden. Machen Sie das jetzt bitte genauso. Stellen Sie sich einfach vor, die gute Mutter sei jetzt nicht in Ihnen, sondern hier im Raum. Sie ist ja ein Teil Ihrer Persönlichkeit, also immer präsent. Spüren Sie dann, wo sie sich jetzt in Beziehung zu Ihnen im Raum befindet und nehmen Sie diesen Platz ein.

Frau M. steht auf, geht einige Schritte zur Seite und schaut auf ihren Stuhl. Dann geht sie wieder ein Stück in Richtung ihres Platzes und bleibt links hinter dem Stuhl stehen. Ihre Körperhaltung und ihr Gesichtsausdruck beginnen sich leicht zu verändern – ähnlich wie es bei Stellvertretern in einer Aufstellung zu beobachten ist, wenn sie vom Aufstellenden an einen Platz im System geführt werden und ihre Rolle einnehmen. Der Coach fragt sie, ob er jetzt mit der guten Mutter sprechen könne. Sie bejaht und beginnt, den Coach mit freundlichem, warmherzigem Gesichtsausdruck anzulächeln.

Die gute Mutter

Coach: Hallo, schön, dass Sie da sind! Möchten Sie sich nicht setzen?

Gute Mutter: Nein danke, ich stehe gern.

Coach: Sie scheinen recht anspruchslos zu sein!

Gute Mutter: Ich mache mir keine großen Gedanken um meine Bequemlichkeit. Ich fühle mich wohl, wenn ich helfen kann! Was kann ich für Sie tun?

Coach: Ich möchte Sie einfach einmal kennen lernen und Ihre Meinung zu einigen Punkten hören, die

Frau M. beschäftigen. Vielleicht hilft es ihr auch, wenn sie jetzt hört, was Sie denken.

Gute Mutter: Oh, ganz bestimmt! Ich mache mir manchmal Sorgen um sie. Vor allem, wenn sie in geschäftlichen Dingen zu hart ist. Das schlägt doch nur auf sie selbst zurück! Sie sollte noch mehr Verständnis für die Menschen aufbringen. Schließlich ist sie Beraterin und sollte sich um ihre Kunden kümmern und ganz für sie da sein!

Coach: Sie befürchten, dass man sie nicht mag, wenn ihre »Businessfrau« Verhandlungen führt.

Gute Mutter: Sie ist dann so furchtbar kühl und reserviert. Sie lächelt fast nie. Dabei spricht sie doch in ihrem Beruf mit Managern und Unternehmensführern. Die mögen es überhaupt nicht, wenn eine Frau so auftritt!

Coach: Wenn Sie da sind, sorgen Sie dafür, dass Frau M. wärmer und verbindlicher ist.

Gute Mutter: Ja, natürlich! Auch Führungskräfte fühlen sich doch wohler, wenn sie freundlich angesprochen werden. Ich kümmere mich gern um die Anliegen ihrer Kunden und freue mich, wenn ich ihnen helfen kann, ein paar Probleme aus dem Weg zu räumen.

Coach: Wie war es denn für Sie im Bankhaus X, als Frau M. die beiden Vorstände beraten hat?

Gute Mutter: Ich habe mich da wirklich engagiert. Ich fand es wichtig, dass sie mit anpackt. Ich glaube nämlich, dass es gut ist, wenn ihre Kunden spüren, dass sie helfen will! Damit konnte ich mich durchsetzen, und sie ist auch gut damit gefahren. Nur mit Herrn K. hat es dann leider Schwierigkeiten gegeben. Da müssen wir ihm noch helfen einzusehen, dass er in der Verantwortung steht. Schließlich geht es hier um das ganze Unternehmen und nicht um seine persönlichen Vorlieben! Aber ich lasse ihn und den alten Chef nicht allein. Das bekommen wir wieder in den Griff!

Coach: Er scheint aber gerade auf Ihr Kümmern allergisch zu reagieren!

Gute Mutter (lächelt): Das darf man nicht so ernst nehmen. Wissen Sie, so sind die Männer eben manchmal. Statt Hilfe anzunehmen, wollen sie zeigen, dass sie es auch allein können. Dabei merkt er (Herr K.) gar nicht, wie er sich selbst und das Unternehmen mit seinem Verhalten gefährdet. Aber wie gesagt: Ich unterstütze ihn und stehe ihm zur Seite, bis er sich wieder gefangen hat.

Coach: Jetzt verstehe ich besser, worum es Ihnen geht. Es war sehr aufschlussreich, mit Ihnen zu sprechen! Vielen Dank!

Der Coach bittet Frau M., die Rolle der guten Mutter wieder zu verlassen und zu ihrem Platz zurückzukehren. Als sie sich setzt, ändert sich ihr Gesichtsausdruck und sie antwortet mit ihrer gewohnten Stimme, als der Coach sie fragt, wie sie die gute Mutter erlebt habe.

Frau M.

Frau M.: Das ist ja unglaublich, mit welcher Energie dieser Teil von mir sich den Leuten überstülpt. Das habe ich nie vorher bemerkt! Dass Herr K. sich dagegen wehrt, kann ich jetzt besser verstehen.

Coach: Anderen Raum zu lassen ist nicht die Stärke der guten Mutter. Aber sie hat wertvolle Qualitäten.

Frau M.: Ja, das ist mir auch klar geworden. Ich kann immer noch diese gebende Kraft spüren.

Coach: Wenn Sie ihre Gegenwart wahrnehmen, können Sie in Zukunft prüfen, ob ihre spezielle Qualität in einer Situation hilfreich ist. Wenn nicht, lassen Sie einfach einem anderen Teammitglied den Vortritt – Ihrer »Businessfrau« beispielsweise. Wie ist es, können wir mit ihr auch noch sprechen?

Frau M. bejaht und sucht in gleicher Weise einen Platz für ihre Businessfrau. Als sie diesen gefunden hat, setzt sie sich dort aufrecht auf den Stuhl und schlägt selbstbewusst die Beine übereinander. Sie hat eine Ausstrahlung von Eleganz und Souveränität, als sie den Coach freundlich und konzentriert anschaut.

Coach: Guten Tag. Vielen Dank, dass Sie sich die Zeit für dieses Gespräch nehmen!

Die Businessfrau

Businessfrau: Gern. Es ist auch in meinem Interesse, diese Situation zu klären.

Coach: Gut! Kommen wir gleich zur Sache. Wie haben Sie die Situation im Bankhaus X erlebt und wie beurteilen Sie den Ist-Zustand?

Businessfrau: Die Situation ist dort gefährlich aus dem Ruder gelaufen. Nicht nur die Nachfolgeregelung steht auf dem Spiel, auch mein guter Ruf als Beraterin steht und fällt mit diesem Projekt. Leider bin ich nicht gefragt worden, sonst hätte ich diese unpassende Einmischung von ihrer Seite (deutet auf den Platz der guten Mutter) verhindert.

Coach: Sie haben ein waches Auge für die persönliche Ebene in Beratungsprojekten.

Businessfrau: Das ist mein Job. Ich analysiere das Beziehungsgeflecht im Kundenunternehmen sehr genau. Ebenso wichtig wie Sachkompetenz ist es für einen Berater, sich dort richtig zu positionieren. Dazu habe ich übrigens aus der Systemaufstellung im Seminar wertvolle Anregungen erhalten. Es ist ja ganz klar, dass Herr K. sich gegen diese heimliche Machtübernahme wehren muss. Schließlich geht es um seinen Stuhl.

Coach: Sie erkennen und durchschauen Machtspiele sofort.

Businessfrau: Ja, und ich weiß auch, wo mein Platz beim Kunden ist: außerhalb des Systems. Nur so kann ich mit dem nötigen Abstand beraten. Sonst könnte ich mich ja gleich als Manager dort anstellen und in den Vorstand wählen lassen.

Coach: Wo Sie vermutlich auch erfolgreich wären!

Businessfrau: Das mag schon sein. Aber das wäre nicht meine Sache. Ich bevorzuge mehr Abstand und Freiraum. Den gibt mir die Beratungstätigkeit eher als eine Führungsfunktion. Ganz abgesehen davon, dass ich persönlich von keiner Bank weiß, die eine Frau im Vorstand hätte.

Der Coach bittet Frau M., die Position der Businessfrau wieder zu verlassen und zu ihrem Platz zurückzukehren. Als sie Platz genommen hat, fragt er sie nach ihren Eindrücken.

Frau M.

Frau M. (nachdenklich): Ja, wenn ich diese sachliche Kompetenz von ihr (zeigt auf den Platz der Businessfrau) immer dann zur Verfügung hätte, wenn ich sie brauche, das wäre schon gut. Aber das habe ich nicht.

Coach: Wann brauchen Sie sie denn besonders?

Frau M.: Wenn in einem Kundenunternehmen Konflikte auf die Beziehungsebene rutschen und es darum geht, Sach- und Beziehungsebene ganz klar zu trennen. So wie damals in der Bank!

Coach: Was passiert stattdessen?

Frau M.: Dieses Unbedingt-helfen-Wollen, Anpackenwollen rastet einfach ein wie ein Automatismus. Diese »gute Mutter« eben.

Coach: Sie haben jetzt erlebt, dass Sie nicht nur die gute Mutter sind, sondern dass sie ein Teil Ihrer Persönlichkeit ist, ebenso wie die Businessfrau und noch etliche andere innere Personen. Können Sie jetzt von Ihrem Platz aus die gute Mutter wahrnehmen? (Frau M. nickt.) Gut. Laden Sie sie jetzt ein, mit ihrer Energie Ihren körperlichen Raum auszufüllen. Stellen Sie sich vor, Sie haben einen Regler wie an einer Stereoanlage, mit dem Sie ihre Energie herauf- oder herunterdrehen können. (Frau M. nickt.) Gut, drehen Sie jetzt bitte die Gute-Mutter-Energie auf – aber nur so weit, dass für Sie selbst auch noch genügend Platz bleibt.

Frau M. stimmt sich auf die beschriebene Weise auf diesen Persönlichkeitsteil ein. Nach kurzer Zeit ändern sich ihre Mimik und Körperhaltung so, wie wir es vorhin im Gespräch mit der guten Mutter erlebt haben.

Coach: Jetzt ist sie da. Spüren Sie sie?

Frau M. nickt lächelnd. Sie erlebt einige Minuten die Präsenz dieser Teilpersönlichkeit.

Coach: Gut. Regeln Sie jetzt ihre Energie wieder runter, bis Sie sie gerade noch entfernt wahrnehmen können.

Es dauert etwas länger, und Frau M. hat offensichtlich Mühe Ihren »Gast« wieder auszuladen, aber schließlich gelingt es. Ihre Mimik und Körpersprache zeigen es deutlich.

Coach: Ah, jetzt haben Sie es geschafft!
Frau M. (atmet durch): Ja, das war gar nicht so einfach. Sie ist ganz schön hartnäckig!
Coach: Oh ja, sie hat eine enorme Kraft. Aber Sie haben jetzt erlebt, dass Sie es managen können, wenn Sie sie bitten zu kommen und zu gehen. Wer ist hier also die Chefin?
Frau M. (zögert): Ja, ich?
Coach: Genau, Sie! Sie sind die Teamleiterin und die gute Mutter ist Teil Ihres inneren Teams. Ein sehr wertvolles und wichtiges Teammitglied. Wenn Sie jetzt diese Teamleiterkompetenz weiter trainieren, wird sie nicht mehr ungebeten dazwischenfunken, sondern ihre Einsätze mit Ihnen absprechen. Sie entscheiden, wen Sie in einer Situation brauchen. Wenn es die gute Mutter ist, bitten Sie sie, in Aktion zu treten, so wie Sie es eben getan haben, und geben ihr den Job. Vereinbaren Sie ein Erkennungszeichen mit ihr, eine Art Kurzwahlnummer. Wenn Sie aber die Businessfrau brauchen, lassen Sie die gute Mutter auf der Reservebank und schicken ihre sachliche, geschäftstüchtige Kollegin aufs Spielfeld.
Frau M.: Mit der Businessfrau kann ich mir das noch nicht vorstellen. Funktioniert das genauso?
Coach: Probieren wir es aus.

Wie oben beschrieben, lässt Frau M. auch ihr Teilselbst Businessfrau den Raum ihrer Persönlichkeit einnehmen und erlebt, dass sie sie ein- und ausladen kann. Sie lernt, mit ihr sowie mit der guten Mutter bestimmte Signale zu vereinbaren, die sie benutzen kann, um die Präsenz der jeweiligen inneren Person zu aktivieren und zu deaktivieren. Anschließend übt Frau M. noch, beide inneren Personen gleichzeitig zu aktivieren und zu deaktivieren, damit sie im Alltag deren Qualitäten situationsgerecht mischen kann. Auch das gelingt ihr.

Verschiedene innere Personen aktivieren

Coach: Sie sind jetzt einen wichtigen Schritt gegangen. Sie haben eben in Beziehung zu Ihrer guten Mutter und Ihrer Businessfrau ein bewussteres Ich entwickelt. In dem Augenblick konnten Sie beide wahrnehmen, ohne dass automatisch eine von ihnen die Regie übernahm. Weil Sie als bewusstes Ich präsent waren, konnten Sie zwischen diesen Gegensätzen stehen und die Wahl zwischen beiden haben. Gleichzeitig spürten Sie den Sog, einfach eine der beiden machen zu lassen. Im Alltag ist es anfangs nicht einfach, dem zu widerstehen, aber im Laufe der Zeit werden Sie als Leiterin Ihres inneren Teams stärker. So entwickeln Sie übrigens auch zugleich Ihre äußere Führungsfähigkeit. Auch dort kommt es ja darauf an, nicht unbewusst Mitarbeiter zu bevorzugen und andere zu benachteiligen, sondern alle in ihrer Eigenart zu berücksichtigen. So können sie klar und treffsicher entscheiden, wer für welchen Job infrage kommt.

An diesem Punkt wird die Coachingsitzung mit einer abschließenden Transferübung beendet. Frau M. setzt den Coachingprozess so lange fort, bis sie ihr Ziel, neue Handlungsalternativen zu gewinnen, erreicht hat.

5.5 Den inneren Teamleiter trainieren – das bewusste Ich im Alltag

Systemische Lösungen sind nichts Endgültiges. Da menschliche Systeme sich in ständiger Veränderung befinden, kann es eine »Patt-Endlösung«, wie Paul Watzlawick amüsiert die vergeblichen Versuche, den Fluss des Lebens anzuhalten, nannte, nicht geben. Das gilt für das Mikrosystem der Persönlichkeit ebenso wie für die Makrosysteme (Familie, Unternehmen, Nation, Kultur usw.), in denen wir leben. Schon immer haben Menschen versucht, den Fixpunkt außerhalb des Flusses unserer Alltagsrealität zu finden, von dem aus wir klar, ruhig und gelassen die Dinge erkennen und gestalten können.

Im Fluss des Lebens statt außerhalb

Was das Erkennen und Beobachten angeht, gelingt dies manchen von einem unbeteiligten Beobachtungsposten, etwa in der Abstraktion oder in der Meditation. Gerade in wirtschaftlich orientierten Systemen wollen Menschen aber nicht nur beobachten und erkennen, sondern handeln. Dazu müssen wir unsere Panoramasicht aufgeben und uns in den Fluss hineinbegeben: in die Wirbel und Strudel des Alltags. Sofort sind wir mit den Gegensätzen konfrontiert, die uns bestimmen, und mit der gelassenen Klarheit ist es bald vorbei. Die eine innere Stimme sagt dies, die andere fordert das Gegenteil. Ihre Kollegen wollen Sie für die Entscheidung A gewinnen, Ihr Chef verlangt B, und Ihr Kunde fragt, warum es nicht C ist. Um trotzdem klar und bewusst wahrnehmen und handeln zu können, benötigen Sie eine bewusste und bewegliche Instanz in sich selbst. Sie brauchen ein starkes, handlungsfähiges bewusstes Ich, das sich auf die verschiedenen inneren und äußeren Personen einstellt, sie anhört und dann eine klare Entscheidung trifft. Dieses bewusste Ich entwickelt sich allmählich, wenn Sie sich immer wieder von Ihrer inneren Regierung und deren Gegenspielern lösen.

Das bewusste Ich kann sich in Alltagskonflikten entwickeln

Bevor wir Ihnen die Arbeitsweise des bewussten Ichs an Beispielen vorstellen, ist es wichtig, eines klarzustellen: Niemand kann ein bewusstes Ich »besitzen«. Es ist nicht plötzlich da und bleibt dann endgültig, wie z. B. die Fähigkeit, ein Auto zu fahren. Denn es handelt sich um einen Prozess, der ein ständiges bewusstes Bemühen verlangt.

In einer konkreten Situation wächst Ihr bewusstes Ich zwischen gegensätzlichen Forderungen, die von außen oder innen auf Sie einwirken.

Woran erkennen Sie, dass Sie sich in einem bewussten Ich-Prozess befinden? Daran, dass Sie eine Wahl zwischen A und B haben, wo Sie vorher automatisch A gesagt haben. Beispielsweise bittet ein Mitarbeiter Sie um einen Tag Urlaub, den der »nette Chef« in Ihnen ihm sofort gewähren möchte. Gleichzeitig meldet sich aber vielleicht eine egoistischere Stimme, die sagt: *»Tu das nicht! Sonst musst* du *dich darum kümmern, wer seine Arbeit macht!«* Wenn Sie nicht automatisch dem »Netten« oder dem »Egoisten« folgen, sondern beide ernst nehmen, entsteht in der Situation für diesen Augenblick ein bewussteres Ich. Sie merken ganz praktisch: Egoistisch sein ist nicht gut. Nett sein ist nicht gut. Eine Wahl zu haben ist gut!

Ein bewussteres Ich eröffnet Handlungsspielräume

Wie immer Sie sich in der Situation konkret entscheiden, Sie haben beide Seiten gehört und können hinter Ihrer Entscheidung stehen. Während Sie früher die Vorwürfe der »unterlegenen« inneren Person zu hören bekommen haben *(»Du rücksichtsloser Egoist!«, »Du Weichei!« usw.)*, sind Sie nun eins mit sich.

Ein bewussteres Ich anerkennt und moderiert die Teilselbste, bevor eine Entscheidung fällt – ähnlich wie ein guter Teamleiter das mit allen seinen Teammitgliedern tut. Ihr innerer Teamchef kann zwischen den Gegensätzen stehen – z. B. zwischen den festen Standpunkten einer Vernunftstimme und den Gefühlen eines inneren Helfers.

Sie erkennen so, dass Sie nicht nur nett und freundlich sind und auch nicht nur vernünftig und konsequent. Sie haben beide Möglichkeiten zur Verfügung und können Sie dosiert einsetzen – je nach Erfordernis. Sie bekommen die Wahl und erfahren ganz unmittelbar, dass Sie nicht der Vernunftmensch sind, für den Sie sich hielten. Sie erkennen, dass vielmehr der Vernünftige nur ein Teil Ihrer selbst ist. In Beziehung zu dieser Teilpersönlichkeit ist nun Ihr Ich bewusster geworden und kann die Vor- und Nachteile der Sichtweise einer Vernunftstimme betrachten.

Vielleicht entdecken Sie mit Hilfe Ihres Coaches auch weitere Teilpersönlichkeiten in sich, etwa eine unbekümmerte, freiheitsliebende Stimme, die frustriert in der Ecke sitzt, weil der Vernünftige alles beherrscht. Sie kann sich wahrscheinlich nur bemerkbar machen, indem sie dessen Projekte geschickt torpediert. Das bewusstere Ich kann nun zwischen diesen Gegensätzen von Vernunft und Freiheit stehen, ohne automatisch einer Seite zu folgen. Es kann abwägen. Damit entstehen neue Wahlmöglichkeiten für einen Menschen, der zuvor im Griff einer alles beherrschenden Teilpersönlichkeit glaubte: *»Ich bin eben so, ich kann nicht anders«*. Da hatte er durchaus Recht – nur dass »er« eben nicht »ich« war.

Persönlichkeitsentwicklung heißt also nicht, sich endlich und »endgültig« in den Griff zu bekommen, sondern vielmehr, verantwortlich sein inneres Team zu managen.

Schwierige Mitmenschen bringen nicht nur Ärger, sondern auch Geschenke

Angenommen, Sie müssen mit einem Menschen zusammenarbeiten, der Ihnen unsympathisch ist. Sie empfinden sein Verhalten als arrogant und selbstherrlich. Außerdem halten Sie ihn für inkompetent. Ständig funkt er Ihnen in Meetings mit seinen unqualifizierten Einwänden dazwischen und merkt scheinbar gar nicht, wie sehr er Ihnen damit auf die Nerven geht und den Ablauf stört. Wenn Sie von einer inneren Regierung gesteuert sind, die Verständnis, Kooperation und Freundlichkeit auf dem Programm hat, werden Sie sich bemühen, auf ihn einzugehen. Sie erinnern sich an Ihre Kommunikationstrainings und hören ihm aktiv zu: *»Sie sind mit meiner Vorgehensweise nicht ganz einverstanden, Herr Y.«* Aber es scheint nichts zu nutzen. Also senden Sie ihm eine freundliche, aber deutliche Ich-Botschaft wie: *»Herr Y., Sie unterbrechen jetzt zum dritten Mal meine Präsentation. Mich stört das! Ich möchte Sie bitten, mit Ihren Fragen zu warten, bis ich fertig bin!«* Ihr Kollege nimmt das zwar zur Kenntnis, macht aber nach kurzer Pause weiter wie gewohnt. Langsam, aber sicher bewegen Sie sich auf eine Krise zu.

In Ihnen meldet sich ein ärgerlicher oppositioneller Geist, der Ihre innere Regierung ausschalten und zu den Waffen greifen möchte. *»Lasst mich mal ran!«*, schreit er ungeduldig. *»Den Kerl falte ich so zusammen, dass er gerade noch über den Teppichrand guckt!«* Sie haben große Mühe, ihn am Sturm auf die Barrikaden zu hindern. Vielleicht gelingt es Ihnen gerade noch. Möglicherweise ist Ihr innerer Wüterich aber in diesem Moment stärker. Sie rasten aus und fahren den Kollegen mit einer gewaltigen Schimpfkanonade an. Schockiert und betroffen schaut die Runde auf Sie – bis auf einen, Herr Y., den dieser Kugelhagel treffen sollte. Er sitzt ganz cool da und blättert gelangweilt in seinen Unterlagen. *»Wenn Sie fertig sind, Herr Kollege«*, gibt er herablassend zurück, *»könnten wir ja vielleicht in der Sache weitermachen. Sie sagten ja selbst, dass wir schon im Verzug sind.«*

Die Stimme des inneren Kritikers

Nach diesem Meeting haben Sie ein weiteres – mit Ihrem inneren Kritiker: *»Du bist doch eine hoffnungslose Flasche«*, rumort er in Ihnen, *»lässt dich von diesem Schnösel ständig behindern und dann auch noch zu einem solchen Ausbruch provozieren. Wie stehst du jetzt im Team da? Hast du gesehen, wie sie dich alle angeschaut haben?! Bei denen bist du völlig unten durch. Am besten, du wechselst den Job. Der nimmt dich doch nie wieder ernst!«*

Mit einem bewussteren Ich wäre Ihnen das so nicht passiert. Beginnen wir mit der letzten Niederlage, der inneren. Ihr innerer Kritiker und Ihr bewusstes Ich sind reziprok. Das bedeutet: Wenn Ihr bewusstes Ich in einer Situation kaum anwesend ist, sagen wir 10 % des Raumes einnimmt, hat Ihr Kritiker 90 %. Sind Sie als bewusstes Ich in Bezug auf die widerstreitenden Teile aber stark präsent, können Sie zu Ihrer Entscheidung und Ihrem Handeln stehen, ohne nachher von Ihrem Kritiker attackiert und mit Gewissensbissen gequält zu werden.

An der Reaktion Ihres inneren Kritikers merken Sie, wie bewusst Ihr Ich gerade war.

Warten, bis Sie klar sehen

Was können Sie nun konkret tun, um sich in Bezug auf ein solches Dilemma mehr Wahlmöglichkeiten zu erschließen? Erstens: Nicht gleich handeln, sondern warten und »schwitzen«. Was heißt das? Während Sie beispielsweise durch Rückfragen Zeit gewinnen, lassen Sie die widerstreitenden Stimmen innerlich zu Wort kommen. Sie hören ihnen zu, während Sie sich nach außen hin bedeckt halten. In diesem inneren Streit kann Ihnen wirklich warm werden. Hilfreich für die Abkühlung ist es, wenn Sie Ihre

Aufmerksamkeit bewusst auf einen neutralen Fokus richten – beispielsweise den Körperkontakt mit dem Stuhl, auf dem Sie sitzen. Haben sich die inneren Streithähne etwas beruhigt, wird Ihnen klarer, worum es den beiden geht. Nun können Sie sich bewusst für einen Schritt entscheiden, der das Sinnvolle beider Standpunkte verbindet.

Wenn Sie zur Bewältigung solch einer Situation professionelle Unterstützung möchten, ist Coaching hilfreich. Als Erstes stellen Sie die Situation mit Ihrem Coach im Einzelsetting systemisch auf. Dabei zeigt sich, ob hier über den Konflikt mit Herrn Y. hinaus ein Unternehmensthema beteiligt ist, das Sie beide möglicherweise als Symptomträger des Makro-Arbeitssystems stellvertretend ausagieren. Falls ja, suchen Sie dort zuerst eine systemische Lösung; falls nein, arbeiten Sie gleich in Ihrem persönlichen Mikrosystem weiter. Dafür schauen Sie sich zunächst einmal gemeinsam mit Ihrem Coach das negative Beziehungsmuster an, in das Sie mit Herrn Y. hineingerutscht sind. Über das Instrument der Entwicklungsquadrate finden Sie heraus, welche Fähigkeit Ihnen fehlt, Herr Y. aber besitzt. Während Sie (bzw. Ihre innere Regierung) sich als verständnisvoll, freundlich und kooperativ einschätzen, erleben Sie Herrn Y. als arrogant und selbstherrlich.

Als Nächstes fragen Sie sich, wie Herr Y. sich selbst und Sie beschreiben würde. Aus »arrogant« und »selbstherrlich« würde in seinem Eigenbild »selbstbewusst«. Herr Y. nimmt sich selbst wichtig, gibt also seiner Person einen Wert. Er beschreibt sich im positiven Sinn als »egoistisch«. *»Zu wichtig! Zu egoistisch!«,* sagt Ihre innere Regierung, aber Sie bitten sie um Geduld. Ihr Verhalten hingegen würde Herr Y nicht »freundlich, verständnisvoll und kooperativ« nennen, sondern wohl eher mit Negativ-Etiketten wie »unentschlossen«,«Softi«, »wischi-waschi«, vielleicht auch »naiv« belegen.

Nicht Durchbruch, sondern bewusste Evolution ist erfolgreich

Das Verhalten des Herrn Y. drückt also bei Ihnen nicht nur die Alarmknöpfe – es enthält auch ein Geschenk für Sie. Mit seiner unabsichtlichen Hilfe können Sie in sich selbst eine Seite entdecken, die selbstbewusster und egoistischer als Ihre innere Regierung ist. Allerdings raten wir Ihnen nicht zu einem Umsturz, wie er in »Durchbruchs«-Persönlichkeitstrainings versucht wird.

Schatten- und Lichtseiten von Herrn Y.

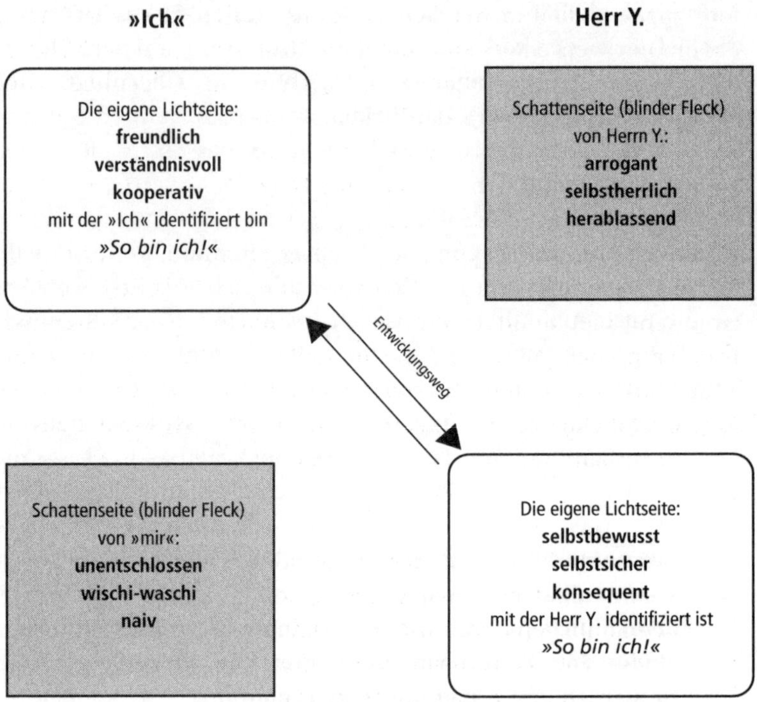

Denn der wäre nur von kurzer Dauer. Ihre innere Regierung hat sich aus bestimmten Notwendigkeiten gebildet. Deshalb ist sie stärker als alle inneren Revoluzzer und Sie brauchen Ihre Unterstützung für eine tragfähige Erweiterung Ihres Handlungsspielraums.

Offenheit ist nicht immer gut

Im *Voice Dialogue*-Prozess unterstützt der Coach Sie dabei, Ihre innere Regierung zu würdigen. Schließlich hat sie viel für Sie geleistet. Mit ihrem Einverständnis bewegen Sie sich dann zu einer inneren Person, die selbstbewusster und egoistischer auftritt. Nun stehen Sie selbst innerlich zwischen den zwei Polen, mit denen Sie zuvor im Außen gekämpft haben. Weil Sie beide bewusst in den Raum Ihres Ich einladen, gelingt es Ihnen allmählich, gleichzeitig verständnisvoll *und* selbstbewusst, kooperativ *und* egoistisch zu sein. Wenn Sie vorher sehr »persönlich« auf Menschen zugegangen sind, ergänzen Sie Ihr Spektrum jetzt um die »unpersönliche« Variante. »Persönlich« bedeutet, immer offen, zugewandt und herzlich zu kommunizieren – unabhängig davon, mit wem Sie es zu tun haben. Nun ist diese »persönliche« Seite immer dann sehr angebracht, wenn das Gegenüber auch offen und ohne Hintergedanken ist.

Für manche Menschen, so auch für Herrn Y., ist Offenheit aber nicht eine sympathische Einladung, sich auch zu öffnen, sondern eine Lücke in der Deckung des anderen und damit eine Aufforderung zum Angriff! Daraufhin kann im attackierten Menschen eine sehr viel unangenehmere »persönliche« Seite durchbrechen: z. B. der Wüterich, wie in unserem Beispiel. Für einen »persönlich« gepolten Menschen ist es deshalb notwendig, auch »unpersönliche« Kommunikation zu üben – d. h., sachlich und neutral aufzutreten und von vornherein deutliche Grenzen zu zeigen.

Wer seinen Schwerpunkt in der »unpersönlichen« Kommunikationsweise erkennt, sollte mit der »persönlichen« Variante experimentieren. Erst mit beiden Fähigkeiten sind Sie in der Lage, bewusst zu wählen und angemessen zu reagieren.

Mit Ihrem bewussteren Ich haben Sie einen Regler zur Verfügung, mit dem Sie ähnlich wie an der Mischbatterie einer Dusche kalt und warm mischen, bis die richtige Temperatur erreicht ist.

Ihre Wirkung nach außen von innen steuern

Im nächsten Meeting mit Herrn Y. stellen Sie Ihre Mischbatterie nun etwas kühler ein, treten distanzierter auf und reagieren auf seine Einwürfe unpersönlich und sachlich. Für Herrn Y. wird es bald uninteressant, weiter zu stören und zu provozieren, weil er keinen Erfolg mehr damit hat. Er fühlte sich geschmeichelt und bestätigt, solange Sie getroffen und hilflos waren. Ohne diese Treffer sieht seine egoistische innere Regierung keinen Nutzen in solchen Angriffen mehr und wird sich lohnendere Ziele suchen. Ihr Problem ist gelöst, seines noch nicht. Aber das ist nicht Ihr Problem.

Gutes Selbstmanagement ist auch gutes Beziehungsmanagement.

Zu enge Schuhe?

Obwohl die Entwicklung eines bewussteren Ichs weder eine »Patt-Endlösung« ist, noch im Mausklicktempo vonstatten geht, hilft Sie Ihnen doch bei Entscheidungen oder Konflikten konkret weiter. Denn im bewussten Ich-Prozess schauen Sie nicht auf das Problem, sondern auf die Lösung. Teilpersönlichkeiten, die nicht von einem inneren Teamleiter koordiniert werden, haben nur ein Ziel: sich mit ihrer Sichtweise durchzusetzen. Deshalb beharren sie notfalls auch wider besseres Wissen darauf, dass eine Aufgabe nur so und nicht anders anzugehen sei. Ihre Lösungen sind deshalb mit Vorsicht zu genießen. Oft ähneln sie der »Lösungsstrategie« des Mannes, der sich seine Schuhe immer zwei Nummern zu klein kaufte. Nach dem Grund dieser merkwürdigen Wahl befragt, gab er zur Antwort: *»Um mir eine Freude zu machen! Das schönste Erlebnis in meinem Tagesablauf ist, wenn ich abends meine Schuhe ausziehe!«*

Machtkämpfe im Unternehmen sind häufig Folgen des inneren Kampfes verschiedener Teilselbste um die Macht. Konflikte mit Mitarbeitern oder Vorgesetzten können uns zeigen, welche eigenen Teilpersönlichkeiten verbannt sind und z. B. als Widerstand, Druck oder Mobbing von außen wieder auf uns zukommen.

Der konsequente Fokus auf eine Lösung, die das ganze Arbeitssystem im Blick hat, hilft, im Mikro- wie im Makrosystem zu einer Ordnung zu finden, in der die Belange des Einzelnen wie die des Ganzen berücksichtigt sind. Dazu brauchen wir konkrete, praktische Bewusstheit. Sie ist die ordnende Kraft des Informationszeitalters, mit der wir in unserer inneren Welt ebenso wie in unserem gemeinsamen »Global Village« zu mehr Gleichgewicht finden. Denn: wie oben, so unten!

6. So können Sie jetzt beginnen, systemisches Know-how zu nutzen

So einfach und praktisch die Methoden und Prozesse, die wir Ihnen in diesem Buch vorgestellt haben, auch funktionieren – ein Selbsthilfeprogramm sind sie nicht. Für systemische Lösungen brauchen Sie die Unterstützung eines qualifizierten Beraters bzw. Coaches, der nicht Teil Ihres Systems ist.

Es gibt aber eine Reihe von Fakten, die Sie selbst auf ihre systemische Wirkung überprüfen können. Vielleicht ist Ihnen bereits beim Lesen die eine oder andere systemisch günstige oder ungünstige Konstellation in Ihrem Unternehmen aufgefallen. Wir haben hier noch einmal die wichtigsten Grundprinzipien und Fehlerquellen für Sie zusammengefasst.

Wenn Ihnen anhand der folgenden Checkliste klar wird, was in Ihrem Arbeitssystem nicht in Ordnung ist, können Sie entsprechend handeln. Kleinere Schieflagen können Sie selbst sofort korrigieren.

Wenn beispielsweise ein neuer Mitarbeiter in Ihrem Team versucht, das große Wort zu führen und die alten Hasen zu belehren, benötigen Sie keine Aufstellung. Sie wissen, dass er den Vorrang der Früheren vor den Späteren missachtet. Es genügt, wenn Sie ihm im persönlichen Gespräch dieses Grundprinzip nahe bringen. Erklären Sie ihm, dass er besser ins Team hineinkommt, wenn er sich auf den letzten Platz stellt, fragt, zuhört und sein Wissen dann einbringt, wenn die anderen es hören wollen.

Sind größere Zusammenhänge betroffen, empfehlen wir Ihnen, sich Unterstützung zu holen.

Der erste Schritt dazu ist gleichzeitig die nächstliegende Möglichkeit: die Unterstützung Ihrer unmittelbaren Umgebung!

Professionelle Unterstützung

Stellen Sie die »systemerhaltenden Prinzipien« und die folgende Checkliste Ihren Kollegen, Mitarbeitern oder Chefs vor. Diskutieren Sie im Team, ob die systemische Grundordnung in Ihrem Unternehmen stimmt. Fragen Sie, ob es Verletzungen der Grundprinzipien gegeben hat und wie eine Lösung aussehen könnte. Entscheiden Sie gemeinsam, ob Sie die Situation systemisch aufstellen wollen. Wenn ja, tun Sie das nur mit professioneller Hilfe! Experimente im Do-it-yourself-Verfahren führen erfahrungsgemäß im günstigsten Fall zu mehr Verwirrung. Gehen Sie nun die Fragen der Checkliste durch.

Je mehr Fragen Sie mit Nein beantworten, umso deutlicher ist der Hinweis auf systemische Verwicklungen. Mit einem entsprechenden Klärungsanliegen kann eine Aufstellung hilfreich sein.

Systemische Checkliste

Was ist, muss sein dürfen

- Ist die wirtschaftliche Lage des Unternehmens den Mitarbeitern bekannt?
- Ist der Zweck des Unternehmens (welche Produkte / Dienstleistungen) eindeutig und allen bekannt?
- Wird über Krisen offen gesprochen?
- Werden Fehler zugegeben?
- Wenn es Entlassungswellen oder starke Fluktuation gab: Wird positiv über die ehemaligen Mitarbeiter gesprochen?
- Werden Leistungen und Erfolge anerkannt?
- Wird im Unternehmen anerkennend über die Kunden gesprochen?

Ausgleich von Geben und Nehmen

- Sind die Mitarbeiter für den Erfolg des Unternehmens engagiert?
- Arbeiten sie auch einmal etwas mehr oder länger, wenn es Engpässe gibt?
- Empfinden die Mitarbeiter ihre Bezahlung als angemessen?
- Fühlen sie sich von ihren Chefs anerkannt?
- Übernehmen sie gern Verantwortung in ihren Bereichen?
- Ist die Arbeitsbelastung in Gruppen und Teams ausgeglichen und fair?
- Kümmern sich die Führungskräfte um die Belange der Mitarbeiter?
- Geben sie klare Aufträge und Anweisungen?
- Werden Beurteilungsgespräche von beiden Seiten als fair erlebt?
- Gehen die Unternehmensführer auch persönliche Risiken für das Unternehmen ein?
- Fühlen sich die Eigentümer / Mehrheitsaktionäre dem Unternehmen verpflichtet?
- Werden die Eigentümer / Mehrheitsaktionäre von den Mitarbeitern gewürdigt?
- Werden Gewinne teilweise ins Unternehmen reinvestiert?
- Werden die Kunden als Partner gesehen und gewürdigt?
- Stimmt für die Kunden das Preis-Leistungs-Verhältnis?

Recht auf Zugehörigkeit

- Sind die Gründer des Unternehmens bekannt und gewürdigt?
- Ist ihre Geschichte bekannt?
- Gehören ehemalige Mitarbeiter »im Geiste« dazu?
- Wird im Unternehmen über die Chefs / Mitarbeiter anerkennend gesprochen?
- Haben alle Mitarbeiter das gleiche Recht dazuzugehören?

- Werden schwächere Personen / Personengruppen gleichermaßen als zugehörig erlebt?
- Fühlen sich die Eigentümer / Mehrheitsaktionäre / Vorstände / Konzernspitzen zugehörig, und werden sie von den Mitarbeitern als zugehörig erlebt?
- Sind Mitarbeiter und Unternehmensführer in einer Krise loyal zum Unternehmen?

Vorrang der Früheren vor den Späteren

- Bei Unternehmen mit mehr als zwanzigjähriger Geschichte: Gibt es im Unternehmen eine Tradition? Wird sie gepflegt?
- Wird lange Zugehörigkeit gewürdigt (z. B. durch Jubiläumsfeiern, Anerkennungen, Artikel in Hauszeitungen etc.)?
- Hat die Erfahrung der langjährigen Mitarbeiter einen besonderen Stellenwert?
- Nutzen die später dazugekommenen Mitarbeiter und Führungskräfte die Erfahrung der früheren?
- Werden bei Modernisierung / technischer Innovation die alten Verfahren / die alten Produkte in ihrer Art anerkannt?
- Arbeiten die langjährigen Mitarbeiter / Führungskräfte bei Innovationen, Veränderungen und Umstrukturierungen konstruktiv mit?

Vorrang des höheren Einsatzes für das Ganze und Kompetenzvorrang

- Nehmen die Chefs ihre Führungsaufgabe den Mitarbeitern gegenüber wahr?
- Werden sie von den Mitarbeitern als Chefs ernst genommen und respektiert?
- Werden die Entscheidungen der Führungskräfte von den Mitarbeitern anerkannt?
- Nehmen die Unternehmensführer ihre Verantwortung für das ganze Unternehmen wahr?

- Setzen sie sich spürbar und sichtbar für die gemeinsamen Ziele ein?
- Stehen sie öffentlich zu ihrem Unternehmen und zu ihren Produkten?
- Kommen ihre öffentlichen Aussagen bei den Mitarbeitern an? Werden sie als glaubwürdig erlebt?
- Verstehen sich die Unternehmensführer auch als Dienstleister dem Unternehmen und den Mitarbeitern gegenüber?
- Sprechen die Mitarbeiter positiv über ihre Firma, ihre Produkte und ihre Unternehmensführer?
- Wird höhere Qualifikation und Kompetenz von weniger kompetenten Kollegen gewürdigt?
- Gibt es in Teams klare Kompetenzen von Teamleitern und Teammitgliedern?

Literaturverzeichnis

Barnett, M.: *The Arrow of Man*, Zürich 1991

Bohm, D.: *Die implizite Ordnung*, München 1987

Boszormenyi-Nagy, I. / Spark, G.: *Unsichtbare Bindungen. Die Dynamik familiärer Systeme*, Stuttgart 1973

Covey, S.R.: *Die sieben Wege zur Effektivität*, Frankfurt 1992

Doppler, K. / Lauterburg, Ch.: *Change Management*, Frankfurt / New York 1994

Dürr, H. / Gottwald, F. (Hg.): *Rupert Sheldrake in der Diskussion*, Bern / München/Wien 1997

Eberle, W. / Hartwich, E.: *Brennpunkt Führungspotential*, Frankfurt 1995

Eccles, J.: *Das Rätsel Mensch*, München 1989

Gebser, J.: *Ursprung und Gegenwart*, München 1992

Grochowiak, K. / Castella, J. / Klein, P.: *Systemdynamische Organisationsberatung*, Heidelberg 2000

Habermas, J.: *Theorie des kommunikativen Handelns*, Frankfurt 1988

Heidegger, M.: *Sein und Zeit*, 16. Aufl. Tübingen 1986

Hellinger, B.: *Anerkennen, was ist*, München 1996

ders.: *Mitte und Maß*, Heidelberg 1999

ders.: *Organisationsberatung und Organisationsaufstellungen. Werkstattgespräch über die Beratung von (Familien-)Unternehmen, Institutionen und Organisationen*, VHS-Video, Heidelberg 1998

Horn, K.P.: *Die Erleuchtungsfalle. Vom Sinn und Unsinn spiritueller Suche*, Niedertaufkirchen 1997

Husserl, E.: *Ideen zu einer reinen Phänomenologie und einer phänomenologischen Philosophie*, Tübingen 1993

Jantsch, E.: *Die Selbstorganisation des Universums*, München 1979

Laing, R.: *Die Phänomenologie der Erfahrung*, Frankfurt 1969

Laszlo, E.: *Introduction to Systems Philosophy*, New York 1972

Maslow, A.: *Psychologie des Seins,* München 1973
Merleau-Ponty, M.: *Phänomenologie der Wahrnehmung,* Berlin 1966
Luhmann, N.: *Soziale Systeme,* Frankfurt 1984
Schneider, J. / Gross, B.: *Ach wie gut, dass ich es weiß,* Heidelberg 2000
Schultz v. Thun, F.: *Miteinander Reden, Bd. 2. Stile, Werte und Persönlichkeitsentwicklung,* Reinbek 1989
ders.: *Miteinander Reden, Bd. 3, Das »innere Team« und situationsgerechte Kommunikation,* Reinbek 1998
Sennet, R.: *Der flexible Mensch. Die Kultur des neuen Kapitalismus,* Berlin 1998
Sheldrake, R.: *Das Gedächtnis der Natur,* München 1993
Simon, F.B.: *Radikale Marktwirtschaft,* Heidelberg 1992
Sloterdijk, P.: *Weltfremdheit,* Frankfurt 1993
ders.: *Sphären,* Bd. 1, Frankfurt 1998
Sparrer, I. / Varga v. Kibéd, M.: *Ganz im Gegenteil. Grundformen systemischer Strukturaufstellungen,* Heidelberg 2000
Stierlin, H.: *Das Tun des einen ist das Tun des anderen. Versuch einer Dynamik menschlicher Beziehungen,* Frankfurt 1971
Stone, H. / Stone, S.: *Du bist viele,* München 1994
dies.: *Du bist richtig,* München 1995
dies.: *Partnering,* Novato, Ca., 2000
Schwartz, R.C.: *Systemische Therapie mit der inneren Familie,* München 1997
Waldrop, M.: *Inseln im Chaos. Die Erforschung komplexer Systeme,* Reinbek 1996
Wassermann, O.: *Das intelligente Unternehmen,* Düsseldorf 1994
Weber, G. (Hg.): *Praxis des Familienstellens,* 2. Aufl., Heidelberg 1998
ders.: *Praxis der Organisationsaufstellung,* Heidelberg 2000
ders. (Hg.): *Zweierlei Glück. Die systemische Psychotherapie Bert Hellingers,* Heidelberg 1993
Wilber, K.: *Eros, Kosmos, Logos,* Frankfurt 1996
Wittemann, A.S.: *Die Intelligenz der Psyche. Wie wir ihrer verborgenen Ordnung auf die Spur kommen,* München 2000

Stichwortverzeichnis

Über die Autoren

Dr. Klaus-Peter Horn, Jg. 1953, studierte Psychologie und Sozialwissenschaften, beschäftigt sich seit 1975 mit systemischen Ansätzen und arbeitet seit 1982 als Trainer und Berater für Unternehmen. Er ist Inhaber von *Commit Coaching und Training* in Schondorf / Ammersee. Arbeitsschwerpunkte: Systemische Organisationsberatung, systemisches Coaching, Konfliktmanagement, Teamentwicklung, Führungstraining.

Regine Brick, Jg. 1948, Partnerin von Commit Coaching und Training. Inhaberin der *Praxis für Integratives Lernen,* Schondorf/ Ammersee. Sie arbeitet als systemische Beraterin, Trainerin und als Moderatorin für Organisationen und Unternehmen. Arbeitsschwerpunkte: Systemische Aufstellungsarbeit für berufliche und persönliche Anliegen, Paarberatung, Voice Dialogue, Prozessmanagement.

Information / Kontaktaufnahme

Bitte senden Sie mir Informationen über

- O Das Seminar zum Buch
- O Systemisches Coaching
- O Inhouse-Trainings
- O Inhouse-Systemaufstellungen
- O Systemische Fortbildungen für Trainer, Berater und Führungskräfte
- O ....

Name ....
Firma ....
Straße ....
PLZ/Ort ....
Tel.: ....
Fax: ....
E-Mail: ....

An:
Commit Coaching und Training
Dr. Klaus P. Horn & Partner
Wildentenweg 10
D - 86938 Schondorf a. Ammersee
Tel. 08192 - 8802
Fax 08192 - 8990
E-Mail: info@dr-horn-training.de
Internet: www.dr-horn-training.de

»Future skills von S. Asgodom, A. Bornhäußer, E.-N. Detroy, K. Fink, E. Geffroy, S. Hübner, S. Lermer, J. Löhr, S. Mühlisch, R. Ruhleder, H. Scherer, L. J. Seiwert.«

Von den Besten profitieren

Erfolgswissen von 12 bekannten Management-Trainern

gebunden, 288 Seiten,

s/w-Fotos

ISBN 3-89749-121-4

»Auf dem Weg ins 21. Jahrhundert geben diejenigen den Ton an, die auf Kopfarbeit setzen und Kreativität und Wissen zu nutzen verstehen.«

Walter Simon

Lust aufs Neue

Werkzeuge für das Innovationsmanagement

gebunden, 256 Seiten

Illustrationen und Grafiken

ISBN 3-89749-025-0

GABAL
management

»Schluss mit dem negativen Image des Verkaufs!«

»Erfüllen Sie sich Ihren Wunschtraum von einem erfolgreichen und glücklichen Leben!«

Peter Grimm

Der verratene Verkauf

Warum der Verkauf eine neue Identität braucht und wie er den Erfolg vom Zufall befreit

gebunden, 208 Seiten,

zahlreiche Grafiken

ISBN 3-89749-058-7

Brian Tracy

Luckfactor

Die Gesetze des Erfolges

gebunden, 256 Seiten,

zahlreiche Übungen und

Erfolgsgesetze

ISBN 3-89749-059-5

GABAL
management

Notizen

Notizen